ifo Forschungsbericht der Abteilung
Entwicklungsländer Nr. 83

Gesamtredaktion:
Dr.habil. Siegfried Schönherr
Dr. Anton Gälli
Axel J. Halbach

ifo Institut für Wirtschaftsforschung
Forschungsberichte der Abteilung Entwicklungsländer Nr. 83

Perspektiven regionaler Wirtschaftskooperation im Nahen Osten

Empirische Analyse der Wirtschaftsbeziehungen vor dem Hintergrund einer umfassenden Friedensregelung

von
Axel J. Halbach

unter Mitarbeit von
Aziz Alkazaz
John Gregory
Helmut Helmschrott
Thomas Röhm
und Dieter Strack

ifo Institut
für Wirtschaftsforschung
Weltforum-Verlag
München–Köln–London

CIP-Titelaufnahme der Deutschen Bibliothek

Halbach, Axel J.:
Perspektiven regionaler Wirtschaftskooperation im Nahen Osten: empirische Analyse der Wirtschaftsbeziehungen vor dem Hintergrund einer umfassenden Friedensregelung / von Axel J. Halbach und Mitarb. ifo Institut für Wirtschaftsforschung. – München; Köln; London: Weltforum-Verl., 1994 (ifo Forschungsberichte der Abteilung Entwicklungsländer; Nr. 83)
ISBN 3-8039-0422-6

NE: ifo Institut für Wirtschaftsforschung – München – / Abteilung Entwicklungsländer: ifo Forschungsberichte der Abteilung ...

Alle Rechte, insbesondere das der Übersetzung in fremde Sprachen, vorbehalten. Ohne ausdrückliche Genehmigung des Verlags ist es auch nicht gestattet, dieses Buch oder Teile daraus auf photomechanischem Wege (Photokopie, Mikrokopie) oder auf andere Art zu vervielfältigen.

© by Weltforum-Verlag GmbH, Köln; 1994,
Marienburgerstr. 22, 50968 Köln,

Weltforum-Verlag London c/o Hurst & Co.
(Publishers) Ltd., 1-2 Henrietta St.,
London WC2E8PS

Library of Congress Catalogue Card Number
ISBN 3-8039-0422-6

Satz und graph. Gestaltung: Angelika Six
Druck: Weihert-Druck, Darmstadt
Printed in Germany

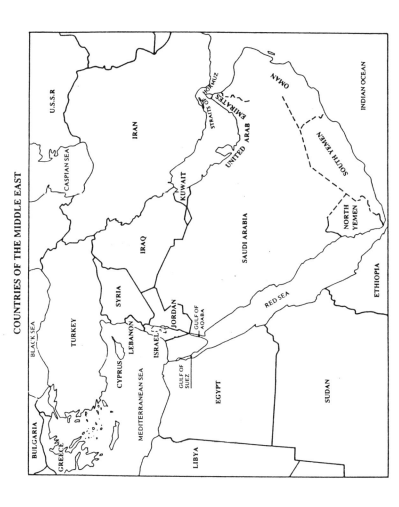

Source: Oxford World Atlas, Oxford University Press, 1973.

INHALTSVERZEICHNIS

Seite

1. Einführung 1

2. Kooperationsvereinbarungen in der Region und ihre praktische Umsetzung 4

    2.1 Die Liga der Arabischen Staaten (LAS) als Hauptinstrument regionaler Zusammenarbeit 4

        2.1.1 Council of Arab Economic Unity (CAEU) 6

        2.1.2 Arab Monetary Fund (AMF) 7

        2.1.3 Arab Fund for Economic and Social Development (AFESD) 7

        2.1.4 Arab Bank for Economic Development in Africa (ABEDA) 8

        2.1.5 Organization of Arab Petroleum Exporting Countries (OAPEC) 9

    2.2 Neue marktwirtschaftlich orientierte Ansätze 9

    2.3 Subregionale Gruppierungen 12

        2.3.1 Kooperationsrat der arabischen Golfstaaten (GKR) 12

        2.3.2 Union des Arabischen Maghreb (UAM) 14

        2.3.3 Arabischer Kooperationsrat (AKR) 14

    2.4 Schlußbemerkung 15

3. Regionale Wirtschaftspotentiale und -strukturen im Überblick 17

    3.1 Gesamtwirtschaftlicher Überblick 17

    3.2 Verarbeitende Industrie 20

		Seite

3.3 Landwirtschaft 23

3.4 Staatlicher Einfluß auf die Wirtschaft 27

4. Wirtschaftspotential, aktuelle Handelsverflechtung, Handelshemmnisse und Kooperationspotentiale der Besetzten Gebiete 29

4.1 Wirtschaftsstruktur und -entwicklung 29

4.2 Aktuelle Handelsverflechtung der IBG 34

4.3 Handelshemmnisse der IBG 38

4.4 Exportförderung und Vermarktungshilfen 43

4.5 Komplementäre Handelsvorteile und Überschußproduktion .. 50

5. Außenwirtschaftsverflechtung des Mashrek regional und international 57

5.1 Kooperationsrelevante Strukturen und Potentiale im Überblick 57

5.2 Aktuelle Außenhandelsverflechtung 61

5.2.1 Internationaler Überblick 61

5.2.2 Regionale Außenhandelsverflechtung und Kooperationspotentiale 64

5.2.2.1 Zusammenfassender Überblick 64
5.2.2.2 Israel 66
5.2.2.3 Ägypten 72
5.2.2.4 Jordanien 74
5.2.2.5 Syrien 84
5.2.2.6 Libanon 85
5.2.2.7 Saudi-Arabien 94
5.2.2.8 Türkei 98
5.2.2.9 Ausblick 98

III

Seite

5.2.3 Aspekte regionaler Zusammenschlüsse und
Kooperation 103

6. Tarifäre und nichttarifäre Hemmnisse in intraregionalen
Warenverkehr 109

   6.1 Regionale Hemmfaktoren im Überblick 109

   6.2 Wirtschaftspolitische Hemmnisse 110

   6.3 Bürokratische und infrastrukturelle Hemmnisse 126

   6.4 Gesamtbewertung der regionalen Warenhandelshemmnisse 130

7. Strukturen und Potentiale im Dienstleistungsbereich 136

   7.1 Strukturen, Defizite und Hemmnisse im handelsunterstützenden Bankensektor 136

      7.1.1 Finanzstruktur im Überblick 136

      7.1.2 Handels- und Exportfinanzierung 140

   7.2 Arbeitskräftemigration 143

      7.2.1 Die Arbeitskräftemobilität der Palästinenser 143

           7.2.1.1 Struktur des Arbeitsmarktes in den
Besetzten Gebieten 143

           7.2.1.2 Abhängigkeit vom israelischen Arbeitsmarkt 146

           7.2.1.3 Wanderungsbewegungen zwischen den IBG,
Jordanien und anderen Golfstaaten 148

           7.2.1.4 Der Arbeitsmarkt in den IBG bei regionaler
Integration 149

           7.2.1.5 Das Qualifikationsniveau der Palästinenser
in den Besetzten Gebieten 150

			Seite
7.2.2	Die Arbeitskräftemobilität in der Golfregion		153
	7.2.2.1	Entwicklung der ausländischen Arbeitskräfte in den Empfängerländern	154
	7.2.2.2	Wirkungen der Rückkehrwanderungen in den Entsendeländern	157
7.3	Touristische Infrastruktur und Potentiale		161
	7.3.1	Das touristische Potential der Region	161
	7.3.2	Die aktuelle Bedeutung des Tourismus in der Region	166
	7.3.3	Perspektiven regionaler Kooperation	169
	7.3.4	Notwendige Investitionen zur Ausschöpfung des Potentials	170

		Seite
8.	Handelspotential bei Öffnung und Liberalisierung der bilateralen/regionalen Beziehungen	172
8.1	Einführende Bemerkungen/Methode	172
8.2	Handelspotentialanalyse	175
	8.2.1 Regionaler Überblick	175
	8.2.2 Länderspezifische Betrachtung	179
9.	Zusammenfassung und Schlußfolgerungen	187

Anhang:

Tabellen A 1 bis A 12	196
Verzeichnis der Gesprächspartner und Kontakte	218
Literaturverzeichnis	223

VERZEICHNIS DER TABELLEN

Seite

3.1 Nah-/Mittelost-Region, Bevölkerung und Pro-Kopf-Einkommen 18

3.2 Nah-/Mittelost-Region, Bruttoinlandsprodukt 1992 und sein reales Wachstum 1988 - 1992 19

3.3 Nah-/Mittelost-Region, Beiträge der Landwirtschaft und der verarbeitenden Industrie zum Bruttoinlandsprodukt 1991/92 20

3.4 Nah-/Mittelost-Region, Bruttowertschöpfung der verarbeitenden Industrie, 1991/92 22

3.5 Nah-/Mittelost-Region, Bruttowertschöpfung der Landwirtschaft, 1991/92 24

3.6 Nah-/Mittelost-Region, wichtige Erzeugnisse der Landwirtschaft 25

3.7 Nah-/Mittelost-Region, Selbstversorgung mit Nahrungsmitteln, 1992 27

5.1 Außenhandelsverflechtung der Nah-/Mittelost-Region regional und international im Überblick 63

5.2 Vergleich der regionalen Export- und Importanteile 64

5.3 Anteil wichtiger Produktgruppen an den Gesamtexporten der Nah-/Mittelost-Region 65

5.4 Israel - Warenhandel mit der Region nach Ländern und wichtigen Produkten, 1992 69

5.5 Ägypten - Exporte in die Region nach Ländern und wichtigen Produkten 75

5.6 Ägypten - Importe aus der Region nach Ländern und wichtigen Produkten, 1992 77

5.7 Jordanien - Exporte in die Region nach Ländern und wichtigen Produkten, 1992 80

		Seite
5.8	Jordanien - Importe aus der Region nach Ländern und wichtigen Produkten, 1992	82
5.9	Syrien - Exporte in die Region nach wichtigen Produkten und Ländern, 1990	86
5.10	Syrien - Importe aus der Region nach Ländern und wichtigen Produkten, 1990	88
5.11	Libanon - Warenhandel mit der Region nach Ländern und wichtigen Produkten, 1989	91
5.12	Saudi-Arabien - Importe aus der Region nach Ländern und wichtigen Produkten, 1989	96
5.13	Türkei - Exporte in die Region nach wichtigen Produkten und Ländern, 1990	99
5.14	Türkei - Importe aus der Region nach wichtigen Produkten und Ländern, 1990	101
6.1	Israel - Handelsrelevante Einfuhrregelungen	113
6.2	Jordanien - Handelsrelevante Einfuhrregelungen	115
6.3	Ägypten - Handelsrelevante Einfuhrregelungen	118
6.4	Barter Arrangements between Egypt and Various other Countries, 1985 to 1987	119
6.5	Syrien - Handelsrelevante Einfuhrregelungen	121
6.6	Libanon - Handelsrelevante Einfuhrregelungen	123
6.7	Saudi-Arabien - Handelsrelevante Einfuhrregelungen	125
6.8	Türkei - Handelsrelevante Einfuhrregelungen	127
6.9	Aktuelle Straßenverkehrsregelungen für Gütertransporte in der Nah- und Mittelostregion	131
6.10	Zollbelastung und Häufigkeit nichttarifärer Handelshemmnisse ausgewählter Warengruppen im Nahen Osten	134

		Seite
7.1	Bevölkerungswachstum und Arbeitsmarkt in den OT	144
7.2	Zahl der Erwerbstätigen und ihre regionale Aufteilung, 1987 - 1991	146
7.3	Anteile der verschiedenen Träger an den jeweiligen Schularten	152
7.4	Rückkehrwanderungen durch den Golfkrieg	157
7.5	Die Bedeutung der Rücküberweisungen in den Empfängerländern	159
7.6	Die Veränderung einiger Indikatoren touristischer Infrastruktur zwischen 1967 und 1992	165
7.7	Entwicklung der Besucherzahlen, 1985 - 1989	167
7.8	Bedeutung und Entwicklung der Einnahmen aus dem Tourismus	168
8.1	Extraregionaler Export und Import der Nah-/Mittelost-Region nach Produktgruppen	176
8.2	Das Handelsumlenkungspotential Israels in grober Sicht	179
8.3	Das Handelsumlenkungspotential Syriens in grober Sicht	181
8.4	Das Handelsumlenkungspotential des Libanon in grober Sicht	182
8.5	Das Handelsumlenkungspotential Jordaniens in grober Sicht	182
8.6	Das Handelsumlenkungspotential Ägyptens in grober Sicht	183
8.7	Das Handelsumlenkungspotential Saudi-Arabiens in grober Sicht	184
8.8	Das Handelsumlenkungspotential der Türkei in grober Sicht	185

VERZEICHNIS DER TABELLEN IM ANHANG

Seite

A 1 Occupied Territory, Merchandise Trade by Main Markets and Commodity Groups, 1978 - 1987 (Mio. US-$) 196

A 2 Occupied Territory, Merchandise Exports by Selected Commodities, 1979 - 1987 (Mio. US-$) 197

A 3 Occupied Territory, Merchandise Imports by Source and Selected Commodities, 1979 - 1987 (Mio. US-$) 198

A 4 Chambers of Commerce in the West Bank 199

A 5 Phasing of Institutional and Policy Reforms 200

A 6 Potential Exportable Agricultural Production in West Bank and Gaza, by Quantities, Values and Availability 201

A 7 Imports and Exports of Farm Products, Raw or Processed, and Agricultural Input Commodities, Egypt and Israel, 1981, in US-$ 1000, and Possible Directions of Trade 202

A 8 Approximate Data for Some Representative Agro-Industries 203

A 9 Maßnahmen zur Kontrolle des Handels im Überblick 204

A 10 Results of Project Screening 208

A 11 Handelsumlenkungspotential der Nah-/Mittelost-Region 210

A 12 Handelsumlenkungspotential der Nah-/Mittelost-Region: Drei detaillierte Beispiele 215

1. EINFÜHRUNG

Mit der Unterzeichnung der Grundsatzerklärung in Washington im September 1993 zwischen Israel und der PLO scheinen erstmals Frieden und Kooperation in der Nah-und Mittelost-Region als eine realistische Perspektive. Trotz zahlreicher noch im Detail steckender Probleme, die aktuell den Zeitplan der Verwirklichung palästinensischer Autonomie im Gazastreifen und in einem noch nicht endgültig definierten Gebiet um Jericho etwas in Verzug geraten lassen, ist nach Ansicht aller Beteiligten eine grundsätzliche Umkehr des in die Wege geleiteten Friedensprozesses nicht mehr möglich.

Der Friedensprozeß zwischen Israel und der PLO beschränkt sich nicht nur auf diese beiden ehemaligen Gegner, sondern bezieht über Verhandlungen zunehmend auch die anderen Staaten der Region - insbesondere Jordanien und Syrien - ein. Mit einer allmählichen Integration Israels in die Region und einer allseitigen Durchlässigkeit der Grenzen sind jedoch in arabischen Augen nicht nur Vorteile, sondern auch erhebliche Gefahren verbunden. Man befürchtet eine politische und wirtschaftliche Dominanz Israels, weshalb man bislang auch noch nicht an eine schnelle Aufhebung des Handelsboykotts gegenüber Israel denkt. Als Voraussetzung für einen solchen Schritt wird vor allem auch eine umfassende Friedensregelung im gesamten Nahen Osten genannt, die jetzt erstmalig möglich erscheint.

Schon im Vorfeld des in Oslo ausgehandelten Autonomieabkommens haben sich zahllose Analysen in der Region und international mit den wirtschaftlichen Perspektiven einer regionalen Kooperation anstelle von Konfrontation befaßt. Ein erstes inzwischen geschlossenes, konkretes Abkommen betrifft die wirtschaftliche Kooperation zwischen dem Libanon und Syrien, das als erklärtes Ziel die Bildung einer Wirtschaftsgemeinschaft vorsieht. Allerdings wurden damit nur Strukturen kodifiziert, die gegenüber der Schutzmacht Syrien ohnehin schon bestanden. Ein ebenfalls noch 1993 zwischen der PLO und Jordanien ausgehandeltes Wirtschaftsabkommen wurde inzwischen unterzeichnet.

Im Rahmen laufender multilateraler Verhandlungen befassen sich mehrere internationale Arbeitsgruppen mit Rüstungskontrolle und regionaler Sicherheit, Wasser, Flüchtlingsfragen, Umwelt und wirtschaftlicher Entwicklung. Es gibt eine Reihe von Untersuchungsangeboten, die zum Teil bereits in die Wege geleitet sind. Die Weltbank konzentriert sich auf den Entwicklungsbedarf allgemein, die Untersuchung der Kapitalflüsse in der Region und die künftigen finanziellen Bedürfnisse. Die EU will sich mit Aspekten der physischen, institutionellen und finanziellen Infrastruktur in den Besetzten Gebieten, mit den Voraussetzungen für eine palästinensische Verwaltung und mit landwirtschaftlicher Kooperation befassen. Bilateral wollen sich Japan auf den Tourismus, die USA auf den Ausbildungsbereich sowie Frankreich auf Verkehr und Kommunikation konzentrieren. Innerhalb der Arbeitsgruppe "Regionale wirtschaftliche Entwicklung im Rahmen des Nahost-Friedensprozesses" hat sich die Bundesrepublik Deutschland insbesondere für eine Untersuchung und Förderung des regionalen Waren- und Dienstleistungsverkehrs eingesetzt.

Der Vorbereitung ausführlicher Analysen dieses Sektors dient die nachfolgende Untersuchung. Sie soll einen ersten Überblick über das Wirtschafts- und Handelspotential der Region sowie der - nicht politisch bedingten - Hemmnisse geben, die einer Realisierung dieses Potentials bislang noch im Wege stehen. Von dieser Einführung und einer abschließenden Schlußbetrachtung abgesehen, unterteilt sich diese Analyse in sieben Hauptabschnitte. Einer kurzen Diskussion der bisherigen Kooperationsversuche in der Region folgt ein zusammenfassender Überblick über das regionale Wirtschaftspotential und dessen Struktur. Dem schließt sich eine Analyse der aktuellen regionalen und internationalen Außenwirtschaftsverflechtung der Region und eine erste Bewertung der tarifären und nicht-tarifären Hemmnisse im intraregionalen Warenverkehr an. Strukturen, Potentiale und Hemmnisse im Finanzsektor, Tourismus sowie der Arbeitskräfte skizzieren wesentliche Aspekte im Dienstleistungsbereich. Das letzte Kapitel gibt einen ersten, wenn auch noch sehr groben Überblick über das bei Öffnung und Liberalisierung mögliche regionale Handelspotential.

Das umfassende Literaturverzeichnis am Schluß und die Übersicht über die bestehenden Kontakte zu Personen und Institutionen in der Nah-/Mittelost-Region geben einen Hinweis auf das vorhandene Material und die Möglichkeiten weiterer Informationsbeschaffung.

Bei der vorliegenden Studie handelt es sich um die gemeinsame Arbeit eines großen Teams unter der Gesamtkoordination von A. HALBACH. Für die Datenbeschaffung und die Herstellung zahlreicher einschlägiger Kontakte zeichnet vor allem Herr D. Strack verantwortlich, ohne den es nicht möglich gewesen wäre, die erforderlichen Basisinformationen in der notwendigen kurzen Frist zu beschaffen. Er vermittelte entscheidend die Zusammenarbeit mit internationalen Behörden und Institutionen wie auch mit Entscheidungsträgern der Region. Darüber hinaus lieferte er den Beitrag zur finanziellen Infrastruktur in der Region bzw. den Besetzten Gebieten.

Wichtige Rechenarbeiten wurden in Zusammenarbeit mit den Vereinten Nationen in New York und Genf durchgeführt. Für den Überblick über die bisherigen Kooperationsansätze der arabischen Staaten in der Region konnte Aziz Alkazaz vom Orient-Institut in Hamburg gewonnen werden. Seitens des ifo Instituts waren H. Helmschrott (Regionale Wirtschaftspotentiale und -strukturen), Th. Röhm (Migration und Tourismus) und A. Halbach für die übrigen Kapitel an der Erstellung der Studie beteiligt.

Die Untersuchung war als Kurzstudie konzipiert worden. Die Aktualität des Themas und die Fülle des vorhandenen Materials (das dennoch nur zum Teil ausgewertet werden konnte) haben das ifo Institut jedoch veranlaßt, die Studie wesentlich gründlicher als zunächst konzipiert anzulegen.

2. KOOPERATIONSVEREINBARUNGEN IN DER REGION UND IHRE PRAKTISCHE UMSETZUNG

2.1 Die Liga der Arabischen Staaten (LAS) als Hauptinstrument regionaler Zusammenarbeit

Die LAS (1945 gegründet) ist eine der ältesten regionalen Organisationen der Welt. Sie ist offiziell als "regionale Organisation" gemäß den Bestimmungen des Kapitels VIII der UNO-Charta anerkannt. Außerdem hat sie insofern internationalen Charakter, als sie selbständig internationale Verträge schließen kann. In dieser Eigenschaft führt sie mit der EG seit 1975 den "Europäisch-Arabischen Dialog".

1945 gab es nur sieben unabhängige arabische Staaten, die die LAS gründeten. Heute (1994) umfaßt sie 21 Mitgliedsstaaten: Ägypten, Algerien, Bahrain, Dschibuti, Irak, Jemen, Jordanien, Kuwait, Libanon, Libyen, Marokko, Mauretanien, Oman, Palästina/PLO, Qatar, Saudi-Arabien, Somalia, Sudan, Syrien, Tunesien und Vereinigte Arabische Emirate.

Ziele und organisatorische Gliederung legt der Pakt der Liga der Arabischen Staaten vom 21. 3. 1945 fest. Die LAS soll die Beziehungen zwischen den Mitgliedern stärken und ihre Politik koordinieren, um sie auf das gemeinsame Wohl aller arabischen Völker und Länder auszurichten und um ihre Unabhängigkeit und Souveränität zu wahren. Die in Art. 2 des Paktes festgelegten *Kooperationsbereiche* sind:

a) wirtschaftliche und finanzielle Angelegenheiten, einschl. Handel, Zölle und Währungspolitik
b) Transport, Verkehr und Verbindungswesen
c) Kultur
d) Fragen der Staatsangehörigkeit, Reisepässe, Visa, Durchführung von Gerichtsurteilen, Kriminalitätsbekämpfung
e) soziale Angelegenheiten und
f) Probleme der öffentlichen Gesundheit.

Ferner sollen auf Grund eines Vorschlages des gegenwärtigen LAS-Generalsekretärs Ahmad Ismat Abd al-Magid Umweltschutz, Menschenrechte, Wasserressourcen und Technologietransfers einbezogen werden. Ursprünglich war für jeden Kooperationsbereich ein spezieller Fachausschuß zuständig, in dem alle Mitgliedsstaaten vertreten waren. Da sich im Laufe der Zeit die LAS-Aktivitäten enorm ausweiteten, wurden spezialisierte Sub-Organisationen geschaffen. Der LAS-Pakt überließ es den Mitgliedsstaaten, weitergehende bilaterale und multilaterale Integrationsprojekte zu vereinbaren und durchzuführen. So entstanden u. a. der *Golfkooperationsrat*, der *Arabische Kooperationsrat* und die *Maghreb-Union*, mit denen die LAS eng zusammenarbeitet. Eine besonders wichtige Aufgabe der LAS besteht darin, bei Differenzen zwischen den Mitgliedsstaaten zu vermitteln und *Konflikte beizulegen*. Dies galt auch für Konflikte mit einem Nicht-Mitgliedsstaat. Allerdings waren diesbezüglich die Erfolge der LAS bisher begrenzt. Von einer Zusammenarbeit mit dem Arabischen Kooperationsrat kann gegenwärtig nicht mehr gesprochen werden.

Im Zeitraum 1955 - 1988 wurden von der LAS 17 spezialisierte Sub-Organisationen gegründet und aufgebaut (jeweils Bezeichnung, Gründungsdatum, Sitz):

- Union ob Arab Broadcasting Stations, 15. 10. 1955, Tunis
- Arab Economic Unity Council, 3. 6. 1957, Kairo
- Arab Agency for Administrative Development, 1. 4. 1961, Amman
- Educational, Cultural and Scientific Organization, 21. 5. 1964, Tunis
- Arab Labour Organization, 21. 3. 1965, Kairo
- Organization of Arab Petroleum Exporting Countries, 19. 4. 1968, Kuwait.
- Arab Fund for Economic and Social Development, 16. 5. 1968, Kuwait
- Arab Centre for Studies on Dry and Arid Zones, 3. 9. 1968, Damaskus
- Arab Organization for Agricultural Development, 11. 3. 1970, Khartoum
- Inter-Arab Investment Guarantee Corporation, 16. 12. 1970, Kuwait
- Arab Bank for Economic Development in Africa, 15. 1. 1973, Khartoum
- Arab Maritime Transport Academy, 26. 4. 1975, Alexandria
- Arab Organization for Satellite Communications, 21. 3. 1976, Riadh
- Arab Organization for Industrial Development, 10. 9. 1982, Rabat
- Council of Arab Ministers of the Interior, 13. 9. 1982, Tunis
- Arab Atomic Energy Commission, 17. 8. 1988, Tunis.

Beschlüsse des Ligarates sind nur für diejenigen Mitgliedsstaaten bindend, die sie billigen und ratifizieren. Versuche, nicht nur einstimmige Beschlüsse, sondern auch Mehrheitsbeschlüsse generell für alle Mitglieder bindend zu machen, konnten das Ziel einer Stärkung der LAS noch nicht erreichen. Der Aktionsspielraum des Generalsekretärs blieb begrenzt.

2.1.1 Council of Arab Economic Unity (CAEU)

Ein Schwerpunkt der Tätigkeit der LAS war und ist die Förderung der *intraregionalen wirtschaftlichen Kooperation*. Bis Anfang der 1970er Jahre erlebte die Region umfassende Restrukturierungsversuche im Rahmen multilateraler Abkommen, die den Abbau aller Handelshemmnisse, eine Erleichterung des Transithandels sowie die Förderung der regionalen Mobilität von Arbeit und Kapital zum Ziel hatten. Dazu gehörten das *Abkommen über Erleichterung des Warenaustausches und Regelung des Transithandels* vom 7. 9. 1953 und das *Abkommen über die Arabische Wirtschaftseinheit* von 1957, dem 12 arabische Staaten beitraten: Ägypten, Irak, Jemen, Jordanien, Kuwait, Libyen, Mauretanien, PLO, Somalia, Sudan, Syrien und die Vereinigten Arabischen Emirate. Zur Implementierung dieses Abkommens wurde 1964 der *Council of Arab Economic Unity* (CAEU) gebildet, der sich aus Vertretern der Mitgliedstaaten (Wirtschafts-, Finanz- und Handelsminister) zusammensetzt. Sein Sitz und Sekretariat befinden sich gegenwärtig in Amman/Jordanien.

Im August 1964 beschloß die CAEU die Gründung eines *Gemeinsamen Arabischen Marktes* (GAM), dessen Dokumente von 7 Staaten ratifiziert wurden: Ägypten, Irak, Jemen, Jordanien, Libyen, Mauretanien und Syrien. Der vollständige Zollabbau wurde schon 1971 erreicht, nicht jedoch die Beseitigung nichttarifärer Handelshemmnisse und die angestrebte Zollunion. Um den GAM weiter zu entwickeln, ergriff der CAEU im Zeitraum 1978 - 1989 eine Reihe von Maßnahmen. Außerdem initiierte der CAEU einige multilaterale Abkommen über Sozialversicherung, Mobilität von Arbeit und Kapital, Transithandel, Vermeidung von Doppelbesteuerung und Schiedsgerichtsbarkeit. All diese Leistungen dürfen aber nicht darüber hinwegtäuschen, daß der GAM nicht im gewünschten Ausmaß weiterentwickelt werden konnte und in den 1980er Jahren an Bedeutung verlor.

2.1.2 Arab Monetary Fund (AMF)

Der AMF-Gründungsvertrag wurde am 27. 4. 1976 von den Wirtschafts- und Finanzministern unterschrieben und trat am 2. 2. 1977 in Kraft. Alle 21 arabischen Staaten sind Mitglieder. Der AMF erhielt einen modernen, repräsentativen Sitz in Abu Dhabi. Seine Gründung war das Ergebnis jahrelanger Bestrebungen der Arabischen Liga, die *Finanz- und Währungspolitiken* ihrer Mitglieder zu *harmonisieren*. Die komplizierter gewordenen Probleme der Zahlungsbilanzdefizite kapitalarmer Länder, die Kapitalüberschüsse der Erdölexportländer und die Problematik des Weltwährungssystems hatten die Motivationen zur Gründung eines regionalen Währungsfonds in den 1970er Jahren verstärkt. Das AMF-Kapital wurde 1991 von ursprünglich 250 auf 600 Mio. Arabische Dinar erhöht (1 Arabischer Dinar = 3 Sonderziehungsrechte), von denen 326 Mio. eingezahlt wurden. An diesem Kapital sind alle arabischen Staaten beteiligt, wobei die Anteile sehr unterschiedlich sind. Die AMF-Aufgaben sind denen des IMF ähnlich, beziehen sich jedoch ausschließlich auf den arabischen Raum und reflektieren regionalspezifische Zielsetzungen. Der AMF fungiert als Währungsfonds und Bank zugleich und unterhält ein eigenes Forschungsinstitut für Ausbildungszwecke.

2.1.3 Arab Fund for Economic and Social Development (AFESD)

Die Gründung ging auf langjährige Bestrebungen der Arabischen Liga zurück, eine gesamtarabische Finanzinstitution zur *Förderung der wirtschaftlichen Entwicklung und Integration* zu schaffen. Der AFESD-Gründungsvertrag wurde am 16. 5. 1968 von den Wirtschaftsministern von 17 Staaten unterzeichnet und trat am 18. 12. 1971 in Kraft. Später traten die übrigen 4 Staaten bei, so daß vom April 1975 an alle 21 arabischen Staaten als AFESD-Mitglieder gelten. Seine Tätigkeit begann Anfang 1974. Mitgliedschaft und Tätigkeit des AFESD sind auf die arabischen Länder beschränkt, die Kapitalanteile nicht übertragbar. Der ständige Sitz befindet sich in Kuwait. Sein gesetzliches Kapital wurde (in Mio. Kuwaiti Dinar) von 100 im Jahr 1973 auf 800 (1982) verachtfacht. Das gezeichnete Kapital betrug am 31. 12. 1991 rund 695 Mio. KD, davon 663 Mio. eingezahlt. Unter Berücksichtigung der akkumulierten Reserven verfügte der AFESD Ende 1991 über etwa 1,3 Mrd. KD.

Oberstes Ziel des AFESD ist die Förderung einer regional "ausgewogenen" sozio-ökonomischen Entwicklung. Daher liegen Schwerpunkte und Prioritäten seiner Tätigkeit in folgenden Bereichen:

1. Förderung arabischer Gemeinschaftsprojekte
2. Erschließung und Entwicklung von Bodenschätzen
3. Durchführung regional bedeutsamer Infrastrukturprojekte
4. Besondere Hilfe für die ärmsten Länder
5. Technische Hilfe für arabische transnationale Investoren
6. Mobilisierung arabischen und ausländischen Investitionskapitals.

In all diesen Bereichen gewährt der AFESD technische und finanzielle Hilfe in Form günstiger Kredite. Bis Ende 1991 gewährte er 262 Kredite im Gesamtumfang von 1,5 Mrd. KD an 17 Länder, von denen 710 Mio. ausgezahlt wurden. Die kostenlosen technischen Hilfeleistungen betrugen insgesamt rund 34 Mio. KD.

2.1.4 Arab Bank for Economic Development in Africa (ABEDA)

Vor dem Hintergrund der Ölpreissteigerungen von 1973/74 schufen die arabischen Erdölexportländer in den 1970er Jahren eine Reihe von Einrichtungen zur *Unterstützung der afrikanischen Länder südlich der Sahara*. Dazu gehörten in erster Linie die ABEDA in Khartoum und der *Arab Fund for Technical Assistance to African States* in Kairo sowie die Kapitalbeteiligungen an der *African Development Bank* in Abidjan/Elfenbeinküste und an der *Arab African Bank* in Kairo. Die Tätigkeit der ABEDA begann Anfang 1976. Ihr gezeichnetes Kapital erhöhte sich von 231 Mio. US-$ 1976 auf 1,05 Mrd. US-$ Ende 1988. An ihr sind 18 arabische Staaten beteiligt, wobei allein auf Saudi-Arabien, Libyen, Kuwait und Irak 70 % des Kapitals entfallen.

Hauptziel der ABEDA ist die Förderung der wirtschaftlichen, finanziellen und technischen Zusammenarbeit zwischen arabischen und afrikanischen Ländern. Entsprechend sind die Aufgaben:

1. Finanzierung der Volkswirtschaftspläne und Entwicklungsprojekte in afrikanischen Ländern
2. Förderung der Beteiligung arabischen Kapitals (staatlich und privat) an afrikanischen Projekten
3. Gewährung technischer Hilfe.

Die ABEDA konzentriert sich auf kleinere und mittlere Projekte und kooperiert mit der Weltbank sowie mit den anderen arabischen Entwicklungshilfe-Institutionen.

2.1.5 Organization of Arab Petroleum Exporting Countries (OAPEC)

Sie wurde am 19. 1. 1968 von Kuwait, Libyen und Saudi-Arabien gegründet. Erst nach der libyschen Revolution (1969) und einigen Auseinandersetzungen öffnete sie sich für die Mitgliedschaft anderer arabischer Staaten, in denen Erdöl eine zentrale Rolle spielt. So traten Ägypten, Algerien, Bahrain, Irak, Katar, Syrien und die VAE 1970/71 bei. Hauptaufgabe der OAPEC ist die Förderung der *regionalen Zusammenarbeit* in allen Bereichen der *Erdöl- und Erdgasindustrie* sowie der Ausbau spezialisierter *Gemeinschaftsunternehmen*. Der hohe arabische Anteil an den Erdöl- und Erdgasreserven in der Welt sowie die Restrukturierung der Ölindustrie und die Ölpreissteigerungen der 1970er Jahre verliehen der OAPEC ein größeres politisches und ökonomisches Gewicht. Ihre 10 Mitglieder hatten 1988 einen 23%igen Anteil an der Welt-Ölproduktion.

2.2 Neue, marktwirtschaftlich orientierte Ansätze

Die neuen, marktwirtschaftlich orientierten Ansätze bezogen sich hauptsächlich auf die Verbesserung der rechtlichen und ökonomischen Rahmenbedingungen für staatliche und private in- und ausländische Investoren und für den regionalen Kapitalverkehr. In fast allen arabischen Ländern wurden in den siebziger und achtziger Jahren Reformen in Richtung Privatisierung und Liberalisierung der Investitions- und Außenwirtschaftspolitik durchgeführt. Privatinitiative und privater Wirtschaftssektor wurden unterstützt. Arabische und ausländische Investoren wurden durch verbesserten rechtlichen Schutz und Einführung breitgefächerter Anreizsysteme gefördert. In einigen Ländern wurden neue Exportbanken gegründet, und auf regionaler Ebene wurde die 1975 gegründete Arab Investment Guarantee Corporation (Kapital: 115 Mio. US-Dollar, Sitz in Kuwait, Mitglieder: alle arabischen Länder) zur Deckung kommerzieller und nichtkommerzieller Investitionsrisiken aufgebaut. In den achtziger Jahren gab es eine Tendenz zur Gründung und Entwicklung von Freizonen, in denen arabische und ausländische Investoren einen größeren Spielraum haben und von manchen Auflagen und Abgaben sowie von bürokratischen Einflüssen der betreffenden Regierung befreit sind. Solche Freizonen entstanden in Ägypten, Jordanien, Syrien und VAE (Dubai). Ferner wurde eine Anzahl von Gemeinschaftsunternehmen gegründet. Die arabische Liga plante den Aufbau einer pan-arabisch orientierten Freizone für die Gemeinschaftsunternehmen. Von 170 bereits geplanten Projekten wurden 18 inzwischen in Angriff genommen. Im Industriebereich allein wurden 153 Projekte identifiziert, von denen bislang 21 in die konkrete Planungsphase eintraten.

All diese marktwirtschaftlich orientierten Ansätze für die regionale Integration reichten jedoch für einen wirklichen Durchbruch nicht aus. Eine breite Grundlage für unumkehrbare Integrationstendenzen konnte noch nicht geschaffen werden. Die Ansätze waren u. a. Ausdruck eines verstärkten Pragmatismus. Die Bestrebungen konzentrierten sich zunächst auf den Aufbau regionaler Gemeinschaftsunternehmen und andere Formen arabischer und ausländischer Direktinvestitionen sowie auf den Aufbau eines regionalen Kapitalmarktes.

Ende 1985 betrug die Zahl der arabischen Joint-ventures (d. h. Unternehmen, deren Teilhaber aus zwei oder mehr arabischen Ländern kommen) 391 mit Kapitalinvestitionen von insgesamt 21,4 Mrd. US-Dollar.[1] Sicherlich stellen diese Joint-ventures einen gewissen Fortschritt dar; sie verstärkten die Kapitalbasis bestehender Finanzinstitutionen und schufen neue Produktionskapazitäten. Die Kritikpunkte lassen sich wie folgt zusammenfassen:

---

[1] Eine flächendeckende Erhebung neueren Datums liegt leider nicht vor. Teilinformationen sind zwar verfügbar (Orient-Institut), müßten aber noch ausgewertet und zusammengestellt werden.

a) Der Umfang des investierten Kapitals, der nur 6 % der akkumulierten Kapitalüberschüsse ausmachte, war sehr gering.

b) Die Investitionen waren regional ungünstig verteilt, denn sie konzentrierten sich zu 65 % in den kapitalreichen Ländern Bahrain, Kuwait, Saudi-Arabien und VAE, während die Defizitländer, die die Investitionen dringender benötigen, schwach vertreten waren.

c) Der Anteil des privaten Sektors war mit 30 % viel zu gering, zumal dieser Sektor über umfangreiche Finanzierungsmittel verfügte. Die regionale Mobilität des privaten Investitionskapitals wird nach wie vor durch politische Faktoren behindert.

d) Auf Industrie und Landwirtschaft, wo eigentlich das Schwergewicht liegen sollte, entfiel nur ein Drittel der Investitionen.

e) Wichtige Investitionsbereiche, in denen die komparativen Vorteile des betreffenden Landes liegen, blieben in vielen Fällen Domäne des Staates und der Inländer, auch wenn diese nicht genügend investierten.

Ähnliches kann über die ausländischen (nicht-arabischen) Direktinvestitionen gesagt werden, die hauptsächlich aus den USA, Japan, England, BR Deutschland, Frankreich und Italien kamen. Sie sind auf Grund verbesserter rechtlicher und ökonomischer Rahmenbedingungen bis Mitte der achtziger Jahre angestiegen, blieben jedoch weit hinter den Erwartungen zurück und zeigten in den letzten Jahren eine sinkende Tendenz. Ende 1985 gab es insgesamt 439 arabisch-westliche Joint-ventures mit einer Investitionssumme von 14,35 Mrd. US-Dollar. Ihre ländermäßige und sektorale Verteilung entsprach auch hier nicht den Prioritäten der Entwicklung und Integration der Region. Allein auf den Bankensektor entfiel mit 6,28 Mrd. Dollar fast die Hälfte der Investitionssumme. Die verarbeitende Industrie war mit 98 Projekten und 6,21 Mrd. Dollar relativ gut vertreten. Demgegenüber wurde die Landwirtschaft vernachlässigt. Sie wurde nur mit 34 Projekten und 326 Mio. Dollar bedacht, eine im Vergleich zur großen Problematik der Nahrungsmittelversorgungslücke und zu den erforderlichen Investitionen verschwindend kleine Summe. Größere Beträge wurden im Bergbau/Ölförderung (523 Mio. Dollar) und Tourismus (495 Mio.

Dollar) investiert. Der weitaus größte Teil dieser ausländischen Investitionen war in den Ölexportländern konzentriert. In zweiter Linie folgten Ägypten, Marokko und Tunesien. Alle anderen Länder der Region wurden kaum berücksichtigt.

2.3 Subregionale Gruppierungen

2.3.1 Kooperationsrat der Arabischen Golfstaaten (GKR)

Der Golfkooperationsrat (GKR), dem Saudi-Arabien, Kuwait, Bahrain, Qatar, VAE und Oman angehören, wurde am 25. Mai 1981 gegründet. Sein erklärtes Ziel ist die Verwirklichung der Integration der Mitgliedsstaaten in allen Bereichen. Im "Einheitlichen Wirtschaftsabkommen" vom 11. November 1981 wurden für die Wirtschaftsintegration anspruchsvolle Ziele verankert. Was wurde bisher erreicht? Im Handelsbereich konnten seit März 1983 alle Zölle für die innerhalb der Mitgliedsländer erzeugten Waren beseitigt werden. Der Zollabbau war eine verhältnismäßig leichte Aufgabe, weil die Zölle ohnehin niedrig waren und die Zolleinnahmen für die Staatshaushalte der im GKR zusammengeschlossenen Länder keine große Bedeutung hatten. Schwieriger gestaltete sich die Einführung eines gemeinsamen Außenzolltarifs, der bisher nicht verwirklicht werden konnte. Die GKR-Bürger dürfen ohne Diskriminierung in allen Mitgliedsstaaten im Einzelhandel (seit 1. 3. 1987) und im Großhandel (seit 1. 3. 1990) tätig werden. Dagegen ist das Handelsvertreterrecht noch nicht vereinheitlicht. Im Industriebereich wurde eine "einheitliche Strategie für die industrielle Entwicklung" ausgearbeitet und am 4. November 1985 vom Obersten Rat unterzeichnet. Die angestrebte Vereinheitlichung der Gesetze über ausländische Investitionen konnte nicht erreicht werden. Als erster Schritt dienen seit März 1989 "Unified Foreign Capital Investment Regulations" als Orientierungsrahmen. Ähnliches gilt für den Bereich Landwirtschaft. Pläne und Projekte zur Verbindung der nationalen Stromleitungsnetze werden seit 1983 diskutiert, sind aber noch nicht verwirklicht. Konkrete Fortschritte sind in den Bereichen Transport und Verbindungswesen zu verzeichnen, da die diesbezügliche Infrastruktur in der Golfregion modernisiert und gemeinschaftliche Unternehmen (Luftfahrt, Schiffahrt) aufgebaut wurden. Für die Koordinierung der Energiepolitik sorgt seit 1982 eine ministerielle Kommission.

Von zentraler Bedeutung für die Beurteilung der Ergebnisse des Integrationsprozesses ist die Frage nach der rechtlichen Gleichstellung der Bürger (natürliche und juristische Personen), d. h. die Frage nach der Bewegungsfreiheit der Produktionsfaktoren Arbeit, Kapital und unternehmerische Tätigkeit. Die völlige Gleichstellung wurde nicht erreicht, wohl aber einige Fortschritte. GKR-Bürger dürfen sich seit 1. März 1983 als Arbeitnehmer und Unternehmer gleichberechtigt in den Bereichen Industrie, Landwirtschaft und Bauwirtschaft betätigen. Diese Freiheiten und Rechte betreffen hauptsächlich die berufliche Tätigkeit. Weit schwieriger ist die Frage nach dem zulässigen Erwerb von Realvermögen (insbesondere Grund und Boden), der noch weitgehenden Beschränkungen unterliegt. Auch der Erwerb von Aktien und der Handel mit Wertpapieren unterliegen gesetzlichen Beschränkungen. Pläne zu einer engeren währungspolitischen Zusammenarbeit und zur Einführung einer einheitlichen Währung wurden hinausgeschoben. Auf Grund der starken Devisenposition der Mitgliedsstaaten bestanden von Anbeginn keine Devisenbewirtschaftungssysteme und folglich keine Beschränkungen für den Kapitaltransfer.

Insgesamt ist festzustellen, daß die Integration der GKR-Staaten gute Fortschritte in den letzten sechs Jahren gemacht hat. In einigen Bereichen entstanden regionale Märkte. Die Bewegungsfreiheit von Arbeit und Kapital konnte in bestimmten Bereichen erweitert werden. Durch Zollabbau entstand eine Freihandelszone, und die Einführung eines gemeinsamen Außenzollsystems ist geplant. Das alles darf allerdings über das Fortbestehen wesentlicher Lücken nicht hinwegtäuschen. Zollabbau allein kann den intraregionalen Handel nicht wesentlich steigern, weil die Wirtschaftsstrukturen der Mitgliedsländer nicht komplementär sind und die Inlandsproduktion in vielen Bereichen nicht den eigenen Bedarf des betreffenden Landes decken kann. Der intraregionale Handel dieser Staatengruppe hatte im Zeitraum 1980 - 1987 ein Volumen von 6 bis 11 Mrd. US-Dollar und machte weniger als 10 % des gesamten GKR-Außenhandels aus. Daher steht der Aufbau einer breiten inländischen Basis im Vordergrund des Interesses.

2.3.2 Union des Arabischen Maghreb (UAM)

Die am 17. Februar 1989 gegründete UAM, die Algerien, Marokko, Mauretanien, Libyen und Tunesien umfaßt, hat verhältnismäßig gute Voraussetzungen für eine dynamische Entwicklung. Interne und externe politische und ökonomische Faktoren haben die Kooperationsbereitschaft erhöht. Faktorausstattung und Wirtschaftsstrukturen der fünf Maghreb-Länder (mit 72 Mio. Einwohnern) haben größere Komplementarität als z. B. der GKR. Das im Gründungsvertrag verankerte Ziel der UAM ist Harmonisierung der Politiken der Mitgliedsstaaten auf verschiedenen Gebieten (Verteidigung, Sicherheit, Wirtschaft, Kultur usw.) und Herstellung der Freizügigkeit für Personen sowie beim Transfer von Gütern, Dienstleistungen und Kapital. Die bisher realisierten Fortschritte auf dem Wege zu diesem Ziel lassen sich trotz der kurzen Zeitspanne sehen. Die Außenminister unterzeichneten Rahmenabkommen zur Schaffung eines gemeinsamen Agrarmarktes, Harmonisierung der Investitionsgesetze und der Finanzpolitiken, Erleichterung des Personen- und Warenverkehrs. Eine Zollunion wird angestrebt. Die Zentralbanken schlossen Abkommen zur Harmonisierung der Geld- und Kreditpolitiken. Zu konkreten Projekten gehören der Ausbau regionaler Forschungsinstitute, die Gründung von Gemeinschaftsunternehmen, die gemeinsame Erschließung von Ölfeldern (Libyen/Tunesien), der Bau transmaghrebinischer Öl- und Gasleitungen, die Eisenbahnlinie Casablanca - Tunis. Die Gründung einer Luftfahrtskommission, eines Verbandes der Flughäfen und einer gemeinschaftlichen Lufttransportgesellschaft wird Impulse für die Entwicklung des Flugverkehrs geben. Ferner wurde die Zusammenarbeit im Bereich Information und PTT sowie zwischen den Kommunen verstärkt.

2.3.3 Arabischer Kooperationsrat (AKR)

Der AKR wurde am 16. Februar 1989 in Bagdad gegründet. Ihm gehören der Irak, Ägypten, Jordanien und Jemen an. Die politischen Rahmenbedingungen für seine Gründung und Entwicklung sind weit komplizierter als beim GKR und UAM. In den achtziger Jahren hatte sich eine enge Zusammenarbeit zwischen den genannten vier Ländern entwickelt.

Erklärtes Ziel des AKR war eine umfassende Integration in wirtschaftlichen und sozialen Bereichen. Zu den geschlossenen Verträgen gehört ein Kooperationsabkommen für den Energiebereich. Vereinbarungen über Vereinheitlichung der Paßabfertigung, Zollformalitäten und Regelung der zivilen Luftfahrt wurden unterzeichnet. Die Visaabschaffung wurde am 16. Juni 1989 beschlossen. Zur Vereinheitlichung des Arbeitsrechts und der Systeme der Berufsbildung und der sozialen Sicherung wurden Studien und Vertragsentwürfe sowie Pläne für eine Datenbank für Arbeitskräfte ausgearbeitet. Auf ihrem Gipfeltreffen am 25. September 1989 ratifizierten die Staatschefs 16 Kooperationsabkommen für die Bereiche Landwirtschaft, Industrie, Wohnungsbau, Arbeit, Transport, Verbindungswesen, Information, Erziehung, Gesundheit, Rechtswesen, Finanzen. Am 24. Februar 1990 erfolgte die Ratifizierung weiterer Kooperationsabkommen für die Bereiche Technologie, Planung, Tourismus, örtliche Verwaltung, Meteorologie, Luftfahrt und Seetransport.

Die gespannte politische Situation hat dazu geführt, daß der Inhalt der getroffenen Vereinbarungen nicht voll veröffentlicht und die praktische Umsetzung stark behindert wurde. Golfkrise und Golfkrieg spalteten den AKR in zwei Lager. Während Jordanien und Jemen für die irakische Politik Verständnis zeigten, stand Ägypten auf der Seite der anti-irakischen Kooperation. Die Voraussetzungen für die Fortsetzung der Zusammenarbeit mit Ägypten waren nicht mehr gegeben. Das UNO-Embargo gegen den Irak hat auch die Zusammenarbeit zwischen dem Irak einerseits und Jordanien und Jemen andererseits behindert. Dennoch besteht der AKR de jure weiter.

2.4 Schlußbemerkung

Trotz aller politischen Hindernisse und Spaltungen werden die internen Sachzwänge und der Wandel der internationalen Politik den arabischen Staaten keine Alternative lassen als die Verstärkung des regionalen Integrationsprozesses. Die weitere Entwicklung wird davon abhängen, wie die arabischen Staaten den Herausforderungen auf internationaler Ebene begegnen werden. Diese hängen u. a. mit solchen Fragen zusammen, ob den Nachfolgestaaten der Sowjetunion die Restrukturierung und Modernisierung gelingt, ob die USA die krisenhaften Erscheinungen und Strukturen in ihrer Wirtschaft überwinden, ob Japan seine wirtschaftliche und technologische Entwicklung fortsetzt und ob die Dritte Welt die Überschuldungskrise überwindet und die Süd-Süd-Kooperation Anschluß an den technischen Fortschritt findet. Die arabischen Staaten können ohne einen wirksamen Zusammenschluß die Herausforderungen der Gegenwart und der Zukunft nicht meistern.

3. REGIONALE WIRTSCHAFTSPOTENTIALE UND -STRUKTUREN IM ÜBERBLICK

3.1 Gesamtwirtschaftlicher Überblick

Im Mittelpunkt der folgenden Ausführungen steht ein grober Überblick über das Wirtschaftspotential der Nah-/Mittelost-Region, die - nach der hier verwendeten Abgrenzung - Israel, die Besetzten Gebiete (Westbank und Gaza), Ägypten, Jordanien, Syrien, Libanon und Saudi-Arabien umschließt. Diskutiert werden das Pro-Kopf-Einkommen, das BIP (Bruttoinlandsprodukt), die dazu geleisteten Beiträge der verarbeitenden Industrie und Landwirtschaft sowie schließlich - soweit es die verfügbaren Daten zulassen - die Strukturen dieser beiden wichtigen Wirtschaftsbereiche.

Die von einem raschen Bevölkerungswachstum gekennzeichnete Nah-/Mittelost-Region hatte Ende 1992 eine Bevölkerung von rund 100 Mill. Menschen und erzielte 1992 im (gewogenen) Durchschnitt ein Pro-Kopf-Einkommen von 2460 US-$. Freilich besagt dieser Durchschnitt wenig, da von Land zu Land teilweise gravierende Einkommensunterschiede bestehen. Wie zu erwarten, steht Israel mit großem Vorsprung an der Spitze; sein Pro-Kopf-Einkommen betrug 1992 12.430 US-$ und war damit rund fünfmal so hoch wie der Durchschnitt der Region. Danach folgte - ebenfalls noch weit über dem Durchschnitt liegend - Saudi-Arabien (1991: 7070 US-$), während die Pro-Kopf-Einkommen der übrigen Länder den Durchschnitt deutlich unterschritten und sich in einer Bandbreite von 1640 US-$ (Besetzte Gebiete) und 630 US-$ (Ägypten) bewegten. Auch innerhalb der Besetzten Gebiete besteht ein deutliches Einkommensgefälle: die Westbank mit 1930 US-$ und Gaza mit 1200 US-$. Bemerkenswert ist, daß - sieht man von Saudi-Arabien ab - selbst Gaza auf keinem niedrigeren Einkommensniveau liegt als die übrigen arabischen Staaten (im einzelnen siehe Tab. 3.1).

Tab. 3.1:

Nah-/Mittelost-Region, Bevölkerung und Pro-Kopf-Einkommen, 1992

Land	Bevölkerung (Mill. Menschen) Ende 1992	Pro-Kopf-Einkommen (US-$)[a]
Israel	5,12	12429
Besetzte Gebiete[c]	1,70	1640[b]
Westbank	1,02	1934[b]
Gaza	0,68	1203[b]
Ägypten	54,80	630
Jordanien	3,80	1261
Syrien	12,93	1059
Libanon	3,71[b]	1132[b]
Saudi-Arabien	16,90	7071[b]
Insgesamt	98,96	2457[c]
[a] Grundsätzlich auf der Basis des Bruttosozialprodukts berechnet. - [b] 1991. - [c] Mit der Bevölkerung gewichteter Durchschnitt. - [c] Ohne Ost-Jerusalem.		

Quelle: Div. Unterlagen, u. a. von Weltbank, IWF und Statistischem Bundesamt.

DAs BIP der Region belief sich 1992 auf 244 Mrd. US-$. Das entspricht etwa 13 % des BIP der BRD (1992: 1926 Mrd. US-$). Vom BIP der Region entfiel fast die Hälfte auf Saudi-Arabien (119 Mrd. US-$), mehr als ein Viertel auf Israel (66 Mrd. US-$) und knapp 15 % auf Ägypten (33 Mrd. US-$). Der Anteil der Besetzten Gebiete (2,5 Mrd. US-$, davon Westbank 1,9 Mrd. US-$ und Gaza 0,6 Mrd. US-$) war verständlicherweise äußerst gering (1 %). (Im einzelnen s. Tab. 3.2).

Trotz teilweise recht ungünstiger Rahmenbedingungen erzielte die Nah-/Mittelost-Region - als Gesamtheit betrachtet - in den vergangenen fünf Jahren ein bemerkenswert rasches wirtschaftliches Wachstum: Zwischen 1988 und 1992 stieg das BIP real um 5 % p. a. an. Freilich bestehen von Land zu Land ganz erhebliche Unterschiede. Weit über dem Durchschnitt lag die (reale) Wachstumsrate des BIP in Libanon (12,7 % p. a.) und in den Besetzten Gebieten (9,8 % p. a.). Wahrscheinlich hängt das rasche wirtschaftliche Wachstum dieser Länder bzw. Gebiete in hohem Maße auch damit zusammen, daß in den

Jahren vor 1988 - politisch und wirtschaftlich (Ölpreisverfall) bedingt - beträchtliche wirtschaftliche Rückschläge eingetreten waren, denen eine Phase der wirtschaftlichen Erholung und des Wiederaufbaus folgte - Phasen, die in aller Regel von starkem Wachstum geprägt sind.

Tab. 3.2:

**Nah-/Mittelost-Region, Bruttoinlandsprodukt 1992
und sein reales Wachstum 1988 - 1992**

Land	BIP 1992 (Mrd. US-$)	Wachstumsrate BIP (konst. Preise) 1988 - 1992 (% p. a.)
Israel	65,59	4,7
Besetzte Gebiete[c]	2,52	9,8
Westbank	1,88	9,5
Gaza	0,64	10,8
Ägypten	33,49	2,0
Jordanien	4,79	-0,1
Syrien	13,69	4,6
Libanon	5,55	12,7[a]
Saudi-Arabien	118,55	5,8
Insgesamt	244,18	5,0[b]

[a] 1989 - 1992. - [b] Mit dem BIP gewichteter Länderdurchschnitt. - [c] Ohne Ost-Jerusalem.

Quelle: Div. Unterlagen, u. a. von Weltbank, IWF und Statistischem Bundesamt; teilweise auch eigene Schätzungen.

Als wachstumsschwächste Länder in der Nah- und Mittelost-Region erwiesen sich Ägypten (1988 - 1992: 2,0 % p. a.) und Jordanien (-0,1 % p. a.), das nach dem letzten Golfkrieg hohe wirtschaftliche Einbußen hinnehmen mußte. In den übrigen Ländern der Region bewegten sich die Wachstumsraten des BIP (1988 - 1992) zwischen 4,5 % und 6 % p. a. (im einzelnen s. Tab. 3.2).

3.2 Verarbeitende Industrie

Die (verarbeitende) Industrie hatte 1992 (teilweise Angaben für 1991) im Durchschnitt der nah-/mittelöstlichen Länder (ungewogen) einen Anteil von gut 12 % am BIP. In Israel lag der entsprechende Beitrag (mit 22 %) erheblich über dem Durchschnitt, während er ihn in den Besetzten Gebieten (zusammen 8,5 %) unterschritt; dabei ist allerdings ein beträchtlicher Unterschied zwischen der Westbank und Gaza (13 %) zu beobachten. Was die übrigen Länder angeht, so wurde der Länderdurchschnitt (12 %) von Ägypten, Jordanien und Libanon leicht übertroffen, von Syrien und Saudi-Arabien dagegen ganz erheblich unterschritten (im einzelnen s. Tab. 3.3).

Tab. 3.3:

Nah-/Mittelost-Region, Beiträge der Landwirtschaft und der verarbeitenden Industrie zum Bruttoinlandsprodukt 1991/92 (zu lfd. Preisen) (%)

Land	Jahr	Landwirtschaft	Verarbeitende Industrie
Israel	1992	3,3[a]	21,8[a]
Besetzte Gebiete[c]	1991	17,1	8,5
Westbank	1991	17,3	6,8
Gaza	1991	16,5	13,3
Ägypten	1992	18,2	rd. 15[b]
Jordanien	1992	7,3	15,3
Syrien	1992	29,8	4,2
Libanon	1991	6,7	14,4
Saudi-Arabien	1991	6,2	6,9

[a] Nur auf die gewerbliche Wirtschaft bezogen (ohne Administration und Heer), erhöhen sich die Anteile der Landwirtschaft und Industrie auf 4,7 % und 31,4 % . - [b] geschätzt. - [c] Ohne Ost-Jerusalem.

Quelle: Div. Unterlagen, u. a. von Weltbank, IWF und Statistischem Bundesamt.

Der relative Beitrag der (verarbeitenden) Industrie - ein häufig verwendeter Indikator für den Industrialisierungsstand eines Landes - hängt nicht allein vom industriellen Produktionsniveau ab, sondern auch vom Umfang der übrigen Wirtschaftsbereiche. In Saudi-Arabien beispielsweise, wo dem Bergbau (Rohölförderung) sehr großes Gewicht zukommt, wird selbst eine schon recht umfangreiche Industrie im Rahmen der Gesamtwirtschaft noch relativ unbedeutend erscheinen. Daher ist es sinnvoll, das Industrialisierungsniveau eines Landes nicht am relativen Beitrag der Industrie zum BIP abzulesen, sondern an der industriellen Bruttowertschöpfung pro Kopf der Bevölkerung.

Auf der Basis dieses Indikators ergibt sich ein wesentlich anderes, realistischeres Bild vom Stand der Industrialisierung in der Region. Überlegen an der Spitze liegt Israel, dessen industrielle Bruttowertschöpfung pro Kopf 1992 fast 2800 US-$ erreichte. In Saudi-Arabien, das an zweiter Stelle folgt, lag der entsprechende Wert bei rund 500 US-$. Mit großem Abstand folgten die übrigen Länder der Region, deren industrielle Bruttowertschöpfung pro Kopf sich zwischen rund 150 US-$ (Jordanien) und 50 US-$ (Syrien) bewegt. In den Besetzten Gebieten belief sie sich auf 102 US-$, wobei sich - anders als beim relativen Beitrag der Industrie zum BIP - kein nennenswerter Unterschied zwischen der Westbank (100 US-$) und Gaza (104 US-$) feststellen ließ. Der wesentlich höhere Beitrag der Industrie zum BIP in Gaza geht ganz einfach darauf zurück, daß dort infolge der begrenzten Landfläche, hohen Bevölkerungsdichte und Knappheit an Wasser für die Landwirtschaft viel weniger Raum bleibt als in der Westbank (im einzelnen s. Tab. 3.4).

Wegen lückenhafter Daten und auch sehr unterschiedlicher Klassifizierungen war es nicht möglich, zwischen den Ländern der Region einen Vergleich der Industriestruktur (nach Industriebranchen oder Produktionsbereichen, wie Nahrungsmittel-, Verbrauchsgüter-, Grundstoff- und Investitionsgüterindustrie) vorzunehmen. Ungeachtet dessen lassen sich jedoch einige typische Merkmale herausarbeiten:

- Die Nahrungsmittel- und Verbrauchsgüterindustrie (vor allem Textil- und Bekleidungsindustrie, Schuhindustrie etc.) besitzt in jedem Land im Rahmen der verarbeitenden Industrie eine relativ große Bedeutung.

- Auch die Grundstoffindustrie (Steine und Erden, Metalle, chemische Erzeugnisse, Düngemittel etc.) ist in allen Ländern in mehr oder weniger großem Umfang anzutreffen und spielt vor allem in den erdölproduzierenden

Ländern, in besonderem Maße in Saudi-Arabien (petrochemische Erzeugnisse, Düngemittel etc.), eine herausragende Rolle.

Tab. 3.4:

Nah-/Mittelost-Region, Bruttowertschöpfung der verarbeitenden Industrie (1991/92)

Land	Jahr	Bruttowertschöpfung (Mill. US-$)	Bruttowertschöpfung pro Kopf (US-$)
Israel	1992	14275,7	2788
Besetzte Gebiete[a]	1991	171,1	102
Westbank	1991	100,5	100
Gaza	1991	70,6	104
Ägypten	1992	4435,0	81
Jordanien	1992	626,6	165
Syrien	1992	569,4	44
Libanon	1991	529,1	143
Saudi-Arabien	1991	7956,6	488
Insgesamt		28563,5	
[a] Ohne Ost-Jerusalem.			

Quelle: Div. Unterlagen, u. a. von Weltbank, IWF und Statistischem Bundesamt.

- Die Investitionsgüterindustrie (Maschinenbau, Elektrotechnik, Fahrzeugbau etc.) ist, von Israel abgesehen, in der Nah-/Mittelost-Region erst rudimentär entwickelt oder fehlt fast völlig. Nur in Israel stellt die Investitionsgüterindustrie - der Schwerpunkt liegt bei der Elektrotechnik - bereits einen bedeutenden Industriezweig dar, der etwa 25 % - 30 % zur Bruttoproduktion der verarbeitenden Industrie beiträgt.

3.3 Landwirtschaft

Typisch für die einzelnen Länder der Nah-/Mittelost-Region ist, daß infolge ungünstiger natürlicher Voraussetzungen nur ein sehr geringer Teil der jeweiligen Landfläche landwirtschaftlich genutzt werden kann und vielfach künstlicher Bewässerung bedarf. Der dafür erforderliche umfangreiche Einsatz von Fluß- und Grundwasser hat die Ressource Wasser zu einem knappen Faktor werden lassen, der den weiteren Expansionsmöglichkeiten der Landwirtschaft grundsätzlich enge Grenzen setzt. Freilich können diese Grenzen (innerhalb gewisser Spielräume) in dem Maße hinausgeschoben werden, wie es gelingt, durch moderne Bewässerungstechniken den Wasserverbrauch je Ertragseinheit zu senken. Israel hat auf diesem Gebiet große Fortschritte erzielt und verfügt heute in der Region über die am weitesten ausgebaute Bewässerungstechnologie, die in den anderen Ländern der Region noch Potentiale offen läßt. Insofern verfügt die Landwirtschaft (ganz besonders im Libanon, s. u.) auch bei gleichem Wasserverbrauch noch über zum Teil bedeutende Wachstumspotentiale.

Hohe relative Beiträge zum BIP leistet die Landwirtschaft in Syrien, Ägypten und in den Besetzten Gebieten (insgesamt betrachtet). In den übrigen Ländern sind ihre relativen Beiträge niedrig, in Israel sogar sehr niedrig (im einzelnen s. Tab. 3.3). Aber auch hier gilt analog, was weiter oben schon im Zusammenhang mit den relativen Beiträgen der Industrie zum BIP gesagt wurde, nämlich, daß es realistischer ist, das Potential der Landwirtschaft nach ihrer Bruttowertschöpfung pro Kopf der Bevölkerung zu beurteilen.

Die höchsten und annähernd gleichen Werte erzielten Saudi-Arabien mit 440 US-$ (1991) und Israel mit 420 US-$ (1992). Die erstaunlich hohe landwirtschaftliche Wertschöpfung pro Kopf in Saudi-Arabien geht darauf zurück, daß während der vergangenen Jahre der Weizenanbau (auf der Basis künstlicher Bewässerung) ganz erheblich ausgedehnt worden ist. Das Land kann heute nicht nur seinen eigenen Bedarf decken, sondern ist sogar ein bedeutender Weizenexporteur. Allerdings müssen die Ausfuhren wegen der extrem hohen Produktionskosten mit immensen Subventionen gefördert werden. Die an der verfügbaren Anbaufläche gemessen hohe landwirtschaftliche Wertschöpfung pro Kopf in Israel ist nicht zuletzt ein Erfolg der sehr fortschrittlichen Bewässerungstechnik. Ein ebenfalls noch gutes Ergebnis erzielte Syrien mit 316 US-$ (1992). In den Besetzten Gebieten lag die landwirtschaftliche Wertschöpfung pro Kopf im Durchschnitt bei 204 US-$ (1991), wobei sie in der Westbank (255 US-$) verständlicherweise erheblich höher als in Gaza (130 US-$) war. In den übrigen Ländern bewegte sie sich um und unter 100 US-$ (im einzelnen s. Tab. 3.5).

Tab. 3.5:

Nah-/Mittelost-Region, Bruttowertschöpfung der Landwirtschaft 1991/92

Land	Jahr	Bruttowertschöpfung (Mill. US-$)	Bruttowertschöpfung pro Kopf (US-$)
Israel	1992	2134,7	417
Besetzte Gebiete[a]	1991	343,6	204
Westbank	1991	255,8	255
Gaza	1991	87,8	130
Ägypten	1992	6066,1	111
Jordanien	1992	300,1	79
Syrien	1992	4080,8	316
Libanon	1991	244,0	66
Saudi-Arabien	1991	7182,3	441
Insgesamt		20351,6	
[a] Ohne Ost-Jerusalem.			

Quelle: Div. Unterlagen, u. a. von Weltbank, IWF und Statistischem Bundesamt.

Infolge ähnlicher ökologischer Bedingungen weist die Warenstruktur der Landwirtschaft von Land zu Land ein hohes Maß an Homogenität auf. Einen Überblick über die wichtigsten Erzeugnisse der Region vermittelt die Tabelle 3.6. Mit Ausnahme der weiter unten angeführten Einschränkungen ist dieses Warensortiment typisch für alle Länder. An Besonderheiten sind anzuführen:

- In Saudi-Arabien hat der Getreideanbau (vor allem Weizen) überdurchschnittlich große Bedeutung, in Syrien die Viehhaltung.

- Der wichtige Industrierohstoff Baumwolle wird nur in Ägypten - dort in sehr großem Umfang -, daneben auch in Syrien und Israel angebaut.

- Reis, Mais und Zuckerrohr werden nur in Ägypten angebaut, Zuckerrüben nur in Ägypten und in Syrien.

- Schließlich ist als Besonderheit noch der umfangreiche Anbau von Blumen in Israel zu erwähnen, der weitgehend auf den Export ausgerichtet ist.

Tab. 3.6:

Nah-/Mittelost-Region, wichtige Erzeugnisse der Landwirtschaft

	Produkte
Erzeugnisse tierischen Ursprungs	Geflügelfleisch, Schaffleisch, Rindfleisch, Eier, Milch, Häute und Felle, Wolle
Erzeugnisse pflanzlichen Ursprungs	
Getreide	Weizen, Gerste, Sorghum, Mais, Reis
Gemüse	Kartoffeln, Tomaten, Gurken, Wassermelonen, Zwiebeln, Auberginen, Bohnen, Kohl
Obst	Zitrusfrüchte, Oliven, Weintrauben, Feigen
Industrierohstoffe	Rohbaumwolle, Zuckerrohr, Zuckerrüben

Hinsichtlich der Absatzorientierung der Agrarproduktion (Binnen- versus Exportmarkt) ist zu sagen, daß in jedem Land der Nah-/Mittelost-Region ein mehr oder weniger großer Teil der erzeugten Agrarprodukte für den Export bestimmt ist. Auf der Ebene von Produktgruppen (tierische Erzeugnisse, Getreide, Obst und Gemüse sowie Industrierohstoffe) stellt sich die Sachlage allerdings sehr unterschiedlich dar. Von den nicht unbeträchtlichen Weizenausfuhren Saudi-Arabiens und den Fleischexporten Syriens abgesehen, werden das inländische Getreide und die inländischen tierischen Produkte weitgehend auf dem heimischen Markt abgesetzt (Endverbrauch). Im Gegensatz dazu geht das im Inland erzeugte Obst und Gemüse großenteils in den Export; in abgeschwächter Form trifft das auch auf den Industrierohstoff Baumwolle (Ägypten und Israel) zu, der zwar überwiegend von der inländischen Textilindustrie verarbeitet wird, aber daneben in größerem Umfang auch in den Export gelangt. Ein- und Ausfuhren hängen hier eng mit der gewünschten Qualität der Baumwollfaser zusammen.

Die Nahrungsmittelbilanzen (Nahrungsmittelexporte minus -importe) der verschiedenen Länder der Region zeigen ebenfalls ein recht einheitliches Muster. In der Region insgesamt sind die Nahrungsmittelexporte erheblich geringer als die entsprechenden Importe (im wesentlichen Einfuhren von Fleisch und -waren sowie von Getreide und -erzeugnissen), so daß die Nahrungsmittelbilanz mit einem umfangreichen Nettoimport schließt. Dieses Ergebnis für die gesamte Region läßt sich grundsätzlich auch auf die einzelnen Länder übertragen, die bei Nahrungsmitteln ohne Ausnahme eine Nettoimportposition einnehmen. Freilich treten von Land zu Land graduelle Unterschiede auf; so ist es beispielsweise Israel während der letzten Jahre gelungen, die Nahrungsmittel-Nettoimporte erheblich zu verringern und die Bilanz nahezu auszugleichen. Auch Saudi-Arabien hat infolge des forcierten Weizenanbaus seine Nahrungsmittelbilanz erheblich verbessern können (im einzelnen s. Tab. 3.7).[1]

---

[1] Das Orient-Institut, Hamburg, ist auf Grund neuer und aktueller Informationen in der Lage, relativ kurzfristig flächendeckende Daten zur landwirtschaftlichen Situation im arabischen Raum (Strukturdaten, Agrarproduktion und -handel, Versorgungslücke) bis einschließlich 1991 zu liefern.

Tab. 3.7:

Nah-/Mittelost-Region, Selbstversorgung mit Nahrungsmitteln 1992[a]

Land	Erzeugnisse tierischen Ursprungs	Erzeugnisse pflanzlichen Ursprungs		Nahrungsmittelimporte
		Getreide	Obst u. Gemüse	
Israel	ausgeglichene Bilanz	Nettoimporteur	Nettoexporteur	Nettoimporteur
Besetzte Gebiete	Nettoimporteur	Nettoimporteur	Nettoexporteur	Nettoimporteur
Ägypten	Nettoimporteur	Nettoimporteur	ausgeglichene Bilanz	Nettoimporteur
Jordanien	Nettoimporteur	Nettoimporteur	ausgeglichene Bilanz	Nettoimporteur
Syrien	ausgeglichene Bilanz	Nettoimporteur	Nettoexporteur	Nettoimporteur
Libanon	Nettoimporteur	Nettoimporteur	Nettoexporteur	Nettoimporteur
Saudi-Arabien	Nettoimporteur	Nettoexporteur	Nettoimporteur	Nettoimporteur
Insgesamt	Nettoimporteur	Nettoimporteur	Nettoexporteur	Nettoimporteur

[a] Teilweise stützen sich die Angaben auf frühere Jahre.
Quelle: Div. Unterlagen, u. a. von Weltbank, IWF und Statistischem Bundesamt.

3.4 Staatlicher Einfluß auf die Wirtschaft

Im folgenden kann nur ein grober Überblick über den staatlichen Interventionismus in den einzelnen Ländern der Region gegeben werden. Grundsätzlich gilt, daß der Staat in jedem Land unmittelbar in den Marktmechanismus eingreift (z. B. Festsetzung von staatlichen Höchstpreisen für bestimmte, wichtige Konsumgüter) und im gewerblichen Sektor unternehmerisch tätig ist (staatliches Eigentum oder staatliche Mehrheitsbeteiligung an Unternehmen).

Im Ausmaß der staatlichen Intervention bestehen freilich von Land zu Land ganz erhebliche Unterschiede. Eine Sonderstellung nimmt Syrien ein, dessen

Wirtschaft - das gilt sowohl für den Produktions- als auch für den Distributionsbereich - vom Staat dominiert wird. Weitaus geringer, aber doch noch umfassend, ist der staatliche Einfluß auf die Wirtschaft in Ägypten und Saudi-Arabien, der sich in diesen Ländern vornehmlich auf den Produktionsbereich konzentriert (staatliches Eigentum oder staatliche Beteiligung an Großbetrieben, wie z. B. in Saudi-Arabien in der Mineralöl- und petrochemischen Industrie).

Der nächsten Stufe sind Jordanien und Israel zuzuordnen, wo der Staat zwar einen schwächeren, aber immerhin noch bedeutenden Einfluß auf die Wirtschaft ausübt. So entfallen (1992) z. B. in Israel rund 20 % des industriellen Outputs auf staatliche Unternehmen. Das 1966 in Israel eingeleitete Privatisierungsprogramm für staatliche Unternehmen kommt, nicht zuletzt wegen heftigen Widerstands der betroffenen Unternehmensleitungen, nur schleppend voran. Von den 170 Unternehmen, die derzeit vollständig oder mehrheitlich dem Staat gehören, sollen mittelfristig 85 (mit einem Betriebsvermögen von rund 17 Mrd. US-$) privatisiert werden, davon 30 in den Jahren 1994 und 1995.

Ein sehr hohes Maß an Freizügigkeit herrscht in Libanon vor, wo weder im Produktions- noch im Handelsbereich nennenswerte staatliche Eingriffe oder staatliches unternehmerisches Engagement anzutreffen sind. Was die Besetzten Gebiete anbelangt, so läßt sich, da ihnen ja die Eigenstaatlichkeit noch fehlt, keine Bewertung hinsichtlich ihrer Wirtschaftsordnung vornehmen. Natürlich unterliegt die dortige Wirtschaft vielfältigen staatlichen Auflagen, aber diese sind nicht Ausfluß ihrer eigenen Wirtschaftspolitik, sondern derjenigen Israels.

4. WIRTSCHAFTSPOTENTIAL, AKTUELLE HANDELSVER-FLECHTUNG, HANDELSHEMMNISSE UND KOOPERATIONSPOTENTIALE DER BESETZTEN GEBIETE

Die von Israel besetzten Gebiete (West Bank und Gaza; IBG) kommen erst im Zuge der Verwirklichung des Autonomie-Abkommens der Bildung eines eigenen Staates näher. Bisher von Israel praktisch als unterprivilegierter Teil des eigenen Landes behandelt, fehlen wichtige Voraussetzungen, um dieses Gebiet in gleicher Weise wie die anderen Staaten der Region als unabhängige Einheit zu betrachten.

Auch wenn die Ergebnisse dieses Abschnitts später (s. u.) in die Diskussion der regionalen Außenwirtschaftsverflechtung und der potentiellen zukünftigen Kooperationsmöglichkeiten eingehen, empfiehlt es sich, die besonderen Beziehungen und Handelshemmnisse der Besetzten Gebiete (IBG) gegenüber Israel und Jordanien wegen ihres speziellen Charakters zunächst gesondert zu behandeln.

4.1 Wirtschaftsstruktur und -entwicklung

Die Westbank und Gaza umfassen zusammen eine Fläche von rund 6000 km². Die Bevölkerung belief sich 1991 auf 1,7 Mio., das erwirtschaftete Sozialprodukt erreichte 2,9 Mrd. $. Hinzu kommt die Bevölkerung Ost-Jerusalems von zur Zeit rund 300.000, darunter 150.000 dort seit 1967 angesiedelte Juden. Zusätzlich leben in den Besetzten Gebieten etwa 135.000 israelische Siedler in rund 150 Siedlungen, die dort in den letzten 25 Jahren entstanden sind.

Die IBG sind - abgesehen von Steinen und Erden einschließlich reichhaltiger Marmorvorkommen und den Mineralien des Toten Meeres (mit dem sie eine 45 km lange Küstenlinie teilen) - kaum mit natürlichen Ressourcen ausgestattet.

Ein großes Hindernis für Landwirtschaft und Siedlungen ist der Wassermangel. Das hohe Bevölkerungswachstum - in den letzten Jahren einschließlich 57 uwanderung über 4 % p. a. - konnte nur durch den steigenden Export von Arbeitskräften (nach Israel und in die Golfstaaaten) wirtschaftlich verkraftet werden. Dennoch wies die israelische Statistik für 1990 eine Arbeitslosenquote von rund 15 % aus; andere Schätzungen halten eine Quote von 30 - 40 % für realistischer.

Die Wirtschaft der IBG erfuhr nach der Besetzung eine völlige Neuorientierung, bis zum Einbruch in den achtziger Jahren aber auch ein kräftiges Wachstum. Zwischen 1968 und 1980 wuchs das Sozialprodukt der IBG jährlich real und pro Kopf der Bevölkerung um 7 % (BIP) bzw. 9 % (BSP). Wesentliche Ursachen dieses Wachstums war die rasche Integration des Territoriums in die Wirtschaft Israels und der allgemeine Wirtschaftsboom der Region als Folge der steil ansteigenden Öleinnahmen. Anfang der achtziger Jahre verlangsamte sich das Wachstum parallel zum rückläufigen Trend in der Region, und 1987 setzte ein spürbarer Rückgang ein, der mit Ausnahme der Landwirtschaft alle Wirtschaftsbereiche erfaßte. Die Exporte der IBG fielen scharf von 395 Mio. $ im Jahr 1987 auf 248 Mio. $ in 1991. Die Arbeitsleistung der in Israel arbeitenden Palästinenser ging auf 75 % des Niveaus von 1987 zurück. Der Golfkrieg bewirkte eine weitere Verschlechterung durch die erzwungene Rückwanderung von Palästinensern und entsprechend rückläufige Einkommenstransfers, durch eine weitere Einschränkung der regionalen Handelsbeziehungen sowie die Unterbrechung bilateraler und multilateraler Finanztransfers.[1] Israelische Wirtschaftsdaten reflektieren für die Jahre von 1988-91 noch ein mäßiges Wirtschaftswachstum von 2,7 % p. a., das hauptsächlich auf eine Expansion des Agrarsektors von 6 % p. a. zurückzuführen ist, während Industrie und Bauwirtschaft zurückgingen. Für 1992/93 fehlen offizielle Angaben.

Gravierend war der wirtschaftliche Strukturwandel, der sich in den IBG seit der Besetzung vollzogen hat, auch wenn dieser im Beitrag der einzelnen Wirtschaftssektoren zum BIP des Landes kaum zum Ausdruck kommt (vgl. Kap.

---

[1] Vor der Golfkrise überstiegen die jährlichen Überweisungen der in arabischen Ländern arbeitenden Palästinenser 300 Mio. $ p. a., davon etwa ein Drittel aus Kuwait. Die Verluste de OT als Folge des Golfkriegs (rückläufige Gastarbeiterüberweisungen, Finanzhilfen der arabischen Staaten und Exporte) werden allein für 1990 auf 250 bis 750 Mio. $ geschätzt.

3). Die strukturellen Verzerrungen und Ungleichgewichte der IBG manifestieren sich vor allem auf folgenden Gebieten:

- Hohe Abhängigkeit von externer Beschäftigung und damit Einkommentransfers;

- ein selbst für Entwicklungsländer ungewöhnlich niedriger Industrialisierungsgrad (die verarbeitende Industrie hatte 1991 nur einen BIP-Anteil von etwa 8 %; Landwirtschaft und Handel tragen jeweils rund ein Drittel zum BIP bei);

- eine stark vom Handel mit Israel dominierte Außenhandelsstruktur, verbunden mit einem hohen Außenhandelsdefizit (s. u.) sowie

- große Unzulänglichkeiten in der Ausstattung mit physischer und dienstleistungsorientierter Infrastruktur.

Vor der Besetzung hatte es praktisch keinen Handel mit Israel gegeben; heute ist Israel zum fast alleinigen Handelspartner der IBG geworden. 85-90 % der Importe stammen gegenwärtig aus Israel, zwei Drittel der IBG-Exporte gehen nach dort. Auf der anderen Seite ging der Anteil Jordaniens am Gesamthandel der IBG drastisch von 45 % (1968) auf 15 % (1991) zurück. Entscheidende Ursachen waren handelsbeschränkende Maßnahmen sowohl Israels wie auch Jordaniens (s. u.) sowie der generelle arabische Boykott Israel gegenüber, der auch den Handel der IBG stark beeinträchtigte. Als Ergebnis der neuen Handelsstrukturen entstand in den IBG ein hohes strukturelles Handelsbilanzdefizit, das nur durch den Export palästinensischer Arbeitsleistung nach Israel und in die Golfstaaten ausgeglichen werden konnte.

Zu einer Besonderheit der palästinensischen Wirtschaft wurde ihr **Dienstleistungscharakter**. In der West Bank machen die extern erwirtschafteten Löhne und Gehälter 25 % des BSP und 30 % des BIP aus. Grunddilemma der

IBG-**Landwirtschaft** ist zum einen der Wassermangel[1], zum anderen die strukturelle Überschußproduktion von rund einem Drittel der Gesamterzeugung, für die unter erschwerenden Bedingungen (s. u.) Märkte gefunden werden müssen. Für eine erfolgreiche **Industrialisierung** mangelt es an so wichtigen Faktoren wie Rohstoffen, Kapital, Marktzugang und unterstützende Infrastrukturen. Subcontracting für israelische Firmen wurde deshalb zum wichtigsten Faktor der Industrialisierung seit der Besetzung; neben arbeitsintensiven Endfertigungen (Bekleidung, Schuhe, Holz- und Lederprodukte) betrifft dies auch Reparaturen dauerhafter Güter wie Elektrogeräte und Kraftfahrzeuge. Modernisiert wurden während der Besatzungsjahre nur die Olivenverarbeitung sowie Steinbrucharbeiten (Marmor, Baustoffe). Kleinere neuere Industrien befassen sich mit der Herstellung von Kunststoffartikeln, Pharmazeutika, Papierwaren, Reinigungsmitteln und nicht-alkoholischen Getränken.[2]

Zu einem bedeutenden Faktor hat sich die **Bauwirtschaft** (insbesondere **Wohnungsbau**) des Territoriums entwickelt. Ihr Beitrag zum BIP liegt bei 16 % und darüber. Die **öffentliche Verwaltung** dagegen nimmt als Folge ihres rudimentären Charakters neben der Militärverwaltung Israels nur rund

---

[1] Von den jährlich in der Westbank zur Verfügung stehenden 807 Mio. m^3 Wasser stehen den Palästinensern nur 137 Mio. m^3 zur Verfügung; der Rest geht an Israel und dessen Siedlungen in der Westbank (Unctad, Recent Economic Developments in the Occupied Palestinian Territory, TD/B/1266 v. 7. 8. 1990, S. 6). Dies verringert das landwirtschafliche Potential der IBG, wobei allerdings das Wasserproblem für die ganze Region neu verhandelt werden muß. Hierzu nehmen unter anderem Stellung:
- Gideon Fishelson: Economic Cooperation in the Middle East. Boulder 1989, S. 303-326
- Haim Ben-Shadar, Gideon Fishelson, Seev Hirsch: Economic Cooperation and Middle East Peace. London 1989, S. 48-81;
- Patrick Clawson & Howard Rosen: The Economic Consequences of Peace for Israel, the Palestinians and Jordan. The Washington Institute Policy Papers No. 25, Washington 1991, S. 33-37;
The Armand Hammer Fund for Economic Cooperation in the Middle East:
- Gideon Fishelson: The Israeli Household Sector Demand for Water. Tel Aviv, July 1993;
- Deborah Housen-Couriel: Aspects of the Law of International Water Resources. Tel Aviv, September 1992;
- Pinchas Glueckstern u. Gideon Fishelson: Water Desalination and the Red Sea - Dead Sea Canal. Tel Aviv April 1993;
- United Nations: Israeli land and water practices and policies in the occupied Palestinian and other Arab territories. Document A/46/263 vom 19. Juni 1991.

[2] Die meisten Industriebetriebe in den IBG sind klein und vom Charakter her Familienbetriebe. Von 3700 1987 registrierten Unternehmen hatten weniger als 300 mehr als zehn Beschäftigte.

12 % des BIP in Anspruch. Grundsätzlich gilt: Trotz geringer Verbesserungen im Jahr 1992 (s. u.) reflektiert die gegenwärtige Situation in den IBG primär die kumulative Auswirkung der Politiken und Praktiken der israelischen militärischen Besetzung. Die Wirtschaft des Territoriums wurde zunehmend von Außenkontakten isoliert.

Vorstellungen der EG gehen dahin, die stark mit Israel verflochtene Wirtschaft der IBG auch bei beginnnender Verselbständigung der Gebiete und einem gegenseitigen Abbau psychologischer und anderer Kooperationshemmnisse nicht wieder gewaltsam zu trennen, sondern die Beziehungen mit Israel auf einer nicht mehr diskriminierenden Basis aufrechtzuerhalten, um auf der anderen Seite die neuen Möglichkeiten vor allem mit Jordanien, Ägypten und den Golfstaaten auszubauen.

Fünf Faktoren lassen die Zukunft der IBG in einem eher positiven Licht erscheinen:

- Die menschliche Ressourcenbasis ist gut und teilweise von hoher Qualität;

- bei investitionsfreundlichem Klima kann von erheblichen privaten Kapitaltransfers der relativ wohlhabenden palästinensischen Gemeinschaft im Ausland in die IBG ausgegangen werden;

- die einzigartigen religiösen und kulturellen Anziehungspunkte in den IBG geben ihnen das Potential zur Entwicklung einer bedeutenden Tourismusindustrie;

- im Unterschied zu anderen Entwicklungsländern haben die IBG nicht die Last einer drückenden externen Verschuldung zu tragen, haben keine aufgeblähte Bürokratie oder verlustbringende Staatsunternehmen;

- angesichts ihrer strategischen Lage im Nahen Osten haben die IBG gute Aussichten, internationale Hilfe in beträchtlichem Ausmaß auf sich zu ziehen.

Nach Schaffung der notwendigen administrativen, infrastrukturellen und wirtschaftspolitischen Rahmenbedingungen werden die IBG deshalb für durchaus fähig gehalten, ein sich selbst tragendes Wirtschaftswachstum in die Wege zu leiten.

4.2 Aktuelle Handelsverflechtung der IBG

Die traditionellen Exportmärkte der 1967 von Israel besetzten Gebiete waren Iran, Irak, Syrien, Libanon, Saudi-Arabien, die Golfstaaten und Jordanien. Der Bürgerkrieg im Libanon, der Krieg zwischen Iran und Irak und der Golfkrieg im Jahr 1990/91 haben jedoch zu einem vollständigen Importstop dieser Länder aus Jordanien und den IBG geführt. Auch Syrien wandte sich anderen Lieferanten, vor allem der Türkei und Griechenland, zu. Darüber hinaus haben Saudi-Arabien, die Golfstaaten und auch Jordanien ihren eigenen Gartenbausektor erheblich ausgebaut, so daß sie bei einer Reihe früher importierter Agrarprodukte zum Selbstversorger wurden. Für die IBG kamen diese politischen und wirtschaftlichen Faktoren noch zur Besetzung durch Israel hinzu.

Für den aktuellen Außenhandel der Besetzten Gebiete (IBG) gilt grundsätzlich, daß nicht natürliche Wettbewerbsvorteile im Rahmen marktwirtschaftlicher Strukturen, sondern ein komplexes Netz israelischer und arabischer Regulatorien und Prozeduren (die auf israelischer Seite vorwiegend wirtschaftliche, auf arabischer politische Hintergründe haben) Umfang und Struktur des Warenaustausches bestimmen. Auch wenn natürliche Wettbewerbsvorteile hineinspielen, spiegelt das gegenwärtige Bild ihres Außenhandels wider, was den IBG unter den vorherrschenden geographischen, politischen, rechtlichen und administrativen Rahmenbedingungen möglich ist. Folgende Prinzipien liegen den geltenden Bestimmungen und Maßnahmen zugrunde:

- **Israel:** Schutz und Förderung der eigenen wirtschaftlichen Interessen auf Kosten derer der Paläsinenser. Die Komplementaritäten, die im gegenwärtigen Handel zwischen Israel und den IBG scheinbar sichtbar werden, sind hauptsächlich Ergebnis der Fähigkeiten des mächtigeren Israel, nur selektiv den eigenen Bedürfnissen entsprechend zu importieren, andererseits aber den Absatzmarkt der IBG für die eigenen Produkte zu sichern.

- **Arabische Staaten:** Boykott jeglicher Waren, die aus israelischer Produktion stammen (könnten) oder israelisches Gebiet im Transit berührt haben. Nach dem Golfkrieg kam eine direkte Diskriminierung der Palästinenser hinzu.

Als Grundmuster gilt, daß israelische Exporte freien Zugang zu den Besetzten Gebieten haben, während palästinensische Exporte nach Israel zahlreichen Kontrollen, Beschränkungen und finanziellen Abgaben im Interesse der israelischen Produzenten unterworfen sind. Als Folge dieser mit der Besetzung verbundenen Maßnahmen entstand daher in den IBG, wie erwähnt, eine völlig neue, verzerrte Wirtschafts- und Handelsstruktur. Vor 1967 waren die Agrarexporte Gazas ausschließlich nach West- und Osteuropa gerichtet, während diejenigen der West Bank nach Jordanien und auf die Märkte der Golfstaaten gingen. Nach der Besetzung änderte sich nicht nur regional, sondern auch in der Zusammensetzung das Exportmuster entscheidend.

Zu den verlorengegangenen Märkten der IBG gehören vor allem Getreideexporte nach Jordanien (bzw. East Bank); auch Kräuter und Gewürze entfielen ganz, desgleichen bestimmte Gemüse- und Obstsorten (Gurken, Tomaten, Kürbisse, Pflaumen und Kirschen). Ebenso kam die Versorgung der East Bank mit Geflügel, anderem Fleisch und Milchprodukten praktisch zum Erliegen. Weitgehend verloren ging für Agrar- und Industrieprodukte der Absatzmarkt in den Golfstaaten und darüber hinaus. Im Dienstleistungsbereich hat die ehemals lukrative Einnahmequelle Tourismus erheblich gelitten.

In die arabischen Staaten (fast ausschließlich Jordanien) werden wie zuvor Seife, Olivenöl, Steine und Erden, Marmor und Milchprodukte geliefert; neu hinzugekommen sind einige Kunststoffartikel und handwerkliche Arbeiten. Nach Israel gehen - vielfach im Rahmen von Subcontracting-Vereinbarungen - einige Konsumgüter (vor allem Kleidung, Schuhe, Lederwaren), Holz, Steine und Erden sowie Metallwaren für die Bauwirtschaft und bestimmte Agrarprodukte, bei denen auf dem israelischen Markt temporär Unterversorgung herrscht.

Die wichtigsten landwirtschaftlichen Exportprodukte der IBG sind frische Gemüse, Früchte, Zitrus- und Olivenprodukte. Tomaten, Kartoffeln und Wassermelonen machen 60 % der gesamten Gemüseausfuhr aus; Weintrauben, Zitrusfrüchte und Bananen stellen mehr als 70 % der Obstexporte. Im Grunde sind den IBG nur zwei Hauptmärkte verblieben: Israel und - mit großem Abstand - Jordanien, die zusammen mehr als 95 % der Ausfuhren abnehmen.

Im Jahr 1987 beliefen sich die **Agrarexporte** der IBG auf 74 Mio. $ (46 % gingen nach Jordanien, vor allem Gemüse, Zitrus- und andere Früchte; 51 % gingen nach Israel - hier ist mangels statistischer Erfassung keine Spezifizierung möglich; nur 3 % hatten übrige Länder als Ziel). Die **Exporte industrieller Waren** addierten sich auf 311 Mio. $ (14 % Jordanien, vor allem Olivenöl, Margarine und Milchprodukte, Steine, Marmor, Seife etc.; 85 % gingen nach Israel, nur 0,4 % in andere Staaten). Noch stärker ist die Konzentration auf Israel bei den **Einfuhren**. Für 160 Mio. $ wurden 1987 **Agrarprodukte** importiert (92 % aus Israel, 8 % aus anderen Ländern, fast nichts aus Jordanien). **Industriewaren** erreichten einen Wert von 891 Mio. $ (91 % Israel, 8 % andere Länder, nur 1 % Jordanien). Die importierte Produktpalette reicht von Nahrungsmitteln, Textilien, Papier, Eisen und Stahl bis zu Maschinen, Fahrzeugen etc. Die Handelsbilanz war damit im Agrarbereich mit 86 Mio. $ und bei Industrieprodukten mit 580 Mio. $ negativ.[1] Diesem hohen Defizit im Warenhandel steht, wie bereits erwähnt, ein entsprechender Überschuß im Dienstleistungsbereich (Arbeitskräfteexport) gegenüber. 1983 brachte der Export von Arbeitsleistung die bisherige Rekordsumme von 560 Mio. $; seitdem sind diese externen Einkommen jedoch um mehr als 200 Mio. $ gefallen.

---

[1] Vgl. hierzu auch die Tabellen A 1 - A 3 im Anhang. Weitere Detailinformationen zum Außenhandel der IBG sind u. a. noch den Publikationen El-Jafari, Mahmoud: Non-tariff barriers: the case of the West Bank and Gaza Strip agricultural exports. In: Journal of World Trade Law, 1991, S. 15-32; Commission of the European Communities: Report on the obstacles to Palestinian external trade in the Occupied Territories (Bruxelles, ohne Datum, ca. 1992/93); Policy Research Incorporated: Development Opportunities in the Occupied Territories (West Bank and Gaza Strip): Trade. Clarksville, Maryland, October 1992; UNCTAD: Palestinian external trade under Israeli occupation. New York 1989; UNCTAD: Selected statistical tables on the balance of payments, foreign trade, population, labour force and employment of the occupied Palestinian territory (West Bank and Gaza Strip), 1968-1987, Genf 13 January 1993, zu entnehmen.

Ein wesentlicher Grund für die rückläufigen Agrarexporte der IBG liegt in den komplexen Prozeduren und Beschränkungen, die mit einer Ausfuhr über die beiden Jordanbrücken nach Jordanien und darüber hinaus verbunden sind (s. u.); hinzu kommt die Förderung der Eigenproduktion in Jordanien. Die Ausfuhr landwirtschaftlicher Prokukte in die arabischen Länder über Jordanbrücken ging von rund 250.000 t zu Anfang der achtziger Jahre auf nur noch 35.000 t gegen Ende des Jahrzehnts zurück. Israel seinerseits läßt palästinensische Agrarprodukte nur als Lückenfüller ins Land, während israelische Produkte ungehindert in den IBG-Markt eindringen können und dort teilweise zu Dumpingpreisen abgesetzt werden.

Das gleiche gilt für Industriewaren, für deren Exporte Israel zum wichtigsten fremden Markt wurde, während andererseits israelische Industrieprodukte auf dem IBG-Markt mit palästinensischen Erzeugnissen konkurrieren, deren Hersteller nicht die Subventionen ihres israelischen Konkurrenten erhalten haben. Abgesehen von Einfuhren aus Israel sowie aus oder über Jordanien gibt es keine Angaben über die Importstruktur aus den Ländern vom Rest der Welt. Es gibt jedoch Hinweise, daß es sich hier im wesentlichen um Zwischenprodukte für die palästinensische Industrie handelt, um Kapitalgüter, dauerhafte Konsumwaren und einige Nahrungsmittel.

Die Freihandelsabkommen zwischen Israel und den USA, der EG und EFTA decken die Besetzten Gebiete nicht ab. Die EG hat jedoch den IBG im Jahr 1986 die gleichen Handelskonzessionen eingeräumt, wie sie den anderen Ländern in der Region im Handel mit der EG gewährt werden. Dies gilt auch für bestimmte landwirtschaftliche Erzeugnisse, für die eine Zollpräferenzregelung besteht, in deren Rahmen die Eingangsabgaben auf Null herabgesetzt worden sind. Seitdem kann eine Reihe von palästinensischen Industriewaren zollfrei und ohne quantitative Restriktionen in die EG importiert werden. Darüber hinaus hat es seitens der IBG bislang keine Bestrebungen gegeben, Handelsbeziehungen mit anderen entwickelten Volkswirtschaften oder nichtarabischen Entwicklungsländern aufzunehmen.

4.3 Handelshemmnisse der IBG

Die vielfältigen Handelshemmnisse, denen sich die von Israel besetzten Gebiete gegenübersehen, lassen sich letztlich überwiegend auf politische Überlegungen zurückführen, wenngleich die zahlreichen von Israel verfügten Beschränkungen auf den ersten Blick vor allem dem Schutz und der Förderung der eigenen Wirtschaft dienen. Anders ist es bei der arabischen Handelspolitik gegenüber den IBG. Hier sind es - mit teilweiser Ausnahme Jordaniens, bei dem auch wirtschaftliche Aspekte hineinspielen - ganz überwiegend politische Maßnahmen (Boykott gegenüber Israel generell und allen Waren, die israelischen Input haben oder israelisches Gebiet passiert haben könnten; Restriktionen Jordaniens gegenüber palästinensischen Firmen, die nach 1967 in der West Bank gegründet worden sind), die einen Handel mit den IBG be- oder verhindern. Nachfolgend sollen nur diejenigen infrastrukturellen, wirtschaftspolitischen und administrativen Hemmnisse betrachtet werden, hinter denen hauptsächlich wirtschaftliche Gründe stehen.

a) Allgemeine wirtschaftliche Hemmnisse

- Ein kleiner heimischer Markt steht der Konkurrenz der von Economies of Scale, Subventionen und finanziellen Anreizen profitierenden israelischen Produzenten/Exporteure gegenüber.

- Die infrastrukturelle Ausstattung der IBG ist vernachlässigbar und generell mangelhaft (Energieversorgung, Verkehrsverbindungen, Kommunikation, Wasser, finanzielle Infrastruktur).

b) Restriktive wirtschaftspolitische Rahmenbedingungen

- Die IBG haben - von Israel und eingeschränkt Jordanien abgesehen - keinen direkten Zugang zu Drittländern. Exporte müssen über israelische Organisationen und Exportagenten mit oft monopolistischen Praktiken abgewickelt werden.

- Jegliche industrielle und landwirtschaftliche Aktivität, alle industriellen Exporte in arabische Länder sind lizenzpflichtig. Lizenzen werden von Israel z. T. in nicht vorhersehbarer Weise vergeben oder verweigert. Zahlreiche Bestimmungen und Kontrollen regeln den produktionsrelevanten Inputbedarf der IBG und wirken in Konkurrenzbereichen prohibitiv.[1]

- Bei Importen von außerhalb Israels sind unvorhersehbare und restriktive Praktiken die Regel. Bestimmte Produkte (Chemikalien, Baustahl etc.) dürfen nicht über die Jordanbrücke nach IBG importiert werden, was diese vollkommen von Einfuhren aus oder über Israel abhängig macht. In den IBG hergestellte Medikamente dürfen nicht nach Israel exportiert werden. Palästinensische Agrarprodukte unterliegen Zöllen sowie Quoten nach Art und Menge. Israelische Waren gelangen dagegen zollfrei in die IBG (nur bei Hochtechnologie- und Militärgütern bestehen Beschränkungen). Die Rohstoffversorgung der IBG verlief bis zu Beginn der Intifada weitgehend unbeschränkt; dann jedoch folgten auch hier strikte Kontrollen und Begrenzungen, um das Entstehen einer eigenständigen Wirtschaft in den IBG als Folge der Intifada zu verhindern.

- Jordanien erließ quantitative Einfuhrbeschränkungen. Bis 1988 durften nur maximal 50 % der landwirtschaftlichen Erzeugung der West Bank nach Jordanien exportiert werden. Zitrusfrüchte aus Gaza waren auf 150.000 t begrenzt und der Import von Frischgemüse war ganz verboten. Seit Juli 1988 - der Lösung rechtlicher und administrativer Bindung Jordaniens an die West Bank - sind Agrarimporte aus den Besetzten Gebieten nur noch als Residuum dem nicht gedeckten eigenen Bedarfs entsprechend erlaubt (die Eigenversorgung Jordaniens war in der Zwischenzeit erheblich ausgebaut worden). Erlaubt wurde dagegen, durch Jordanien (und als jordanisches Produkt deklariert) in andere arabische Länder zu exportieren (dieser Möglichkeit liegen sowohl Proteste israelischer Farmer zugrunde, daß bei

---

[1] Bis 1984 hatte die israelische Militär-Administration mehr als 50 Verordnungen zur Regulierung des IBG-Handels erlassen, mehr als 60 im Zusammenhang mit Zöllen und Verbrauchsteuern sowie einige hundert Verordnungen, die generell wirtschaftliche Aktivitäten betrafen (Anpassung der Zollbestimmungen an Israel; Volumen, Zusammensetzung und Richtung des Handels, Kennzeichnung und Spezifizierung der Produkte, Lizenzvergabe, Abwicklungsprozeduren etc.).

einem Transit-Export über israelische Häfen palästinensische Produkte direkt mit israelischen konkurrieren würden, als auch eine Lockerung der Restriktionen der Arabischen Liga palästinensischen Produkten gegenüber). Bis jetzt war dieser Versuch, alte Märkte wiederzugewinnen, jedoch nicht von großem Erfolg gekrönt.

- Das Fehlen eines zivilen Gerichtssystems in den IBG macht es praktisch unmöglich, vertragliche Vereinbarungen zu formulieren und/oder durchzusetzen. Gegenwärtig besteht der rechtliche und administrative Rahmen generell aus einem Puzzle jordanischer, ägyptischer, palästinensischer (aus der Mandatszeit) und israelischer Gesetze. Hier ist eine den Landesbedingungen entsprechende Vereinheitlichung dringend erforderlich.

- Grundsätzlich herrscht ein erheblicher Mangel an statistischen Daten zu Planungszwecken.

c) Ungleiches Besteuerungssystem

- Die Besteuerung in den IBG ist unterschiedlich. Israelische Siedler zahlen weniger Steuern und profitieren zusätzlich von Subventionen.

- Harte Methoden der Steuereintreibung, irreguläre Rückerstattung der Mehrwertsteuer an Exporteure und andere willkürliche Maßnahmen werden als wichtigste Einzelursachen für die zahlreichen Konkurse vor allem kleiner Unternehmen in den IBG genannt. Die Besteuerungsregeln haben zu einer wenig zuverlässigen Buchhaltung geführt, so daß die Kostenkalkulationen der Firmen oft arbiträr sind und keinen Hinweis auf die tatsächliche Wettbewerbsfähigkeit geben.

- Es gibt für die IBG kein Haushaltsbudget. Die Nutzung bestehender Entwicklungsfonds für palästinensische Interessen ist zweifelhaft. Israel nimmt wesentlich mehr Steuern ein, als es für nichtmilitärische Zwecke in den IBG für die palästinensische Bevölkerung ausgibt.

d) Unfaire Handelspraktiken

- Auf europäische Importeure wird seitens Israels Druck ausgeübt, nicht gleichzeitig israelische und palästinensische Produkte zu beziehen (dies betrifft vor allem Agrarerzeugnisse).

- Israelische Überschüsse werden zeitweise zu Dumpingpreisen in den IBG abgesetzt und schädigen damit die dortigen Produzenten.

- Lange Zeit waren Palästinenser von der Teilnahme an internationalen Messen ausgeschlossen; erst seit 1990 ist dies begrenzt möglich.

e) Transportbedingungen

- Zahlreiche Transportvorschriften und häufige Sicherheitsüberprüfungen verteuern nicht nur die Transportleistung erheblich[1], sondern machen auch die Ankunft des Gutes am Bestimmungsort zeitlich unsicher. Die Kontrollen und damit Kosten über die Brücke nach Jordanien sind besonders schwerwiegend. Palästinensische LKWs müssen den Sicherheitsbestimmungen entsprechen, am gleichen Tag zurückkehren (was Umladung jenseits der Grenze erfordert und Rückfracht verhindert) und werden zeitaufwendig kontrolliert. Die jordanischen Behörden erlauben nur einer bestimmten Zahl von LKWs (450) den Zugang. Lange Zeit verlangte Ägypten und heute noch Saudi-Arabien die Umladung des Transportgutes in eigene Fahrzeuge an der Grenze zu Israel bzw. Jordanien.

f) Mangelhafte finanzielle Infrastruktur

- 1967 waren alle nicht-israelischen Banken geschlossen worden. In der West Bank sind seit 1987 wieder einige Zweigstellen arabischer Banken tätig,

---

[1] Die Transportkosten nach Jordanien belaufen sich auf 500 - 1000 $ pro LKW-Ladung für eine Entfernung von nur 40 - 60 Meilen. Hinzu kommen häufige Unfälle im schwierigen Terrain bei den 20 - 30 Jahre alten Lastwagen.

doch besteht nach wie vor ein erheblicher Mangel an ausreichender und angemessener Handelsfinanzierung und -versicherung. 25 Jahre nach der israelischen Besetzung gibt es noch keine einzige spezialisierte Kreditinstitution, um den Kreditbedarf von Landwirtschaft und Agroindustrie zu dekken. Einige lokale Kreditinstitutionen, die Ende der achtziger Jahre entstanden, konnten bislang keine effiziente Rolle übernehmen.[1] Noch 1993 wurde jedoch zwischen der PLO und Jordanien (unter Zustimmung Israels) vereinbart, daß Jordanien ab sofort wieder die Zweigstellen seiner Banken in der Westbank eröffnen kann, und daß der jordanische Dinar (etwa ein Drittel der jordanischen Geldmenge zirkuliert in den Besetzten Gebieten) dort zunächst als Hauptzahlungsmittel neben anderen Währungen im Umlauf bleibt.

- Durch den Zwang, alle Finanztransaktionen über eine israelische Korrespondenzbank abzuwickeln, fallen deutlich höhere Gebühren an.

- Angesichts der ungeklärten politischen Verhältnisse wird von den bestehenden Bankfilialen Eigentum nur sehr zurückhaltend als Sicherheit akzeptiert.

g) Kenntnismangel internationaler Märkte und Handelspraktiken

- Da Palästinenser bislang kaum direkten Kontakt mit den ausländischen Importeuren und Lieferanten hatten, fehlen ihnen viele im Zusammenhang damit notwendige Kenntnisse. Die Geschäfte müssen überwiegend über israelische Agenten abgewickelt werden. Sie sind mangelhaft über Qualitätserfordernisse und Qualitätskontrollen, über internationale Märkte und die Methoden des internationalen Marketings informiert. Zwischen den palästinensischen Exporteuren mangelt es an Koordination.

---

[1] Vgl. hierzu auch den ausführlichen Abschnitt *Exportförderung und Vermarktungshilfen* weiter unten.

h) Mangel an Beratungs- und Vermarktungs-Infrastruktur

- Die Gradierungs- und Verpackungseinrichtungen im Agrarbereich sind unzureichend. Es fehlt an Kühlkapazitäten bei Lagerung und Transport.
- Es fehlt an einer effizienten unterstützenden Kammer-Infrastruktur. Das bestehende Kammerwesen (s. u.) ist mehr mit Gemeinschaftsaufgaben und lokaler Verwaltung befaßt, als mit den eigentlichen Kammeraufgaben im westlichen Sinne.

Einige Erleichterungen für die IBG-Wirtschaft gab es 1991 und 1992. Für genehmigte neue Investitionen wurden die Einkommen- und Eigentumsteuer für drei Jahre ausgesetzt und das Einkommensteuersystem insgesamt reformiert; Aufenthalts- und Reisegenehmigungen werden weniger restriktiv gehandhabt, der Kapitalimport wurde erleichtert, einige Lizenzverfahren vereinfacht und die Genehmigung zur Einrichtung von sechs Industrieparks in verschiedenen Landesteilen erteilt. Da sich diese Maßnahmen jedoch über einen längeren Zeitraum hinzogen und andere restriktive Maßnahmen eher noch verschärft wurden, blieb der stimulierende Effekt dieser Maßnahmen gering. Als Folge der Intifada konnte die lokale Produktion ihren Marktanteil in den IBG zwar vergrößern - eine Reihe von Faktoren hat jedoch den Erfolg der Intifada im Sinne von Self-reliance verhindert: zu geringe Mittel für neue produktive Investitionen, unzureichende Infrastruktur, das Fehlen eines umfassenden und integrierten Arbeitsbeschaffungsprogramms, die Attraktivität der höheren Löhne in Israel sowie der wachsende Druck der im Gefolge der Golfkrise 1990/91 zurückgekehrten palästinensischen Flüchtlinge.

4.4 Exportförderung und Vermarktungshilfen

Auch wenn manches erst in den Anfängen vorhanden ist und vor allem die Finanzierung bestehender Institutionen sowie deren Erweiterung und Effizienzsteigerung noch zu lösende Zukunftsaufgaben sind, ist es jedoch keineswegs so, daß die IBG gegenwärtig bar an handelsfördernden Institutionen auf den Gebieten Information, Beratung, Organisation und Finanzierung sind. Der nachfolgende Überblick kann hier nur ein sehr knapp zusammengefaßtes Bild vermitteln. Auf die vorhandene umfangreiche und weiterführende Literatur kann deshalb im Rahmen dieses Überblicks nur verwiesen werden.[1]

---

[1] In den Jahren seit 1990 und ganz besonders in 1993 sind zahlreiche Papiere der Unctad, des International Trade Centre, der EG und anderer Organisationen und Institutionen entstanden, die sich mit der Entwicklung der palästinensischen Wirtschaft und insbesondere der Förderung seiner Exportwirtschaft befassen. Im Rahmen dieser Kurzstudie kann nur auf die wichtigsten Eckdaten dieser Untersuchungen eingegangen werden, die sich zudem zwangsläufig in häufig sehr ähnlicher, entsprechender Weise wiederholen. Nachfolgend ist ein Teil der hierzu vorhandenen aktuellen Literatur aufgelistet:

Unesco/United Nations Seminar on assistance to the Palestinian People, Paris 26 - 29 April 1993, Programme for the Development of the Palestinian national economy for the years 1994 - 2000

Cooperative Development Project, Jerusalem, Feasibility of Vegetable exports from Gaza Strip to the EEC, Evaluation and recommendations, March 1990

Netherlands Government's Mission, Export of agricultural produce from the West Bank and the Gaza Strip, Difficulties and opportunities, June 1987

UNCTAD/ITC, West Bank and Gaza Strip, Technical Assistance in Export Promotion and the Establishment of marketing facilities in the occupied Palestinian territory, June 4, 1990

DeCTA, Market Development Assistance Project for Palestinian Exporters in the West Bank and Gaza Strip, March 1993

ITC, Camilo Jaramillo, Occupied Palestinian Territories, Assistance to the Palestinian Trade Promotion Organization (PTPO) and Programming Mission, Geneva, 20 July 1993

ITC, Gerd Langer, Occupied Palestinian Territory, Technical Cooperation with the Chambers of Commerce and Industry in the Occupied Palestinian Territory, Geneva, 1 September 1993

UNCTAD/UN, The Palestinian financial sector under Israeli occupation, New York 1989

Lionard J. Hausmann/Anna D. Karasik et al., Securing Peace in the Middle East, Project on Economic Transition, Cambridge/Mass., June 1993, S. 91 ff., Financial and monetary arrangements in the Palestinian Transition

EG, Report of the Credit Scheme Evaluation in the Occupied Territories of the West Bank and Gaza Strip, Bruxelles 1991

Middle East Peace Process, Regional Economic Development Working Group, Copenhagen 8-9 November 1993: Financial Markets and Investment, Report by the UK Delegation, November 1993.

Bei der nachfolgenden Diskussion der exportfördernden Institutionen in den IBG soll nach Exportförderung im engeren Sinne, Industrie- und Handelskammern und finanzwirtschaftlichen Institutionen unterschieden werden.

a) Exportförderung im engeren Sinne

Die *Palestinian Trade Promotion Organization (PTPO)* ist eine neue Organisation auf der Basis freiwilliger privater und kommerzieller Initiative mit der Aufgabe, den Außenhandel der IBG in Ergänzung zu zukünftiger staatlicher Förderung zu unterstützen. Sie ist als Stiftung in den Niederlanden registriert (die auch bis zunächst 1995 eine jährlich abnehmende Teilfinanzierung übernommen hat) und hat im Juli 1992 ihre Arbeit aufgenommen. Zu den bisherigen Aufgaben gehört vor allem die Organisation von Handelsmessen im Ausland sowie die Gewährung von Hilfestellung bei der Identifizierung externer Märkte bzw. potentieller Käufer. Bislang ist die PTPO die einzige Organisation in den IBG, die systematisch derartige Exportförderungsprogramme durchführt.

Von dem ITC wird vorgeschlagen, die PTPO in den kommenden Jahren zu einer kompetenten Organisation auszubauen, die sich vor allem folgenden Aufgaben widmen sollte:

- Systematische Identifizierung von Exportmöglichkeiten
- Aufbau eines Handelsinformationsdienstes und
- Durchführung von Ausbildungsprogrammen für exportorientierte Unternehmen.

Die *European Palestinian Chamber of Commerce* gab kürzlich ein erstes (aber noch sehr unvollständiges) Directory of Palestinian Industries in arabischer Sprache heraus; eine englische Ausgabe soll folgen. Diese Veröffentlichung verbessert die Informationsbasis, erfüllt aber noch nicht die Voraussetzungen eines Export Directory. Außerdem war die Kammer 1992 und 1993 an der Vorbereitung von insgesamt drei internationalen Handelsmessen unter Einschluß der IBG beteiligt.

Der *Higher Palestinian Industrial Council (HPIC)* wurde erst kürzlich durch die Initiative von 35 lokalen Unternehmern eingerichtet und hat gegenwärtig (1993) rund 300 Mitglieder. Zur Hauptaufgabe gehört lt. Satzung die Erleichterung des Handels mit einer Reihe arabischer Länder (einschl. Nordafrika und der arabischen Halbinsel); als wichtigstes Instrument sieht man den Abschluß bilateraler Handelsabkommen. Ferner will der Council eine komplette Erhebung aller Industriebetriebe in den IBG durchführen, um den eklatanten Datenmangel zu beheben.

Das *Business Development Centre (BDC)* ist ein Projekt der UNDP, über das das Zentrum auch finanziert wird. Seine Hauptaufgabe besteht in Beratungsdiensten. Während seiner bislang dreijährigen Tätigkeit werden die Erfolge des BDC jedoch unterschiedlich beurteilt.

Die *Union of Industrialists of Gaza Strip (UIGS)* wurde 1990 gegründet. Ihr gehören gegenwärtig (1993) rund 700 industrielle Unternehmen an. Die Union stellt Rat, Information und Kontakte zu neuen Investoren zur Verfügung. Im Vermarktungsbereich steht die Konzentration auf Exportförderung in einige arabische Länder im Vordergrund. Da sie auch finanzielle Unterstützung für Projektideen und bestehende Unternehmen leistet, nimmt sie in begrenztem Umfang auch Finanzierungsfunktionen wahr.

b) Industrie- und Handelskammern

In der West Bank und in Gaza arbeiten insgesamt zehn lokale Chambers of Commerce and Industry, von denen einige auch als Chambers of Agriculture agieren. Mit Ausnahme einer einzigen Kammer, die 1972 gegründet wurde, waren diese Kammern alle schon vor 1967 vorhanden. Nach jordanischem Recht gegründet, besteht prinzipiell die Pflicht zur Zwangsmitgliedschaft, doch wird nichts unternommen, um diese Mitgliedschaft zu erzwingen. Zahlreiche potentielle Kammermitglieder sind deshalb nicht registriert. Insgesamt haben die zehn Kammern rund 17.000 Mitglieder, während weitere rund 10.700 Betriebe bisher eine Mitgliedschaft für nicht erforderlich hielten (vgl. hierzu auch Tab. A 4). Als Dachorganisation wurde 1989 die *Federation of Palestinian*

Chambers of Commerce, Industry and Agriculture gegründet, die aber erst seit 1992 arbeitet.

Abgesehen davon, daß bei allen Kammern die finanzielle Situation sehr schwierig ist, liegt ihr Hauptproblem darin, daß sie als eine Art Verwaltungsorgan so sehr mit artfremden, zivilen Dienstleistungen befaßt sind, daß sie ihre eigentlichen handels- und produktionsfördernden Aufgaben kaum wahrnehmen können. Die Empfehlung der ITC geht dahin, daß in den Maße, wie in den IBG wieder zivile Einrichtungen die notwendigen Verwaltungsfunktionen übernehmen können, die Kammern zum Eckpfeiler der zukünftigen handelsfördernden Infrastruktur ausgebaut werden sollten. Anstelle der auch schon vorgeschlagenen Schaffung einer zentralen Stelle, die sich mit allen Aspekten der Exportförderung befaßt, halten es neueste Vorschläge (Mitte 1993) von UNCTAD/ITC für günstiger, es bei den bestehenden Organisationen zu belassen, deren genaue Aufgaben allerdings geklärt und gegeneinander abgegrenzt werden sollten. Die PTPO wird hauptsächlich als Beratungs- und Informationsinstitution gesehen. Andere Gebiete sollen von anderen Organisationen abgedeckt werden. Entscheidend ist jedoch, daß die Finanzierung dieses institutionellen Auf- und Ausbaus über einen längeren Zeitraum sichergestellt ist; dies ist gegenwärtig jedoch noch nicht der Fall.

c) Finanzierungsinstitutionen

Auf die mangelhafte Ausstattung der IBG mit Finanzierungs- und Versicherungsmöglichkeiten wurde schon verschiedentlich hingewiesen. Wichtigste und finanziell stärkste der zur Zeit in den IBG arbeitenden Institutionen ist die *Cairo Amman Bank*, die vor sechs Jahren gegründet wurde, sechs Zweigstellen im Land unterhält und zur Zeit die einzige in der West Bank operierende Geschäftsbank ist. Nur in Gaza ist die *Palestine Bank* vertreten. Wichtigste Tätigkeit dieser Banken ist die Gewährung kurzfristiger und Kontokorrentkredite. In den kommenden Monaten werden jedoch noch weitere Banken hinzukommen, denn die israelische Regierung bewilligte bereits die Anträge mehrerer jordanischer Banken, in den Besetzten Gebieten Zweigstellen zu eröffnen.

Zu weiteren Institutionen, die finanzielle Hilfe anbieten, gehören die *Economic Development Group (EDG)*, die auf der Basis von Mittelzuwendungen der EG und anderen Gebern subventionierte Kredite an mittelgroße Industrieunternehmen vergibt. Hauptaufgabe der *United Agricultural Foundation (UAF)* ist die Finanzierung landwirtschaftlichen Inputbedarfs. Die *Arab Technical Development Corporation (TDC)* konzentriert sich auf die Finanzierung von industriellen und touristischen Projekten, während die *Arab Development and Credit Company (ADCC)* auf der Basis von EG-Kapital hauptsächlich Kredite für die Landwirtschaft zur Verfügung stellt.

Diese kurzen Ausführungen machen deutlich, daß es eine eigentliche Handelsfinanzierung einschließlich begleitender Versicherungs- und Garantiemöglichkeiten bis jetzt praktisch nicht gibt. Erstaunlich ist deshalb, daß bei einer Befragung (Mitte 1993) von Geschäftsleuten in den Besetzten Gebieten die Exportfinanzierung nicht als deren größtes Problem angesehen wurde. Anzunehmen ist, daß palästinensische Geschäftsleute den Finanzierungsaspekt angesichts der vielfältigen Probleme auf fast allen anderen Gebieten und des gegenwärtig nur geringen Exportvolumens in Länder außerhalb Israels zur Zeit nicht als prioritär ansehen. Für die gegenwärtige Exportstruktur und Volumina reicht das Angebot an Exportfinanzierung offenbar aus. Völlig anders muß diese Situation jedoch beurteilt werden, wenn im Rahmen der potentiellen regionalen und internationalen Kooperationsmöglichkeiten Volumina und Werte des Außenhandels deutlich steigen.

Mit dem nicht unerheblichen Potential des palästinensischen Außenhandels befaßt sich der folgende Abschnitt. Ansatzpunkte zu dessen Förderung und zur Realisierung des Potentials ergeben sich unmittelbar aus den weiter oben aufgeführten Hemmnissen der verschiedensten Art. An erster Stelle muß dabei die Aufhebung aller unterschiedlichen und diskriminierenden Maßnahmen und Bestimmungen stehen, die bislang noch einen freien Wettbewerb der IBG in der Region behindern und die palästinensischen Produzenten und Exporteure in entscheidender Weise benachteiligen. Dies sind jedoch politische Entscheidungen der betroffenen Staaten, auf die von außen kaum direkt Einfluß genommen werden kann. Während Israel beispielsweise als ersten Schritt die Errichtung einer Zollunion und Freihandel zwischen Israel, den Besetzten Gebieten und Jordanien vorschwebt, streben die Palästinenser durch politischen und ökonomischen Schulterschluß mit Jordanien und anderen arabischen Staaten zunächst eine deutliche Abgrenzung von Israel an. Die Fortsetzung des arabischen Boykotts soll als wirksames Druckmittel zur Realisierung ihrer Pläne - der Errichtung eines unabhängigen Palästinenserstaates unter Einschluß Ostjerusalems - genutzt werden; Syrien sieht die vollständige Rückgabe der Golanhöhen als Voraussetzung für eine beginnende regionale Normalisierung.

Wird von diesen politischen Aspekten abgesehen, ist vor allem auf folgenden Gebieten rasche und effiziente Unterstützung der internationalen Gemeinschaft erforderlich[1]:

- Da nur wenige Palästinenser spezifische Außenhandelserfahrung haben, sind Beratung und Unterstützung im Hinblick auf Qualitätsverbesserung und -kontrolle, Produktgradierung, -auswahl, -verpackung und -beschriftung, Verschiffung, Vermarktungstechniken sowie die Schaffung von Verbindungen zu externen Märkten unabdingbar. Notwendig sind ferner eine Verbesserung der Datenbasis, Marktstudien, einschlägige Ausbildungsmaßnahmen. Die bereits gewährte Unterstützung bei der Einrichtung spezialisierter Förderungsinstitutionen und bei der Teilnahme an internationalen Handelsmessen muß weiter ausgebaut werden.

- Parallel dazu muß die erforderliche Infrastruktur auf physischem (Lagerraum, Kühlkapazitäten, Transport) und institutionellem Gebiet (Kammern, Banken und Versicherungen) geschaffen werden, um die erforderliche Hilfestellung im kaufmännischen und technischen Management- sowie Marketing-Bereich geben zu können.

---

[1] Vgl. hierzu auch die von der Weltbank kurz- und mittelfristig für erforderlich gehaltenen Reformen und Unterstützungsmaßnahmen in den verschiedenen Wirtschaftsbereichen (Anhang, Tab. A 5).

4.5 Komplementäre Handelsvorteile und Überschußproduktion

Die gegenwärtige Exportstruktur der IBG läßt auf Wettbewerbsvorteile bei einigen Agrarprodukten, industriellen Fertigwaren und verschiedenen arbeitsintensiven Dienstleistungen schließen. Zu berücksichtigen ist jedoch, daß die Exportstruktur durch zahlreiche politische und wirtschaftspolitische Faktoren beeinflußt wird, die das freie Spiel der Marktkräfte teilweise entscheidend verändert haben. Hinzu kommt, daß es auch nicht möglich ist, von den Handelsstrukturen vor der israelischen Besetzung Rückschlüsse auf das heute Mögliche zu ziehen, da die IBG inzwischen durch den Aufbau ähnlicher Produktionen in den benachbarten Ländern einige ihrer früheren externen Märkte verloren haben. Neue Beziehungen früherer Abnehmer zu anderen Lieferanten sind ein weiterer Faktor, der sich nur allmählich im Rahmen realer Wettbewerbsvorteile der IBG wieder zugunsten der Besetzten Gebiete verändern läßt. Die gegenwärtig bestehenden Komplementaritäten kommen deshalb durchweg nur in dem Umfang zum Tragen, wie die IBG-Exporte Versorgungslücken auf regionalen Märkten ausgleichen.

Werden diese Einschränkungen im Auge behalten, sind bestehende und potentielle Komplementaritäten der IBG gegenüber den Nachbarländern (sowie partiell im internationalen Handel) vor allem auf folgenden vier Gebieten festzustellen:

- Exportfähige Überschußproduktion im Agrarbereich, gekoppelt mit der Möglichkeit, durch Veränderungen der Produktionsstruktur auf externe Versorgungslücken besser als bisher reagieren und Überschüsse auf gesättigten Marktsegmenten abbauen zu können.

- Im industriellen Bereich Ausbau der Nahrungsmittelverarbeitung und die Errichtung neuer Produktionspotentiale vor allem im leichtindustriellen Bereich, u. a. auch im Rahmen palästinensisch-arabischer (israelischer?) Jointventures. Hinzu kommt industrielles Subcontracting als weiterer bedeutender industrieller Teilbereich.

- Kooperation/Subcontracting der IBG mit den benachbarten Ländern (auch im Rahmen von Joint-ventures) im Dienstleistungsbereich wie Versicherung, Tourismus, Transport, Handel.

- Als vierter Faktor bleibt der Arbeitskräfteüberschuß gegenüber der hochkapitalisierten israelischen Wirtschaft und den arbeitskräftearmen Golfstaaten, der Export von Arbeitsleistung also.

Natürliches Exportziel palästinensischer Produkte sind vor allem die einkommensstarken arabischen Länder, aber auch mit Israel ist eine erhebliche Ausweitung der Kooperation möglich. Westeuropa bietet sich vor allem in den Wintermonaten November bis Februar für eine breite Palette von Obst und Gemüsen aus den IBG an. Eine im Jahr 1990 durchgeführte Untersuchung und Probelieferungen in die EG haben gezeigt, daß hier reale Möglichkeiten vorhanden sind. Wesentlicher Hinderungsgrund ist zur Zeit noch das Defizit einer effizienten Vermarktungsorganisation in den IBG. Nicht zuletzt könnte sich auch Osteuropa auf Grund seiner (noch) geringeren Qualitätsansprüche als neuer Absatzmarkt anbieten, ggf. im Rahmen von Bartergeschäften wegen des dortigen Devisenmangels.

Welche Exportpotentiale die einzelnen Produktionsbereiche der IBG real im regionalen und internationalen Kontext haben, läßt sich genauer erst im Rahmen der regionalen Analyse (s. u.) diskutieren. Aus aktueller palästinensischer Sicht läßt sich zu den oben angesprochenen vier Potentialbereichen folgendes sagen:

Landwirtschaft: Wettbewerbsvorteile und eine relativ gute internationale Nachfrage sind im Agrarbereich vermutlich vor allem bei Zitrusfrüchten sowie einigen anderen Obstarten und Gemüsen vorhanden. Hinzu kommt die lange Tradition einer Verarbeitung der lokalen Olivenernte zu Öl und anderen Produkten. Eine aus dem Jahr 1990 stammende Berechnung (vgl. Tab. A 6) legt auf der Basis eines dreijährigen Produktionsdurchschnitts dar, bei welchen Früchten und Gemüsen gegenwärtig und in welchem Umfang exportfähige Produktionsüberschüsse erzielt werden. Insgesamt ermittelte man einen exportfähigen Überschuß von rund 300.000 t im Wert von 156 Mio. $, wobei die Produktion den lokalen Verbrauch insbesondere bei Tomaten, Gurken, Auberginen, Wassermelonen, Zitrusfrüchten, Oliven und Weintrauben erheblich übersteigt. Nicht bei allen diesen Produkten jedoch sieht die Marktsituation außerhalb der IBG vielversprechend aus. Bei Zitrusfrüchten waren in der Vergangenheit relativ starke Schwankungen zu beobachten; Vermarktungsschwierigkeiten gab es bei Melonen, Tomaten und auch Auberginen, obwohl die 1986 von der EG eingeräumte Zollpräferenzregelung neue Märkte für überschüssiges Gemüse und einige Früchte (Trauben, Erdbeeren) eröffnet hat. Eine Strategie muß deshalb auch sein, in problematischen Bereichen die Produktion einzuschränken und neue Produkte aufzunehmen, wie zum Beispiel Weizen, der vor der israelischen Besetzung ein traditionelles Exportgut nach Jordanien war. Dasselbe gilt für bestimmte Gemüsearten; die Olivenkultur und deren Verarbeitung könnten ebenfalls ausgeweitet werden. Für grundsätzliche und längerfristige Strukturveränderungen in der Agrarproduktion sind jedoch zunächst eingehende Marktstudien vordringlich.

Tatsache ist, daß trotz des gegenwärtig politisch bedingt geringen Agrarexports der IBG nach Israel die Produktionsstruktur in beiden Ländern in nicht unerheblichem Maße - und zum Teil sicher auch entgegen den Erwartungen - als komplementär zu bezeichnen ist. Konkurrenz gibt es vor allem bei Gemüsen, Zitrusfrüchten und Geflügel. Israel hat Vorteile bei der Rinderhaltung (Zuchtvieh), einigen Nicht-Zitrusfrüchten und Jahresprodukten wie Blumen und Getreide. Die Wettbewerbsvorteile der IBG liegen im Bereich der Schaf- und Ziegenhaltung, Oliven, Feigen und arbeitsintensiven Gemüsesorten, wie z. B. Tomaten, Gurken, Kürbissen und eventuell Kartoffeln. Für Israel, dessen Agrarsektor ohnehin relativ und von der Zahl der Arbeitskräfte her im Abnehmen begriffen ist, macht es mittelfristig keinen Sinn mehr, subventioniertes Wasser in Form von Obst und Gemüse zu exportieren. Die IBG-Farmer dagegen sollten vor allem bei arbeitsintensiven Kulturen in der Lage sein, steigende Mengen ihrer Agrarproduktion in Israel abzusetzen.

Verarbeitende Industrie: Die gegenwärtige Exportstruktur der palästinensischen verarbeitenden Industrie reflektiert nur die Fähigkeit der wesentlich stärkeren israelischen Wirtschaft, selektiv der eigenen Politik entsprechend zu importieren - wie erwähnt, sind dies vor allem einige Nahrungsmittel, Baumaterialien, Schuhe und Textilien, vielfach im Rahmen von Subcontracting-Vereinbarungen. Das über Subcontracting auch mit den anderen Nachbarländern hinausgehende Potential der IBG liegt zunächst im Ausbau der **Agroindustrie**. Hinsichtlich der Verarbeitung landwirtschaftlicher Produkte (Konserven, Trockenfrüchte, tiefgefrorene Erzeugnisse) haben die Palästinenser schon heute einen großen Vorsprung vor den anderen arabischen Staaten, den sie mit israelischer Kooperation noch weiter ausbauen könnten. Ägypten, Jordanien, Syrien und Libanon haben zusammen nicht mehr als etwa ein Dutzend nahrungsmittelverarbeitende Betriebe. In der Kooperation mit Israel sollten sich die IBG auch hier auf die arbeitsintensiven Bereiche konzentrieren, während sich Israel auf die Einführung neuer Frucht- und Gemüsearten, Saatgut, Bewässerungstechnik, Zuchtvieh, Düngemittel u. ä. konzentriert. Für die IBG bieten sich die Zitrusverarbeitung, Fruchtsäfte verschiedenster Art, Milchprodukte, Geflügelzucht und bestimmte Konserven neben einer Ausweitung der traditionellen Olivenverarbeitung an.

Ein zweiter Bereich sind **Baumaterialien, Steine und Erden sowie Marmor**. In den Stein- und Marmorbrüchen der West Bank arbeiten etwa 5000 Menschen, hauptsächlich bei Hebron im Süden. Die Art des Steins ist einzigartig in der ganzen Region. Weder in Jordanien noch Syrien noch Libanon ist er vorhanden, wo er jedoch als Baumaterial sehr populär ist. Zudem handelt es sich um umfangreiche und qualitativ hochwertige Lagerstätten. Schon heute werden Steine, Marmor, Ziegel und keramische Fliesen, Fassadenverkleidungen, Baukies und -sand in die Nachbarländer exportiert. Mit Israel gibt es trotz einiger ähnlicher Produktionen keinen wirklichen Interessenkonflikt. Speziell diesem Sektor werden daher beträchtlich zunehmende Exportchancen im Rahmen einer regionalen Handelsliberalisierung eingeräumt. Auch die bereits erwähnte Errichtung einer Zementfabrik in der West Bank zur Deckung des wachsenden Bedarfs der lokalen Wirtschaft wie auch für den Export in Nachbarländer gehört in diese Kategorie.

Desgleichen wurde schon angesprochen, daß die West Bank eine 45-km-Küstenlinie mit dem Toten Meer teilt, dessen **mineralische Rohstoffe** bisher von den Palästinensern nicht im möglichen Umfang genutzt werden konnten. Nach Abklärung der Marktsituation und Vereinbarungen mit Jordanien und Israel können diese Rohstoffe den Grundstock für eine chemische, Kunststoff- und Düngemittelindustrie (Phosphate) bilden. Gegenwärtig allerdings ist bei diesen Produkten eine Überversorgung des Weltmarktes festzustellen; Jordanien hat seit einiger Zeit schon große Absatzprobleme.

Im Rahmen von **Kunststoffen und Bekleidung** arbeiten viele palästinensische Hersteller als Unterauftragnehmer für Israel. Hier dürfte es bei freiem Warenverkehr einen Interessenkonflikt geben. Da sich Israel jedoch stärker in Richtung Hochtechnologie entwickelt, erscheint es sinnvoll, daß dieser Bereich den IBG überlassen bleibt. Darüber hinaus besteht die Möglichkeit, das Subcontracting auch auf die arabischen Nachbarländer auszuweiten.

Im Bereich **Maschinenbau** stellen palästinensische Unternehmen schon heute alle Arten landwirtschaftlicher Ausrüstung her, von schweren LKW-Anhängern bis zu einfachen Hacken. Auf dem lokalen Markt und beim Export sind sie hier bereits zu einem ernsthaften Konkurrenten für die israelischen Firmen geworden. Auch bei Steinbruchmaschinen sind Wettbewerbsvorteile vorhanden. Eine Ausdehnung dieser Ausfuhren auf die arabischen Länder würde dieser Branche einen enormen Aufschwung geben.

Ein ganz spezifisches Know-how haben die Palästinenser im Bereich der **Computer-Software** entwickelt. Etwa 20 Firmen im Ramallah-Gebiet befassen sich mit der Herstellung arabischer Software, Textverarbeitung, Graphiken und arabischer Kalligraphie. Da es hier im arabischen Raum keinen vergleichbaren Standard gibt, könnten diese Firmen potentiell auf ihrem Gebiet zum Marktführer in der gesamten arabischen Welt werden.

Nicht zuletzt schließlich liegen weitere **Möglichkeiten im handwerklich-touristischen Bereich** (Keramik, Glaswaren, Folklore, Schmuck), dem im Zuge einer touristischen Öffnung der Region ebenfalls beträchtliche Expansionsmöglichkeiten offenstehen.

Die Kombination eines motivierten palästinensischen Unternehmertums mit niedrigen Löhnen und vergleichsweise guter Ausbildung der Arbeiterschaft lassen damit eine ganze Reihe von Industrien wettbewerbsfähig mit entsprechendem Exportpotential erscheinen. Dies berücksichtigt noch nicht die zahlreichen Großprojekte, die heute mehr denn je mit Frieden und Freizügigkeit in der Region in Verbindung gebracht werden. Neben dem stimulierenden

Effekt transnationaler Verkehrsadern sowie dem Bau von grenzüberschreitenden Wasser-, Erdöl- und Erdgasleitungen gehört hierzu auch die von der PLO ins Gespräch gebrachte Idee, Gaza mit einem Tiefwasserhafen auszustatten und zu einer industriellen Freihandelszone einschließlich Ölterminal ähnlich wie in Hongkong oder Singapur auszubauen.[1] Ohne Reiz und Chancen sind einige dieser Ideen sicher nicht, aber doch, vom gegenwärtigen Zeitpunkt aus gesehen, noch sehr langfristig gedacht.

Dienstleistungsbereich: Ein wichtiger Aspekt ist hier der Export von Arbeitsleistung. So wichtig dieser Export für die IBG bisher war, hat er jedoch, von der unmittelbaren Einkommenserzielung abgesehen, insbesondere im Hinblick auf Israel (das die IBG weitgehend als Teil des lokalen Arbeitsmarkts betrachtete) für die Wirtschaft der IBG nur wenig zusätzliche Vorteile gehabt: Der Unterschied im Lohnniveau zwischen den IBG und Israel war gering, es konnten keine Fremdwährungsreserven aufgebaut werden (die Lohnzahlung Israels erfolgte in Shekel), und es gab nur geringe Möglichkeiten eines zusätzlichen Fähigkeitserwerbs. Die in Israel arbeitenden Palästinenser sind hauptsächlich als Hilfsarbeiter eingesetzt - auf Baustellen, in städtischen Reinigungsbetrieben, in untergeordneten Krankenhaus- und Hotel-Jobs, als Tankstellen-Angestellte, als Tellerwäscher in Restaurants und im Gartenbau. Für einen autonomen und später unabhängigen Palästinenserstaat ist es unabdingbar, mit den bisherigen Gastländern palästinensischer Pendler und Wanderarbeiter Verträge abzuschließen, die die Willkür der Vergangenheit beenden, zuverlässige Planungsdaten schaffen und nach Möglichkeit auch zur Fortbildung der Arbeitskräfte beitragen.

Weitere große Chancen eröffnen die anderen bereits erwähnten Dienstleistungsbereiche im Verlauf regionaler Öffnung und Freizügigkeit. Hierzu gehören in erster Linie der Tourismus und die hiermit sowie mit dem regionalen Handel verbundenen Transportleistungen. Gute Perspektiven hat auch der Wiederaufbau der finanziellen Infrastruktur (Banken, Versicherungen). Schon heute haben zahlreiche jordanische Banken und andere Finanzinstitute konkrete Pläne, ihre nach 1967 in den IBG geschlossenen Filialen wiederzueröff-

---

[1] Wirtschaftlich allerdings wird dieses Projekt von vielen sehr kritisch gesehen und als wenig realistisch eingestuft, da die Region über ausreichende Hafenkapazitäten verfügt.

nen. Der institutionelle Wieder- und Neuaufbau (einschließlich der weiter oben erwähnten notwendigen internationalen Förderungsmaßnahmen) eröffnet nicht zuletzt Joint-ventures mit palästinensischer Beteiligung große Chancen.[1]

---

[1] In diesem Zusammenhang wird auf die gesonderten Abschnitte zum Tourismus, zur Struktur der Wanderarbeit sowie zur finanziellen Infrastruktur in der Region verwiesen.

5. AUSSENWIRTSCHAFTSVERFLECHTUNG DES MASHREK REGIONAL UND INTERNATIONAL

5.1 Kooperationsrelevante Strukturen und Potentiale im Überblick

Frieden, wachsendes gegenseitiges Vertrauen und eine darauf aufbauende regionale Wirtschaftskoopeation sind nicht nur der beste, sondern wahrscheinlich auch der einzige Weg für die Nah- und Mittelost-Region, zu dauerhaftem wirtschaftlichen Wachstum zurückzufinden und allmählich die Verluste auszugleichen und Verzerrungen zu korrigieren, die Jahrzehnte des Boykotts, des Krieges und Kriegszustandes bewirkt haben.

Auf Grund von sechs Faktoren bietet sich eine enge wirtschaftliche Zusammenarbeit geradezu an:

- die Kleinheit der Länder im Hinblick auf Bevölkerung, Kaufkraft und Marktgröße

- die unterschiedliche Ausstattung der Region mit natürlichen Ressourcen, insbesondere mit Erdöl und Erdgas

- die Komplementarität der Industrieproduktion und damit der verfügbaren Inputs einschließlich Technologie und Marketing-Erfahrung

- die einzigartigen gemeinsamen Ressourcen im Hinblick auf Geschichte, Religion und Kultur

- die enge geografische Einheit der Länder sowie nicht zuletzt

- der aktuelle Trend wirtschaftlicher Blockbildung einschließlich der Bemühungen um Zusammenarbeit mit bzw. zwischen bestehenden Wirtschaftsblökken (z. B. die Freihandelsabkommen Israels mit der EG, EFTA und den USA).

Frieden ist zwar eine notwendige, aber keineswegs hinreichende Bedingung für eine fruchtbare wirtschaftliche Kooperation; dies zeigt sehr deutlich das Beispiel Israel und Ägypten. Trotz Friedensschluß, diplomatischer Beziehungen und der formalen Beseitigung aller Diskriminierung gegenüber israelischen Produkten durch Ägypten im Jahre 1978 blieb eine Fülle von administrativen und psychologischen Hemmnissen, die den Handel mit Israel nach wie vor auf ein Minimum beschränken. Trotz zweifellos vorhandener Potentiale (z. B. komplementäre Faktorkostenvorteile in der Bekleidungsindustrie - Ägypten Rohstoffe und deren arbeitsintensive Verarbeitung, Israel Design, Druck und Marketing) - blieb der bilaterale Handel auf einem überaus niedrigen Niveau (Erdöl ausgenommen weniger als 20 Mill. $ p. a.). Dasselbe gilt für die Region als Ganzes. Der Mashrek (Ägypten, Jordanien, Libanon, die Besetzten Gebiete, Syrien und Israel) hat aktuell einen regionalen Warenaustausch von weniger als 5 % seiner gesamten Exporte. Bilateral gesehen betrug der Handel zwischen Syrien und Jordanien, Syrien und Ägypten sowie Jordanien und Ägypten jeweils weniger als 1 % des gesamten Handels dieser Länder im Jahre 1990. Die potentesten arabischen Länder der Region - Ägypten, Syrien und Saudi-Arabien - sind hinsichtlich ihrer Exporteinnahmen vom gleichen Produkt - nämlich Erdöl - abhängig, und dort, wo Handelsmöglichkeiten zwischen ihnen bestünden (Textilien, Nahrungsmittel), haben schlechte Transportverbindungen und hohe Handelsschranken dies vielfach verhindert.

Eine Ausnahme bildet nur der Handel Israels mit den Besetzten Gebieten (West Bank und Gaza). Von ihnen bezieht Israel 3 % seiner Importe, in sie gehen 16 % seiner Exporte (einschl. Reexport). Aus der Sicht der IBG stammen etwa 90 % aller Importe aus Israel, und zwei Drittel der Exporte gehen nach Israel - eine Folge der seit der Besetzung entstandenen kolonialen Strukturen und des arabischen Handelsboykotts, der neben Israel auch den Handel der von ihm besetzten Gebiete beeinträchtigt.

Die Gründe dieser regionalen wirtschaftlichen Stagnation sind ebenso politisch wie wirtschaftlich. Werden die politischen Ursachen als im Verlauf des Friedensprozesses eliminierbar angesehen, verbleibt dennoch eine Vielzahl von wirtschaftlichen Barrieren:

- Die Wirtschaftssysteme der Region sind nicht einheitlich. Syrien ist trotz beginnender Privatisierungs-Diskussion noch stark planwirtschaftlich orientiert. Auch die Ökonomien der anderen Staaten (Israel ausgenommen) sind zu einem guten Teil eher binnenwirtschaftlich und nicht so sehr auf Spezialisierung und internationalen Handel ausgerichtet.

- Soweit Kooperationspotentiale bestehen, be- und verhindern protektionistische Handelspraktiken, bürokratische Prozeduren, ein Übermaß an Papierkrieg und schlechte Transportverbindungen einen Warenaustausch. Das größte Hindernis bilden die Grenzen. Exzessive Sicherheitsvorkehrungen (Angst vor Waffenschmuggel und terroristischer Infiltration) führen zu zeitlichen Verzögerungen und hohen Kosten. Gegenseitige Zollbarrieren von 20 bis 40 % verhindern die möglicherweise wichtigste Komponente zukünftigen Handels in der Region, nämlich Subcontracting.

- Israel ganz und Ägypten nur zum Teil ausgenommen, fehlen in der Region - und dies ganz besonders in Syrien - ein effizientes Bankensystem, freier Devisenhandel sowie Exportkredit- und Kreditgarantiemöglichkeiten als Voraussetzung für einen florierenden Außenhandel. Erforderlich ist eine institutionelle Neuorganisation nicht nur des Banken-, Versicherungs- und Devisenhandelssystems, sondern auch der Produktion und Handel fördernden Kammerorganisationen.

Trotz des äußerst geringen gegenwärtigen Niveaus sind die Kooperationspotentiale der Region jedoch keineswegs gering, und auf infrastrukturellem Gebiet (gemeinsame Wassernutzung, Aufbau eines Energieverbundes, Schaffung einer adäquaten Verkehrsinfrastruktur, vor allem zu Lande) ist die intraregionale Zusammenarbeit geradezu Voraussetzung für einen intensivierten Warenverkehr. Von den begrenzten Möglichkeiten im Rahmen der Landwirtschaft abgesehen, lassen sich komplementäre Produktionsstrukturen grob wie folgt abgrenzen:

- **Ägypten** ist neben Baumwolle potentieller Anbieter preiswerter Textilien und Bekleidung, Eisen und Stahl, Zucker etc. Darüber hinaus kann es billige Arbeitskräfte im eigenen Land oder als Kontraktarbeiter praktisch unbegrenzt zur Verfügung stellen.

- **Israel** bietet sich als Lieferant technisch anspruchsvoller Konsumgüter und industrieller Ausrüstung an. Auch Kapital, technisches Know-how und Marktkenntnisse gehören zu von ihm einbringbaren Leistungen.

- **Jordanien** verfügt über eine effiziente kleinindustrielle pharmazeutische und über eine bedeutende Düngemittelindustrie.

- **Libanon** hat das Potential zu diversifizierter kleinindustrieller Fertigung in Verbindung mit einer spezialisierten Landwirtschaft. Letzteres gilt in Teilbereichen auch für die anderen Länder der Region.

- In den **arabischen Golfstaaten** liegt das Schwergewicht auf Nahrungsmitteln, Erdöl und Erdgas, einer wachsenden Palette petrochemischer Produkte, Aluminium, Eisen und Stahl, einigen anderen Rohstoffen sowie arbeitsintensiven Fertigungsprozessen.

- Für die **Region als Ganzes** hätte der regionale und internationale Tourismus einen außergewöhnlichen Stellenwert.

Wissenschaftliche Modellrechnungen kamen zu dem Ergebnis, daß in der Region unter der Voraussetzung von Frieden und Kooperation von Anfang der achtziger bis Anfang der neunziger Jahre ein um bis zu 24 % höheres Sozialprodukt hätte erwirtschaftet werden können als tatsächlich der Fall. Andere Berechnungen gehen unter Hinweis auf die Erfahrungen in der EG von einem Handelspotential zwischen Israel und dem Mashrek von mindestens 25 % des gesamten Handels der betreffenden Länder aus. Auch wenn solche Kalkulationen mit Vorsicht zu interpretieren sind und ideale Rahmenbedingungen voraussetzen, geben sie doch einen Hinweis auf die Entwicklungschancen.

Natürlich können selbst unter günstigen Voraussetzungen derartige Entwicklungen nicht über Nacht eintreten. Es wird sich immer um einen graduellen Prozeß der Entstehung kommerzieller und finanzieller Bindungen handeln - von ersten exploratorischen Ad-hoc-Transaktionen bis hin zu systematischen Handelsbeziehungen und institutionalisierten Finanzstrukturen und deren regionaler Harmonisierung.

Ein zeitlicher Rahmen kann für diese Entwicklung nicht abgesteckt werden; zu viele Unwägbarkeiten sind mit diesem Prozeß noch verbunden. Zwei Aspekte bedürfen in diesem Zusammenhang jedoch einer detaillierten Analyse:

- die Fähigkeit der Nah-/Mittelost-Länder, sich einer neuen intraregionalen Struktur anzupassen und welche Kosten für jedes Land mit einem solchen Anpassungsprozeß verbunden sind sowie

- die Fähigkeit derselben Länder, sich bei reduziertem staatlichen Schutz erfolgreich dem externen Wettbewerb zu stellen.

Nachfolgende Betrachtung stellt vor allem auf die Kernregion (Israel und seine unmittelbaren Nachbarn) ab. Die Kooperationspotentiale erhöhen sich noch erheblich, wenn mit der Türkei und Saudi-Arabien (beispielhaft für die gesamte arabische Halbinsel) auch noch Fast-Nachbarn in die Analyse einbezogen werden. Dies soll nachfolgend zumindest grob geschehen. Iran und Irak als weitere bedeutende Staaten der Region bleiben demgegenüber unberücksichtigt, da sich für deren Kooperationspotential zunächst kaum reale Chancen abzeichnen.

5.2 Aktuelle Außenhandelsverflechtung

5.2.1 Internationaler Überblick

Ausgangspunkt der Betrachtung ist die Integrationsstruktur der Region als Ganzes in die Weltwirtschaft. Wie nachfolgende Tabelle 5.1 zeigt, werden hier einige wichtige Eigenarten des Nahen und Mittleren Ostens deutlich:

- Alle Länder importieren wesentlich mehr als sie exportieren (ausgenommen Saudi-Arabien, dessen ausgewiesene Importe aber nicht die umfangreichen Waffeneinkäufe enthalten). Das sich ergebende Handelsbilanzdefizit wird über einen positiven Dienstleistungssaldo (Tourismus, Transportleistungen, Finanzwesen) und internationale Finanztransfers (Entwicklungshilfe, Verschuldung) ausgeglichen.

- Eine hohe Handelsverflechtung besteht generell mit der EG; 30 bis 60 % aller Ausfuhren gehen nach dort, und bis zu 50 % der Einfuhren stammen aus der EG. Zweitwichtigster Lieferant sind die USA mit 10 bis 20 %. Japan spielte bislang anteilig nur eine geringe Rolle, wird aber in neuerer Zeit ein zunehmend wichtigerer Handelspartner sowohl bei der Abnahme von Erdöl als auch bei Lieferungen in die Region. Dies gilt besonders für die Golfstaaten. Bei den Exporten fällt die Sonderstellung der USA im Falle Israels auf; sie nehmen etwa ein Drittel seiner Ausfuhren ab. Bei den anderen Ländern der Region hat die Ausfuhr in die USA eine wesentlich geringere Bedeutung - unter anderem wahrscheinlich auch eine Folge des für die USA zu einseitig strukturierten Warenangebots der meisten Nah-/Mittelost-Länder.

- Sehr gering ist damit verglichen der regionale Warenaustausch. Er erreicht bei den Exporten nur einen Anteil von 10 - 15 %, und bei den Einfuhren ist er mit 2 bis 6 % noch geringer (s. u.; zum Vergleich: bei der EG gehen im Durchschnitt 60 % der Exporte in andere EG-Länder[1]).

Zahlreiche Faktoren haben dazu geführt, daß das theoretische Kooperationspotential der Region bislang kaum wirksam werden konnte: Ein wesentlicher Grund sind politische Barrieren, nicht nur gegenüber Israel. Hinzu kommen den Außenhandel einschränkende Wirtschaftspolitiken, schlechte infrastrukturelle Voraussetzungen (Transport und Verkehr, Finanzwesen) und eine schwerfällige nationale Bürokratie. Als Folge entstand eine relativ einseitig nach außen orientierte Handelsorientierung unter Vernachlässigung der regionalen Möglichkeiten. Zahlreiche bilaterale Verträge mit Drittländern und Handelsblöcken rückten die Bedürfnisse des geographischen Umfelds in den Hintergrund und ließen letztlich eine zumindest in Teilbereichen verzerrte Handelsstruktur entstehen. Nachfolgend werden das aktuelle Kooperationsmuster der Region und die sich bei einer Liberalisierung abzeichnenden zusätzlichen Potentiale im einzelnen betrachtet.

---

[1] In Osteuropa liegt dieser Anteil bei 49 % und selbst auf alle Entwicklungsländer bezogen noch im Durchschnitt bei 33 % (Friedrich Ebert Stiftung/National Centre for Middle East Studies: Middle East Regional Cooperation, Prospects and Problems. Conference Proceedings, Cairo, March 1993, S. 43).

Tab. 5.1: Außenhandelsverflechtung der Nah-/Mittelost-Region regional und international im Überblick

Land	Ausfuhren insgesamt				Einfuhren insgesamt			
	Mio.$	Anteil EG	Anteil USA	Anteil Region	Anteil Rest d. Welt	Mio.$	Anteil EG	Anteil USA	Anteil Region	Anteil Rest d. Welt
Israel (1992)	12.444	34,3	30,2	0,0	35,5	18.557	50,2	17,2	0,0	32,6
Syrien (1992)	1.281[b]	62,8	0,8	.	.	1.445[b]	36,2	6,5	.	.
Jordanien (1992)	1.219	3,0	.	15,3	.	3.339	28,6	10,8	5,8	54,8
Ägypten (1991/92)	3.636	28,3[a]	7,6	10,1	54,0	10.040	27,5[a]	16,1	3,2	53,2
Saudi-Arabien (1989)	27.741	.	.	.	.	21.153	30,6	18,2	1,9	49,3
Türkei (1991)	13.594	51,8	6,7	6,8	34,7	21.047	43,8	10,7	4,2	41,3

[a] Westeuropa; - [b] Umgerechnet zum Mittelwert zwischen offiziellem Kurs (11,25 syr. £ pro US-$) und dem Wechselkurs in Nachbarländern (43 syr. £ pro US-$); als Mittelwert ergibt sich 27,1 syr. £ pro US-$.

Quelle: IMF, Recent Economic Development: Jordan, Israel, Turkey, Saudi Arabia, Syria and Egypt, February - October 1993; eigene Berechnungen.

5.2.2 Regionale Außenhandelsverflechtung und Kooperationspotentiale

5.2.2.1 Zusammenfassender Überblick

Bevor die Länder des Nahen und Mittleren Ostens und ihr regionales Kooperationspotential im einzelnen betrachtet werden, soll ein knapper Überblick schon vorab die Gesamtstruktur verdeutlichen. Wie bereits erwähnt, ist der regionale Anteil am Gesamthandel der jeweiligen Staaten äußerst gering. Bleibt Libanon als wegen seiner Wiederaufbauphase atypisch außer Ansatz, gehen je nach Land nur 10 bis 15 % der Ausfuhren in die Region; noch wesentlich geringer ist ihr Importanteil mit nur 2 bis 6 % (vgl. Tab. 5.2). Selbst ohne Einschluß Israels dürfte damit ein beträchtliches Handelspotential bislang ungenutzt geblieben sein.

Tab. 5.2:

Vergleich der regionalen Export- und Importanteile

Land	Anteil am Gesamtexport (%)		Anteil am Gesamtimport (%)	
	Region	Türkei	Region	Türkei
Israel (1992)[a]	0,05	8,8	0,03	4,2
Syrien (1990)	14,4	2,7	3,6	7,7
Libanon (1989)	34,0	0,8	1,2	6,1
Jordanien (1992)	15,3	2,4	5,8	4,4
Ägypten (1992)	19,1[a]	0,6	1,9	1,5
Saudi-Arabien (1989)	.	.	1,9	1,8
Türkei (1990)	6,7	-	4,2	-

[a] Ausschließlich Ägypten; ohne die Erdöllieferungen von dort. - [b] Ohne die Erdöllieferungen an Israel 10,0 %.

Mit 40 - 60 % aller Regionalausfuhren spielen Agrarprodukte die beherrschende Rolle (vgl. Tab. 5.3) - ein Faktum, das zunächst überrascht, da zumindest im Agrarbereich von einer ähnlichen Produktionsstruktur der meisten Länder der Region ausgegangen werden kann. Das gleiche gilt auch für den Regionalhandel mit Textilien und Bekleidung mit einem Anteil von 10 bis 15 %, da alle Staaten über eine gut ausgebaute eigene Textilindustrie verfügen. Auf alle anderen Warengruppen entfallen je nach Land 30 bis 55 % der Ausfuhren. Diese verteilen sich auf eine relativ breite Spanne von Produkten, die im wesentlichen einheimische Rohstoffe (Erdöl, Erdgas, Phosphate, Metalle) als Basis haben. Die darüber hinausgehenden Ausfuhren der verarbeitenden Industrie sind durchweg bescheiden (vgl. hierzu die einzelnen Ländertabellen Nr. 5.4 bis Nr. 5.14).

Tab. 5.3:

Anteil wichtiger Produktgruppen an den Gesamtexporten der Nah-/Mittelostregion

Land	Export in die Region insges. (Mio. $)	Anteil Agrarprodukte (%)	Anteil Textilien, Bekleidung, Schuhe (%)	Anteil Rest (%)
Syrien (1990)	608,8	59,2	10,0	30,8
Libanon (1989)	138,6	41,2	14,5	44,3
Jordanien (1992)	142,4	39,1	5,8	55,1
Ägypten (1992)[a]	304,9	45,1	12,3	42,6
Saudi-Arabien (1989)[b]	401,0	57,5	10,0	30,5
Türkei (1990)	871,1	38,5	17,0	44,5

[a] Exkl. Erdöl nach Israel. - [b] Importe bzw. Anteil an den Importen aus der Region.

Quelle: Zusammengestellt nach den Tabellen 5.4 bis 5.14.

Ein wesentliches Charakteristikum des intraregionalen Handels ist die regional nur wenig differenzierte Bezugs- und Absatzstruktur der einzelnen Staaten. Zwei Drittel des intraregionalen Handels sind jeweils nur auf 1 bis 3 Partner konzentriert.

Tatsache ist, daß die ölexportierenden Länder der Region bislang (vom Erdöl und darauf aufbauenden Produktionen abgesehen) kein großes Interesse an einer Exportdiversifizierung gehabt haben. Ihre Landwirtschaft wird erheblich subventioniert, und die übrige Industrie ist stark durch Zollmauern und nichttarifäre Hemmnisse geschützt (s. u.). Die im Vergleich dazu armen Länder der Region stellen alle mehr oder weniger dieselben Industrieprodukte her; ihre Produktion ist, von wenigen Ausnahmen abgesehen, nicht komplementär - mit der Ausnahme Ägyptens und natürlich Israels. Das eigentliche Potential eines intraregionalen Handels liegt zwischen Israel und seinen Nachbarn, den Golfstaaten, sowie - in noch ferner Zukunft - dem Irak und Iran. Kommt noch die Türkei hinzu, würde ein solcher Handelsblock mit Ägypten, Israel und der Türkei als Kern eine beträchtliche Komplementarität aufweisen.

5.2.2.2 Israel

Israel hat eine sehr offene Wirtschaft, die in hohem Maße außenhandelsorientiert ist. Militärische Aufwendungen machen seit 1967 etwa 20 % der industriellen Wertschöpfung des Landes aus. Trotz der in den letzten Jahren beachtlichen Erfolge im zivilen Hochtechnologiebereich verzerrt die Dominanz der militärischen Fertigung die Industriestruktur. Gleichzeitig ist zu beobachten, daß im öffentlichen wie im privaten Bereich der Dienstleistungssektor an Bedeutung gewinnt.

Die Ausfuhren Israels sind sehr differenziert. Neben Agrarprodukten (etwa 5 % der Gesamtexporte) bilden geschliffene Diamanten (25 %) und dann vor allem Industrieprodukte das Schwergewicht. Zu den traditionellen Erzeugnissen, wie Textilien, Bekleidung und Nahrungsmittel, kamen seit den siebziger Jahren technologisch hochentwickelte Industrieprodukte hinzu, wie Elektronik, Chemikalien, Spezialmaschinen und -geräte (u. a. Medizin, Optik, Meßgeräte). Hier wird auch das zukünftige Schwergewicht von Israels Exporten in die Welt und in die Region liegen. Je etwa ein Drittel der Ausfuhren gehen wie erwähnt in die EG und USA, in das restliche Drittel teilen sich zu etwa gleichen Teilen Ostasien und der Rest der Welt.

Der Importüberschuß des Landes macht etwa ein Viertel seines BSP aus, das Defizit wird über verschiedene Arten der Unterstützung insbesondere durch die USA gedeckt. Die militärische und zivile Hilfe der USA in Form von Krediten und Zuschüssen beläuft sich offiziell auf jährlich rund 3 Mrd. $; Kredite und Zuschüsse aus anderen Quellen und die Garantien der USA sind darin noch nicht enthalten.

Einen äußerst geringen Warenhandel mit Ägypten ausgenommen, bestehen zur Zeit **keinerlei Handelsbeziehungen mit der Region**. Trotz des Friedensabkommens von 1978 hat Ägypten seinen Handel mit Israel praktisch auf die Lieferung von Erdöl und den Tourismus beschränkt. Ohne Berücksichtigung des Erdöls importierte Israel 1992 aus dem Nachbarland nur für 7,3 Mio. $, seine Exporte nach Ägypten beliefen sich auf 6,7 Mio. $ (vgl. Tab. 5.4). Solange die Palästinenserfrage ungelöst war, hat Ägypten bewußt seine wirtschaftlichen Beziehungen zu Israel minimiert. Das theoretische Handelspotential zwischen beiden Ländern ist jedoch selbst dann ein Vielfaches (s. u.), wenn nur der Effekt der Handelsumlenkung und nicht auch derjenige der Handelsschaffung in Betracht gezogen wird.

Auch mit der **Türkei** bewegt sich der Außenhandel Israels auf einem wesentlich niedrigeren Niveau als potentiell denkbar. Im Jahre 1992 wurden aus der Türkei Waren im Wert von 79 Mio. $ eingeführt, die Ausfuhren dorthin beliefen sich auf 114 Mio. $.

Eine besondere Rolle spielt der **interne Handel Israels mit den Besetzten Gebieten**, der sich in seiner Außenhandelsstatistik nicht niederschlägt. Wie an anderer Stelle ausführlich dargestellt (vgl. Kap. 4), stammen 85 bis 90 % der IBG-Einfuhren aus Israel, und zwei Drittel seiner Exporte gehen nach dort.

Eine Reihe von Untersuchungen und Modellrechnungen hat sich in den letzten Jahren mit der Frage des theoretischen **Handelspotentials Israels mit seinen arabischen Nachbarn** befaßt. Besonders häufig werden dabei die **Kooperationsmöglichkeiten Israels und Ägyptens** angesprochen. Im Landwirtschaftsbereich wird ein umfangreicher Grenzhandel von Agrarprodukten, Vieh und technischen Inputs für möglich gehalten. Ägypten verfügt über Agrarerzeugnisse, die Israel aus anderen Ländern bezieht (Reis, Baumwolle, verschiedene Obst- und Gemüsesorten), während Israel pflanzliche und tierische Produkte exportiert, die Ägypten aus Drittländern einführt. Der sehr unterschiedlich strukturierte Agrarsektor beider Länder - Ägypten arbeitsintensiv, Israel kapitalintensiv - eröffnet viele Möglichkeiten einer Arbeitsteilung und Spezialisierung. Auf das Jahr 1981 bezogen (die Grundstrukturen dürften sich seitdem nicht wesentlich verändert haben), kommt eine sich nur auf den Agrarbereich beschränkende Analyse (vgl. Tab. A 7) zu 28 Produktgruppen mit bilateralem Handelspotential (in 13 Fällen von Ägypten nach Israel, in 20 Fällen von Israel nach Ägypten).

Häufig angesprochen werden auch die Kooperationsmöglichkeiten auf industriellem Gebiet, wie zum Beispiel die gemeinsame Entwicklung einer Düngemittelindustrie. Ägypten hat Ammoniak (auf der Basis von Erdgas), Israels Düngemittelproduktion basiert auf Phosphaten und Pottasche. Kombiniert würden diese Ausgangsstoffe zur Herstellung wesentlich fortgeschrittenerer Produkte mit höherer Wertschöpfung führen. Auch die Textil- und Bekleidungsindustrie wird immer wieder als Bereich möglicher regionaler Zusammenarbeit genannt (Ägypten Rohstoffe und arbeitsintensive Fertigungsprozesse, Israel kapitalintensive Fertigungsprozesse, Design, Mode, Marketing). Desgleichen bietet sich der gemeinsame Ausbau einer Zementindustrie an.

Sehr umfangreich sind schließlich die Möglichkeiten einer Kooperation im agroindustriellen Bereich. Welcher Art diese Zusammenarbeit sein könnte, ist Tab. A 8 zu entnehmen.[1]

Neben dieser sich nur auf Ägypten beziehenden Analyse stellen andere Untersuchungen auf das gesamte Handelspotential Israels mit der Region ab. Eine vom Armand Hammer Fund durchgeführte Studie berechnete Ende der achtziger Jahre auf der Basis eines Modells den im Friedensfall realisierbaren Warenaustausch Israels mit Syrien, Ägypten, Jordanien, Saudi-Arabien und den VAE.[2] Ziel war die Identifizierung von Industriebranchen mit dem größten Handelsumlenkungspotential von den arabischen Staaten auf Israel und umgekehrt. Von Israel zu den arabischen Ländern ergab sich ein wertmäßiges Umlenkungspotential von knapp 2,2 Mrd. $ (Fleischprodukte, Nahrungsmittel, Obst und Gemüse, Düngemittel, Gummiwaren, Textilien, Werkzeugmaschinen, anorganische Chemikalien, Generatoren, Büromaschinen, Elektronik, Kommunikationstechnik und medizinische Produkte); umgekehrt von den arabischen Staaten nach Israel war das ermittelte Potential mit rund 1 Mrd. $

---

[1] Ausführlich gehen speziell auf die Zusammenarbeit Israels mit Ägypten ein: Haim Ben-Shahar, Gideon Fishelson, Seev Hirsch, Economic Cooperation and Middle East Peace, London 1989.
[2] The Armand Hammer Fund for Economic Cooperation in the Middle East, Peace Projects, o. J., Editor: Joab B. Eilon.

Tab. 5.4: **Israel - Warenhandel mit der Region nach Ländern und wichtigen Produkten, 1992 (in Mio. $) (einzeln ausgewiesen sind nur Werte ab 100.000 $)**

Produkt	Syrien	Libanon	Jordanien	Ägypten	Saudi-Arabien	Insgesamt
1. Importe						
SITC Produkt						
042 Reis	-	-	-	0,2	-	0,2
054 Frischgemüse	-	-	-	0,2	-	0,2
056 Gemüsekonserven	-	-	-	0,1	-	0,1
062 Süßwaren	-	-	-	0,1	-	0,1
273 Steine und Erden	-	-	-	0,2	-	0,2
598 Div. chemische Produkte	-	-	-	0,5	-	0,5
651 Textilgarne	-	-	-	5,2	-	5,2
793 Wasserfahrzeuge	-	-	-	0,1	-	0,1
892 Druckerzeugnisse	-	-	-	0,2	-	0,2
- Diverses	-	-	-	0,5	-	0,5
Insgesamt	-	-	-	7,3	-	7,3
2. Exporte						
SITC Produkt						
001 Lebende Tiere	-	-	-	0,2	-	0,2
268 Wolle	-	-	-	0,5	-	0,5
292 Pflanzliche Rohstoffe	-	-	-	0,3	-	0,3
511 Kohlenwasserstoffe	-	-	-	0,7	-	0,7
522-523 Anorg. Chemikalien	-	-	-	0,4	-	0,4
533 Farben und Lacke	-	-	-	0,2	-	0,2
562 Düngemittel, verarb.	-	-	-	0,1	-	0,1
625 Gummireifen	-	-	-	0,5	-	0,5
657 Textilien	-	-	-	0,2	-	0,2
696 Bestecke	-	-	-	0,2	-	0,2
743 Pumpen und Zentrifugen	-	-	-	0,1	-	0,1
745 Nichtelektr. Maschinen	-	-	-	0,5	-	0,5
872 Medizinische Instrumente	-	-	-	0,3	-	0,3
892 Druckerzeugnisse	-	-	-	0,2	-	0,2
893 Kunststoffartikel	-	-	-	1,4	-	1,4
- Diverses	-	-	-	0,9	-	0,9
Insgesamt	-	-	-	6,7	-	6,7

wesentlich geringer und umfaßte vor allem Erdöl, Petrochemikalien, Textilien, Baumwolle, Metalle und einige andere chemische Erzeugnisse.

Insgesamt liegt das Diversionspotential danach bei zur Zeit rund 3,2 Mrd. $, was zum Zeitpunkt der Berechnung 13 % des israelischen Handels, aber nur 3,7 % des aggregierten arabischen Handels ausgemacht hätte. Zu berücksichtigen ist dabei, daß sich diese Berechnung nur auf die Handelsumlenkung und nicht auf den zusätzlichen Effekt der Handelsschaffung durch neue Produktionen und Verbrauchsmuster bezieht und ebenso nicht auf das große Potential im Dienstleistungsbereich (insbesondere Tourismus).

Eine Modellrechnung der Weltbank zum restriktionsfreien Handel in der Region[1] kommt im Hinblick auf die Besetzten Gebiete zu folgenden Ergebnissen: Der Anteil Israels an den Importen der IBG würde von derzeit 90 % auf 36 % zurückgehen, und nach Israel würden nur 20 % statt der bisherigen 65 bis 75 % der Exporte gehen. Die Ausfuhren der IBG in die übrige arabische Welt würden einen Anteil von 40 % erreichen, und 15 % würden nach Europa gehen. Auf Israel bezogen würden dessen Importe aus den IBG von 2,6 % auf 2,2 % zurückgehen, der Exportanteil von 9,3 % auf 4,3 %.

Falls die IBG und Israel - bei offenen Grenzen nach außen - ein gemeinsames Zollgebiet bleiben, hat dies auch Auswirkungen auf den Handel Israels mit seinen arabischen Nachbarn. Berechnungen ergaben, daß diese etwa 6 % von Israels Exporten aufnehmen und gut 7 % von Israels Importen liefern würden. Das ist nach Ansicht der Weltbank zwar beachtlich, aber nicht überwältigend. Haupthandelspartner Israels bleiben auf jeden Fall die entwickelten Länder mit 50 % seiner Exporte und 70 % seiner Importe.

Eine weitere Untersuchung schließlich stellt Berechnungen über das Handelspotential Israels allein mit Ägypten, Jordanien und dem Libanon an.[2] Unter Zugrundelegung der Handelsdaten von 1982 ergaben sich Exportmöglichkei-

---

[1] IBRD/Worldbank, Developing the Occupied Territories. An Investment in Peace, Volume 2, The Economy, Washington, September 1993.
[2] Vgl. Haim Ben-Shahar, Gideon Fishelson, Seev Hirsch, Economic Cooperation and Middle East Peace, London 1989. S. 236 f.

ten von Israel in die genannten Länder von 760 Mio. $ (Metallwaren, Elektromaschinen, Bekleidung, Chemikalien, Gummiwaren, Düngemittel und andere Fertigwaren), während - Erdöl ausgenommen - die Lieferungen aus Jordanien, Ägypten und Libanon einen Wert von gut 300 Mio. $ erreichen würden (Baumwollgarn, NE-Metalle u. a.). Das gesamte Handelsvolumen dieser vier Staaten läge also bei knapp 1 Mrd. $. Auch bei dieser Berechnung hält sich wie bei der Weltbank das erreichbare Volumen im Rahmen, doch wird auf Grund speziellen israelischen Know-hows auf ein erhebliches darüber hinausgehendes Potential nicht nur beim Tourismus, sondern auch bei Computer-Dienstleistungen, großen Bauvorhaben, bei Bewässerungstechnik und Wasserplanung verwiesen.

Zu berücksichtigen ist allerdings bei diesen rein statistischen Vergleichen, daß sie nichts zur tatsächlichen Wettbewerbsfähigkeit aussagen. Vom Grenzhandel mit Produkten abgesehen, die entweder leicht verderblich oder sehr transportkostenintensiv sind, sagt die reine Komplementarität noch nichts darüber aus, ob Israel oder die arabischen Staaten tatsächlich wettbewerbsfähiger sind als deren bisherige Bezugsquellen.

Von Ägypten, den Besetzten Gebieten und regionalen Betrachtungen abgesehen, liegen kaum quantifizierte Berechnungen des theoretischen Handelspotentials Israels mit seinen Nachbarn vor. Auf **Syrien** bezogen, sieht man zwar mittelfristig beachtliche Potentiale, glaubt aber, daß politische und ideologische Barrieren hier noch lange sehr hemmend wirken werden. Kooperationsmöglichkeiten gibt es genug: Transport und Tourismus, Kultur, Erziehung, Wissenschaft und Technik und natürlich bilateraler Handel, wobei die Golanhöhen den Status einer Art Freihandelszone bekommen könnten.

Wesentlich engere und realistischere Möglichkeiten zur Zusammenarbeit gibt es mit **Jordanien**. Mit dem Toten Meer, dem Jordantal und dem Golf von Eilat/Aqaba verfügen beide Länder über sehr wertvolle gemeinsame Ressourcen in der Region. In einigen Bereichen, wie Landwirtschaft und Tourismus, haben sie ein ähnliches Potential. Ein Kooperationsfeld mit großen Aussichten ist der Transithandel - Jordanien als Transitland israelischer Exporte in die Golfstaaten (und ggf. der Importe von dort), Israel als Transitland für Jordaniens Exporte nach Europa und Nordamerika. In beiden Fällen würden, mit anderen Exportrouten verglichen, unter der Voraussetzung eines Ausbaus der erforderlichen Infrastruktur erhebliche Kosten gespart und Einkommen geschaffen. Auf industriellem Gebiet bietet sich eine Zusammenarbeit im Textil- und Bekleidungssektor, bei Lederprodukten, Holz und Möbeln an. Weitere Potentiale werden bei Baumaterialien einschl. Zement, Farben und Lacken, Metallerzeugnissen, Pharmazeutika, diversen Rohstoffen und Nahrungsmitteln gesehen.

Große Regionalprojekte wie eine Erdölpipeline durch Jordanien nach Israel und der seit langem diskutierte Red-Sea-Dead-Sea-Kanal gehören hier nicht unmittelbar zum Thema, sind aber von großer zukünftiger wirtschaftlicher Bedeutung.

5.2.2.3 Ägypten

Wie bereits eingangs erwähnt, ist Ägyptens Außenhandel in hohem Maße defizitär. 1991/92 standen Ausfuhren in Höhe von 3,6 Mrd. $ einem Einfuhrwert von über 10 Mrd. $ gegenüber. Für den Ausgleich sorgen die positive Dienstleistungsbilanz (Tourismus, Suez-Kanal-Gebühren, Gastarbeiterüberweisungen) sowie erhebliche externe Finanztransfers vor allem der USA, aber auch der internationalen Gebergemeinschaft insgesamt.

Die ägyptischen **Exporte** waren in den letzten Jahren immer stärker vom Erdöl dominiert, das die traditionellen Ausfuhrgüter wie Baumwolle, Textilien und Nahrungsmittel mehr und mehr in den Hintergrund drängte. 1991/92 hatten Erdöl und dessen Derivate einen Exportanteil von 45 %, auf Agrarerzeugnisse entfielen knapp 7 %, auf Baumwollgarn und Textilien 15 % und der Rest (33 %) auf verschiedene Fertigwaren. Bei den **Einfuhren** überwiegen Maschinen, Metallwaren und andere Fertigerzeugnisse mit 34 %, 28 % entfallen auf Nahrungsmittel, Öle und Fette, 11 % auf Chemikalien, knapp 10 % auf Holz, Papier und Textilien und der Rest schließlich (17 %) auf unentgeltliche Warenlieferungen und Counterpart-Leistungen im Rahmen von Auslandskrediten.

Ägyptens wirtschaftliche Integration in die Region war trotz zahlreicher Kooperationsversuche immer sehr schwach. Weder die 1953 gegründete Arabische

Liga noch das Arab Economic Union Agreement von 1956 und der Arab Common Market seit 1964 haben hieran Entscheidendes geändert. Für die meisten Mitglieder dieser Kooperationsversuche war Regionalhandel uninteressant. Bilaterale Vereinbarungen unterminierten das regionale Potential, und für jedes Land gab es immer viele Möglichkeiten individueller Schutzmaßnahmen. Die Anreizstruktur Ägyptens war wie bei seinen Nachbarn nach innen und nicht nach außen gerichtet.

So nimmt es nicht wunder, daß sich der **Regionalhandel Ägyptens** bis heute auf einem sehr niedrigen Niveau abspielt (vgl. Tab. 5.5 - 5.6). Bleibt die Ausfuhr von Erdöl und Erdölprodukten nach Israel unberücksichtigt (1992 rd. 280 Mio. $), erreichten seine Regionalausfuhren 1992 mit 304 Mio. $ gerade 10 % seiner Gesamtexporte; der Anteil der Region an den Einfuhren (160 Mio. $) erreichte nicht einmal 2 %. Regional gesehen ist Saudi-Arabien der bedeutendste Handelspartner - sowohl vom Volumen her als auch hinsichtlich der schon relativ differenzierten Produktpalette. Um so stärker fällt das geringe Handelsvolumen mit Syrien, dem Libanon und Jordanien ins Auge. Im Jahr 1992 erreichten die Ausfuhren in diese drei Staaten zusammengenommen nicht mehr als 91 Mio. $, und bei den Einfuhren waren es nur 44 Mio. $. Auch mit der Türkei spielt sich der bilaterale Handel Ägyptens auf einem sehr niedrigen Niveau ab (19 Mio. $ oder 0,6 % seiner Exporte, 126 Mio. $ oder 1,5 % seiner Importe).

Aus diesen Strukturen kann der Schluß gezogen werden, daß es nicht nur die politisch bedingte Zurückhaltung gegenüber Israel ist, die auf das regionale Handelspotential einschränkend wirkt. Abgesehen von zahlreichen tarifären und nicht-tarifären Handelshemmnissen in der Region (s. u.), kommt es entscheidend auf die Entstehung eines neuen "Regionalbewußtseins" an, um diese Potentiale - zum Teil sicher auf Kosten etablierter Handelsbeziehungen - wirksam werden zu lassen.

Untersuchungen zur Größenordnung dieses Potentials liegen außer auf Israel bezogen (s. o.) nicht vor. Von ihrer Wirtschaftsstruktur und Wirtschaftskraft her bieten sich hier vor allem Israel und die Türkei, mit Abstand gefolgt von Saudi-Arabien, an. Die abschließende Analyse des potentiellen Regionalhandels nach Produkten und Märkten (vgl. Kap. 8) wird hier genaueren Aufschluß geben.

5.2.2.4 Jordanien

Für Jordaniens Wirtschaft ist der Dienstleistungsexport (Transporteinnahmen durch den Transithandel, Tourismus und die Überweisungen der im Ausland arbeitenden Jordanier) immer wesentlich wichtiger gewesen als die Ausfuhr von Waren. Die Folge ist auch hier eine deutlich negative Warenhandelsbilanz. Ausfuhren von 1,2 Mrd. $ im Jahr 1992 standen mit 3,3 Mrd. $ Einfuhren in fast dreifacher Höhe gegenüber. Wichtigste **Exportprodukte** sind Phosphate, Düngemittel und Pottasche, auf die 1993 ein Drittel aller Ausfuhren entfiel. Zweitwichtigste Produktgruppe mit 29 % sind verschiedene Industriewaren, Chemikalien und Pharmazeutika, 24 % entfallen auf Reexporte. Bei den **Einfuhren** dominieren Fertigwaren, Maschinen und Transportmittel mit 53 %, gefolgt von Nahrungsmitteln (18 %), Erdöl und anderen Rohstoffen (15 %) sowie Chemikalien (11 %).

Gegenüber der EG hat Jordanien Schwierigkeiten, deren Marktzugangserfordernisse zu erfüllen und sich dem Wettbewerb anderer Agrarexporteure erfolgreich zu stellen. Traditioneller Markt für Jordaniens Ausfuhr von industriellen und landwirtschaftlichen Erzeugnissen waren deshalb insbesondere die benachbarten Länder Irak, Saudi-Arabien und Syrien. Vor dem Golfkrieg wurden Agrarprodukte überwiegend in die Golfstaaten ausgeführt, und die Hälfte der übrigen Exporte ging in den Irak. Der Golfkrieg und die regionale Rezession haben diesen Handel jedoch in den letzten Jahren stark zurückgehen lassen, während die Bedeutung der Ausfuhren nach Asien (Düngemittel und chemische Produkte vor allem nach Indien und Indonesien) zunahm. Bei den Einfuhren Jordaniens spielte bis zum Golfkrieg der Irak (Erdöl) die größte Rolle, mit Abstand gefolgt von Saudi-Arabien, der Türkei und Kuwait.

Tab. 5.5: Ägypten - Exporte in die Region nach Ländern und wichtigen Produkten
(ab 100.000 $), 1992, in Mio. $

SITC	Produkt	Israel	Syrien	Libanon	Jordanien	Saudi-Arabien	Insgesamt
001	Lebende Tiere	-	-	-	0,1	25,0	25,1
011	Frisch- und Gefrierfleisch	-	-	-	-	6,3	6,3
022-23	Milch, Sahne, Butter	-	0,1	-	-	0,2	0,3
024	Käse	-	-	-	-	3,0	3,0
034-37	Fisch, frisch und konserviert	-	-	0,7	0,1	0,2	1,0
042	Reis	0,1	13,9	4,6	9,6	1,6	29,8
045/048	Getreideerzeugnisse	-	-	0,3	-	1,3	1,6
054/056	Gemüse, frisch und konserviert	0,9	-	4,1	0,7	37,2	42,9
057-58	Obst, frisch und konserviert	-	0,5	0,5	0,1	17,4	18,5
061-62	Zucker, Honig, Süßwaren	-	0,5	0,8	0,2	1,2	2,7
075	Gewürze	-	-	-	-	0,2	0,2
081	Futtermittel	-	0,2	-	0,2	-	0,2
091/92	Margarine, div. Eßwaren	-	-	0,2	0,4	0,9	1,7
222	Ölsaaten	-	-	0,1	0,3	0,2	0,6
245	Feuerholz, Holzkohle	-	-	-	-	0,3	0,3
266	Synthetische Fasern	-	0,3	-	-	-	0,3
271	Düngemittel, roh	-	-	-	-	0,2	0,2
292	Pflanzliche Rohstoffe	0,3	-	0,8	0,2	1,9	3,2
333	Erdöl	274,7	-	-	-	-	274,7
334-35	Erdölprodukte	4,1	-	-	-	0,5	4,7
341	Naturgas	-	0,6	0,5	0,1	-	1,1
423-24	Pflanzliche Öle	-	-	-	-	0,4	0,4
431	Pflanzliche Öle, verarbeitet	-	0,1	-	-	0,1	0,4
511	Kohlenwasserstoffe	-	-	-	0,2	-	0,2
512-13	Alkohole, Säuren	1,0	-	-	0,2	-	1,4
522-23	Anorganische Chemikalien	-	-	-	0,4	0,1	2,0
531-33	Farben und Lacke	-	0,5	-	1,9	0,4	0,9
541	Mediz. u. pharmaz. Produkte	-	2,0	0,2	1,6	6,2	10,0
551/53	Kosmetika	-	0,2	0,1	0,1	1,1	1,5
554	Seifen, Reinigungsmittel	-	-	-	3,2	0,5	3,7
562	Düngemittel, verarbeitet	-	1,5	-	1,6	0,7	3,8
583	Polymerisationsprodukte	-	0,2	-	-	-	0,2
585	Kunststoffe	-	-	-	0,3	0,1	0,4
591	Pestizide	-	-	0,1	-	0,8	0,9

Produkt		Israel	Syrien	Libanon	Jordanien	Saudi-Arabien	Insgesamt
592	Stärke	-	-	-	0,1	-	0,1
598	Div. chemische Produkte	3,8	-	-	0,2	-	4,0
611-12	Leder und Lederwaren	-	-	-	0,6	2,1	2,7
634-35	Holzprodukte, Furnier, Sperrholz	-	-	0,1	0,3	0,6	1,0
641-42	Papier und Papierwaren	-	-	0,2	-	1,8	2,1
651	Textilgarne	4,5	1,2	2,1	0,3	0,5	8,6
652	Baumwollgewebe	-	0,6	0,3	0,7	2,0	3,6
653-58	Div. Textilien	-	-	0,3	0,4	3,7	4,4
659	Bodenbeläge	-	-	0,3	-	0,8	1,1
662	Tonerde	-	0,5	0,2	0,2	0,1	1,0
664-65	Glas und Glaswaren	-	0,1	-	-	0,5	0,5
671	Roheisen	-	0,2	0,9	0,7	1,6	3,3
672-75	Eisen- und Stahlformen	-	8,3	-	-	3,0	39,3
677	Eisen- und Stahldraht	-	-	0,4	0,3	30,3	0,7
678	Eisen- und Stahlrohre	-	0,3	-	-	0,7	1,6
684	Aluminium	-	2,3	0,2	0,4	0,9	11,4
691	NE-Metallwaren	-	0,2	0,4	1,3	7,6	1,1
692	Metallbehälter	-	-	-	-	0,5	0,3
693	Draht	-	-	-	-	0,3	0,3
696	Bestecke	-	-	-	2,3	0,3	2,3
697	Haushaltswaren	-	-	0,3	0,2	3,0	3,5
699	Metallwaren	0,1	0,2	0,3	0,4	1,6	2,6
724-37	Maschinen und -teile	-	0,1	0,2	0,1	0,6	1,0
741	Heiz- und Kühlaggregate	-	0,5	-	-	-	0,5
772-73	Elektr. Schaltungen u. Verteiler	-	-	0,1	0,6	0,6	1,3
783-86	Straßenfahrzeuge und Teile	-	-	-	0,2	0,6	0,8
812	Installationsmaterial	-	-	0,2	0,2	1,5	1,9
821	Möbel	-	0,1	0,5	0,1	2,9	3,6
831	Reiseartikel	-	-	-	-	1,6	1,6
842-48	Bekleidung	-	-	0,4	0,3	10,1	10,8
851	Schuhe	-	-	0,2	0,1	8,6	8,9
872	Medizinische Instrumente	-	0,3	-	-	0,1	0,4
892	Druckerzeugnisse	0,2	-	0,1	0,1	2,5	2,9
893	Div. Kunststoffartikel	-	-	0,2	0,5	0,9	1,6
898-99	Div. Musikinstrumente	-	-	-	-	0,6	0,6
-	Diverses	0,3	0,7	0,5	1,5	1,9	4,9
Insgesamt		290,0	36,3	21,4	33,6	202,4	583,7

Tab. 5.6: Ägypten - Importe aus der Region nach Ländern und wichtigen Produkten (ab 100.000 $), 1992, in Mio. $

SITC	Produkt	Israel	Syrien	Libanon	Jordanien	Saudi-Arabien	Insgesamt
037	Fischkonserven	0,2	-	-	-	-	0,2
044	Mais	-	-	0,9	-	-	0,9
054	Frischgemüse	-	13,0	-	-	-	13,0
057-58	Obst, frisch und konserviert	-	2,4	0,1	-	-	2,5
061	Zucker und Honig	-	-	-	-	1,3	1,3
075	Gewürze	-	0,2	-	-	-	0,2
121	Tabak	-	2,2	-	-	-	2,2
251	Papierabfall	-	-	-	-	0,3	0,3
268	Wolle	-	0,2	-	-	-	0,2
274	Schwefel	-	-	-	-	5,8	5,8
288	NE-Metallschrott	-	-	-	0,7	-	0,7
292	Pflanzliche Rohstoffe	0,2	1,1	0,1	-	0,2	1,6
334	Erdölprodukte	8,6	-	-	-	0,5	9,1
424	Pflanzliche Öle	2,6	-	-	-	0,9	3,5
512	Alkohole	-	-	-	-	1,8	1,8
522-23	Anorganische Chemikalien	-	-	1,1	-	0,4	1,5
541	Medizin. u. pharmaz. Produkte	-	-	0,2	-	-	0,2
582	Kondensationsprodukte	-	-	-	-	1,2	1,2
583	Polymerisationsprodukte	-	-	-	-	36,0	36,1
585	Kunststoffe	0,1	-	-	-	0,2	0,2
641-42	Papier und Papiererzeugnisse	-	-	3,3	-	0,1	3,4
653-58	Textilien	0,2	-	-	-	0,1	0,3
661	Kalk, Zement	-	-	0,1	-	-	0,1
671	Roheisen	-	-	3,4	-	-	3,4
677	Eisen- und Stahldraht	-	-	-	-	0,2	0,2
678	Eisenrohre	-	-	0,1	-	-	0,1
682	Kupfer	-	-	-	-	18,2	18,2
684	Aluminium	-	-	-	6,9	-	6,9
713	Maschinen	-	-	0,5	-	-	0,5
728	Maschinen	-	-	0,1	-	-	0,1
742-43	Pumpen und Zentrifugen	-	-	-	-	0,4	0,4
764	Telekommunikation	-	-	-	-	0,1	0,1
772-73	Elektr. Schaltungen und Verteiler	-	-	2,6	-	0,3	2,9
781-84	Kraftfahrzeuge und Teile	-	-	0,3	0,1	34,0	34,4

Produkt		Israel	Syrien	Libanon	Jordanien	Saudi-Arabien	Insgesamt
892	Druckerzeugnisse	-	-	3,4	0,2	0,3	3,9
-	Diverses	0,4	-	0,7	0,3	1,5	2,9
Insgesamt		12,3	19,1	16,9	8,2	103,8	160,3

Als Folge des Golfkriegs hat nicht nur das Transit-Geschäft nach Irak stark gelitten[1], sondern auch der **regionale Warenhandel** spielt sich auf einem niedrigeren Niveau ab. An den Gesamtausfuhren im Jahr 1992 von 932 Mio. $ (excl. Reexporte) hatte die Region noch einen Anteil von 15,3 % (vgl. Tab. 5.7 - 5.8). Saudi-Arabien ist trotz seines partiellen Handelsboykotts nach dem Golfkrieg zum mit Abstand wichtigsten Zielland in der Region geworden. Die Ausfuhren nach Syrien, Libanon und Ägypten sind dagegen mit insgesamt nur 39 Mio. $ so gering, daß auch hier politische Motive eine Rolle spielen könnten. Auch in die Türkei wird mit 22 Mio. $ (2,4 %) fast nichts exportiert.

Bei den Einfuhren sind die Anteile der Lieferländer aus der Region gleichmäßiger verteilt. An den Gesamtimporten Jordaniens haben sie allerdings auch nur einen Anteil von 5,8 % (189 Mio.$). Auf die Türkei entfallen 4,4 % (143 Mio.$).

Auf die nach einem Friedensschluß wesentlich erweiterten Kooperations- und Handelsmöglichkeiten innerhalb der Region wurde schon bei der Betrachtung Israels (s. o.) eingegangen. Die besten zusätzlichen Exportchancen haben Gemüse, Milchprodukte, Textilien und Bekleidung, chemische, medizinische und pharmazeutische Produkte sowie unter den Baustoffen vor allem Zement.

Diskutiert wird gegenwärtig unter anderem ein **wirtschaftlicher Zusammenschluß von Jordanien mit den Besetzten Gebieten und Israel** als subregionaler Handelsblock und Kern einer sich allmählich ausweitenden regionalen Wirtschaftsgemeinschaft. Diese Vorstellung entspricht vor allem Israels Interessen. Die arabische Seite ist hier wesentlich zurückhaltender.

Das geplante palästinensisch-jordanische Wirtschaftsabkommen sieht zunächst einen Freihandel zwischen Jordanien und den Besetzten Gebieten vor, der in den ersten zwei Jahren ein Volumen von 150 Mio. $ nicht überschreiten und sich dann im dritten Jahr verdoppeln soll. In Verbindung mit dem Ausbau der notwendigen Infrastruktur ist die Schaffung einer Freihandelszone im Jordantal vorgesehen; gemeinsame Joint-ventures sind ebenso geplant wie eine

---

[1] Die jährlichen Verluste der jordanischen Transportindustrie werden auf rund 550 Mio. $ beziffert. Die Transitfracht durch Jordanien sank von 9,6 Mio. t in 1988 auf 2,1 Mio. t in 1992.

Tab. 5.7: Jordanien - Exporte in die Region nach Ländern und wichtigen Produkten (ab 100.000 $) 1992, in Mio $

SITC	Produkt	Israel	Syrien	Libanon	Ägypten	Saudi-Arabien	Insgesamt
001	Lebende Tiere	-	-	-	-	13,9	13,9
014	Fleischkonserven	-	-	0,1	-	-	0,1
023-24	Butter und Käse	-	-	0,1	-	0,6	0,7
048	Getreideerzeugnisse	-	-	0,1	-	0,5	0,6
054,056	Frischgemüse und Konserven	-	-	8,4	-	23,9	32,3
057-58	Obst, frisch und konserviert	-	-	0,7	-	5,2	5,9
062	Süßwaren	-	-	-	-	0,2	0,2
075	Gewürze	-	-	-	-	0,2	0,2
098	Diverse Eßwaren	-	-	0,3	-	0,1	0,4
122	Tabak	-	-	-	-	0,4	0,4
211	Häute und Felle	-	-	0,3	-	-	0,3
271	Düngemittel, roh	-	-	-	0,3	-	0,3
278	Div. Mineralien	-	-	-	-	0,2	0,2
292	Pflanzliche Rohstoffe	-	-	-	-	0,4	0,4
423	Pflanzenöle	-	0,1	-	-	0,2	0,3
522-23	Anorganische Chemikalien	-	1,0	0,1	3,4	1,9	6,4
533	Farben und Lacke	-	-	0,1	-	1,6	1,7
541	Medizin. u. pharmaz. Produkte	-	2,0	0,2	0,2	25,4	27,8
553	Kosmetika	-	-	-	-	0,1	0,1
554	Seifen, Reinigungsmittel	-	0,5	-	-	0,2	0,7
562	Düngemittel, verarbeitet	-	0,1	0,9	0,2	4,3	5,5
583	Polymerisationsprodukte	-	1,5	0,2	-	1,5	3,2
591	Pestizide	-	-	-	-	0,6	0,6
592	Stärke	-	0,8	-	-	0,1	0,9
641-42	Papier und Papierprodukte	-	1,0	-	0,1	0,4	2,6
651	Textilgarne	-	2,2	-	-	-	2,2
652-58	Textilien, div.	-	0,4	0,1	0,4	0,4	1,3
659	Bodenbeläge	-	-	-	-	0,5	0,5
661	Kalk, Zement	-	2,6	0,5	0,1	4,7	7,9
662	Tonerde	-	-	-	-	0,1	0,1
664-65	Glas und Glaswaren	-	0,2	0,3	0,8	0,2	1,5
673	Eisen- und Stahlformen	-	0,3	-	-	-	0,3
678	Eisenrohre	-	5,3	-	-	-	5,3
697	Haushaltswaren	-	-	0,6	-	2,9	3,5

Produkt		Israel	Syrien	Libanon	Ägypten	Saudi-Arabien	Insgesamt
728-41	Div. Maschinen	-	-	-	-	0,4	0,4
744-49	Maschinenteile etc.	-	0,3	-	-	0,4	0,7
772-73	Elektrische Schaltungen	-	-	-	-	1,4	1,4
784	Fahrzeugteile	-	-	0,2	-	0,5	0,7
812	Installationsausrüstungen	-	-	-	-	0,2	0,2
821	Möbel	-	-	-	-	1,8	1,8
842-48	Bekleidung	-	-	-	-	2,2	2,2
851	Schuhe	-	-	0,3	-	1,8	2,1
892	Druckerzeugnisse	-	-	-	-	0,1	0,1
893	Kunststoffartikel	-	-	0,2	-	1,8	2,0
-	Diverse	-	0,7	0,6	0,5	1,8	3,6
Insgesamt		-	19,0	14,3	6,0	103,1	142,4

Tab. 5.8: Jordanien - Importe aus der Region nach Ländern und wichtigen Produkten (ab 100.000 $) 1992, in Mio $

SITC	Produkt	Israel	Syrien	Libanon	Ägypten	Saudi-Arabien	Insgesamt
001	Lebende Tiere	-	1,3	-	-	-	1,3
022	Milch und Sahne	-	-	1,7	-	-	1,7
024	Käse	-	-	-	0,1	-	0,1
034	Fisch	-	-	-	0,1	0,6	0,7
042	Reis	-	-	-	10,4	-	10,4
048	Getreideerzeugnisse	-	0,1	0,2	0,2	0,2	0,7
054,56	Gemüse, frisch und konserviert	-	2,7	0,8	0,4	-	3,9
057-58	Obst, frisch und konserviert	-	0,9	5,7	10,4	0,4	17,4
061	Zucker und Honig	-	0,4	-	-	0,2	0,6
062	Süßwaren	-	-	0,1	0,4	-	0,5
071	Kaffee	-	-	-	0,1	-	0,1
073	Schokolade	-	-	-	0,1	-	0,1
075	Gewürze	-	0,9	0,2	-	-	1,1
081	Futtermittel	-	-	0,1	-	0,3	0,4
121	Tabak	-	-	-	0,4	-	0,4
211	Häute und Felle	-	-	-	0,4	0,2	0,6
222	Ölsaaten	-	0,2	0,2	0,1	-	0,5
263	Baumwolle	-	1,7	-	-	-	1,7
273	Steine und Erden	-	0,6	-	0,1	-	0,7
274	Schwefel	-	-	-	-	4,5	4,5
282	Eisen- und Stahlschrott	-	-	0,5	-	-	0,5
288	NE-Metallschrott	-	-	-	-	0,6	0,6
292	Pflanzliche Rohstoffe	-	0,6	0,7	0,2	-	1,5
334-35	Erdölprodukte	-	-	0,1	0,2	0,3	0,6
341	Naturgas	-	-	0,9	-	-	0,9
511	Kohlenwasserstoffe	-	-	-	-	0,7	0,7
522-23	Anorganische Chemikalien	-	0,3	-	0,8	5,3	6,4
541	Medizin. u. pharmaz. Produkte	-	-	0,4	1,5	0,3	2,2
553	Kosmetika	-	-	-	0,2	0,1	0,3
554	Seifen, Reinigungsmittel	-	0,2	-	4,4	-	4,6
562	Düngemittel, verarbeitet	-	-	0,3	5,3	-	5,6
583	Polymerisationsprodukte	-	-	2,5	1,6	25,7	29,8
591	Pestizide	-	-	0,2	0,2	-	0,4
592	Stärke	-	-	-	0,3	-	0,3

	Produkt	Israel	Syrien	Libanon	Ägypten	Saudi-Arabien	Insgesamt
611	Leder	-	-	-	0,3	-	0,3
641-42	Papier und -produkte	-	-	1,5	2,4	1,0	4,9
651	Textilgarne	-	-	-	0,4	-	0,4
652-53	Baumwollstoffe etc.	-	1,3	0,1	0,9	-	2,3
659	Bodenbeläge	-	1,6	-	0,3	0,1	2,0
661	Kalk, Zement	-	-	0,5	-	-	0,5
662	Tonerde	-	0,1	1,0	0,4	-	1,5
664-65	Glas und Glaswaren	-	0,6	1,9	0,9	0,2	3,6
673	Eisen- und Stahlformen	-	-	13,2	0,9	0,6	14,7
677	Eisen- und Stahldraht	-	-	0,7	0,1	0,8	1,6
678	Eisenrohre	-	-	-	1,9	0,4	2,3
682	Kupfer	-	-	-	-	4,5	4,5
684	Aluminium	-	-	1,9	2,1	0,3	4,3
685	Blei	-	-	-	-	0,2	0,2
692	Metallbehälter	-	-	-	-	2,1	2,1
696	Bestecke	-	0,3	-	0,2	-	0,2
697	Haushaltswaren	-	-	0,8	0,6	0,1	1,0
716	Elektromaschinen	-	0,5	0,4	0,3	0,1	1,2
727-28	Maschinen, div.	-	-	0,2	-	0,2	1,1
741	Heiz- und Kühlaggregate	-	0,1	0,2	0,2	1,1	1,3
743	Pumpen und Zentrifugen	-	0,1	0,1	0,3	0,2	0,3
745,49	Nichtelektrische Maschinen	-	-	2,2	-	-	0,5
772-73	Elektrische Schaltungen	-	-	1,3	0,4	0,9	1,3
786	Anhänger	-	15,1	-	0,4	-	2,2
842-48	Bekleidung	-	0,1	-	-	-	16,8
872	Medizinische Instrumente	-	-	1,3	0,4	0,2	0,5
882	Fotografische Apparate	-	0,2	0,1	0,6	0,2	1,9
892	Druckerzeugnisse	-	-	0,5	-	0,4	1,3
893	Kunststoffartikel	-	1,5	2,1	3,3	-	0,5
897	Gold, Silber, Juwelen						
-	Diverses					4,8	11,7
Insgesamt		-	31,4	44,6	55,2	57,8	189,0

enge Zusammenarbeit beim Fremdenverkehr. Gegenüber Israel dagegen - so die gegenwärtige Einstellung der Palästinenser - soll zunächst eine Politik der teilweisen Auflösung der bisherigen engen wirtschaftlichen Verflechtung betrieben werden. Hier spielt eine große Rolle, daß jordanische Wirtschaftskreise von einer ökonomischen Integration Israels und der Besetzten Gebiete schwere Nachteile für sich befürchten. Jordanien sieht Israel vor allem als potentiellen Lieferanten von Konsumgütern, die gegenwärtig ein Drittel der Einfuhren Jordaniens ausmachen.

5.2.2.5 Syrien

Syriens Wirtschaft ist noch stark zentraler Planung und Lenkung unterworfen; entsprechend wird auch der Außenhandel des Landes noch überwiegend durch staatliche Institutionen abgewickelt. Die Außenhandelsbilanz des Landes war viele Jahre negativ, wurde seit 1989 aber - im Zusammenhang mit deutlich gesteigerten Erdölexporten - sprunghaft und in beachtlichem Umfang positiv. Erst 1992 überstiegen die ausgewiesenen Importe wieder (möglicherweise im Zusammenhang mit unter "Sonstiges" enthaltenen Waffenkäufen) die Ausfuhrerlöse.

Im Jahr 1992 bestanden die **Ausfuhren** im Wert von insgesamt 1.281 Mio. US-$ (vgl. Tab. 5.1) zu 70 % aus Erdöl und Erdölprodukten, gefolgt von Baumwolle (5 %), Textilien und anderen Industriewaren (9 %) sowie Nahrungsmitteln (13 %). Bei den **Importen** (1.445 Mio. US-$) stehen Metallwaren, Maschinen und Transportausrüstung mit 48 % an erster Stelle; auf Nahrungsmittel entfielen 14 %, und der nicht weiter aufgegliederte Posten "Sonstiges" schlägt mit knapp 29 % zu Buche.

Wichtigster Markt ist die EG mit 63 % der Ausfuhren, andere arabische Länder (Algerien, Bahrain, Libanon, Katar, Marokko, Tunesien und Saudi-Arabien) folgen mit 19 %. Auch bei der Herkunft der Einfuhren stand die EG mit 36 % vorn, während auf die oben genannten arabischen Länder nur 3 % entfielen. Der große Rest verteilt sich auf die übrige Welt. Wenn vom Libanon abgesehen wird, ist dieser knapp skizzierten Außenhandelsstruktur zu entnehmen, daß sich die Handelsbeziehungen Syriens zur hier interessierenden Region noch auf einem vergleichsweise niedrigen Niveau bewegen.

In nach Produkten und Ländern aufgeschlüsselter Form liegt die **regionale Handelsverflechtung** Syriens nur für das Jahr 1990 vor (vgl. Tab. 5.9 - 5.10). Für dieses Jahr ergibt sich folgendes Bild: Die Ausfuhren in die Region liegen insgesamt mit 608 Mio. $ (14,4 % aller syrischen Exporte) vergleichsweise hoch; allerdings entfielen davon allein auf den Libanon 266 Mio. $ oder 44 % der regionalen Ausfuhr Syriens. Bei diesen wiederum haben Erdölprodukte und Nahrungsmittel mit 92 % ein sehr großes Gewicht. Etwa im gleichen Umfang wie in den Libanon exportierte Syrien nach Saudi-Arabien (270 Mio. $), wobei die Produktpalette hier schon wesentlich differenzierter ist (vgl. Tab. 5.9). Sehr gering sind demgegenüber trotz enger Nachbarschaft die Ausfuhren nach Jordanien und Ägypten (zusammen 72 Mio. $). Dies gilt auch für die Türkei (113 Mio. $ oder 2,7 %).

Sehr deutlich wird im Falle Syriens, wie sehr Agrarprodukte, Erdöl und dessen Derivate sowie Textilien in der regionalen Exportpalette des Landes dominieren. Praktisch spielt keine andere Warengruppe eine Rolle.

Äußerst schwach ausgeprägt sind die Einfuhren Syriens aus der Region; 1990 machten sie mit 86 Mio. $ gerade 3,6 % aller Importe des Landes aus. Kein regionaler Lieferant hat hier einen deutlichen Vorsprung vor dem anderen. Gering mit 184 Mio. $ (7,7 %) ist auch die Wareneinfuhr aus der Türkei.

Zur Abschätzung des syrischen Handelspotentials mit der Region im Fall von Frieden und Freihandel liegen keine aktuellen Untersuchungen vor (vgl. jedoch Kap. 8).

5.2.2.6 Libanon

Nach einem langjährigen Bürgerkrieg, der die traditionellen Wirtschafts- und Handelsstrukturen des Landes stark verändert und teilweise zerstört hat, be-

Tab. 5.9: Syrien - Exporte in die Region nach wichtigen Produkten (ab 100.000 $) und Ländern 1990, in Mio. US-$

SITC	Produkt	Israel	Libanon	Jordanien	Ägypten	Saudi-Arabien	Insgesamt
001	Lebende Tiere	-	2,4	-	-	181,7	184,1
011	Frischfleisch	-	0,3	-	-	-	0,3
022	Milch und Sahne	-	4,4	0,5	-	0,1	5,0
024	Käse	-	2,3	-	-	0,8	3,1
025	Eier, Geflügel	-	2,9	-	-	-	2,9
043	Gerste	-	-	1,2	-	-	1,2
048	Getreideprodukte	-	2,4	-	-	0,2	2,6
054-056	Gemüse, frisch und konserviert	-	76,8	8,4	13,8	11,7	110,7
057-058	Früchte, frisch und konserviert	-	28,9	0,5	-	2,8	32,2
062	Süßwaren	-	1,0	-	-	0,3	1,3
073	Schokolade	-	1,1	-	-	0,4	1,5
075	Gewürze	-	0,6	0,1	-	1,0	1,7
081	Futtermittel	-	0,5	-	-	-	0,5
111	Nichtalkoholische Getränke	-	0,3	-	-	-	0,3
121	Tabak	-	-	-	2,6	-	2,6
222	Ölsaaten	-	-	3,0	-	-	3,0
263	Baumwolle	-	1,6	4,1	0,4	1,3	7,4
271	Düngemittel, roh	-	3,4	-	-	-	3,4
273	Steine und Erden	-	0,3	0,2	-	0,1	0,6
292	Pflanzliche Rohstoffe	-	0,1	0,3	2,4	1,4	4,2
333	Erdöl, roh	-	18,1	-	-	-	18,1
334-335	Erdölprodukte	-	103,5	-	26,3	2,8	132,6
553	Kosmetika	-	0,3	-	2,0	0,8	3,1
554	Seifen und Reinigungsmittel	-	0,2	-	-	-	0,2
598	Div. chemische Produkte	-	0,4	-	-	-	0,4
642	Papier	-	0,1	-	-	0,2	0,3
652	Baumwollwaren	-	0,8	0,1	-	0,1	0,9
653	Andere Textilien	-	2,3	0,2	-	14,4	16,8
655	Strickwaren	-	1,2	-	-	3,7	5,1
656	Div. Kleintextilien	-	-	0,2	-	0,9	1,1
658	Div. Textilien	-	0,2	0,2	-	0,6	1,0
659	Bodenbeläge	-	0,1	2,1	-	0,2	2,4
661	Kalk und Zement	-	7,2	-	-	-	7,2
664	Glas	-	0,1	0,3	-	-	0,4

Produkt		Israel	Libanon	Jordanien	Ägypten	Saudi-Arabien	Insgesamt
697	Div. Haushaltswaren	-	-	0,2	-	0,9	1,1
727	Nahrungsmittelverarbeitungsmaschinen	-	-	-	-	0,7	0,7
742	Pumpen	-	-	-	-	0,1	0,1
772	Elektrische Schaltungen	-	0,1	-	-	0,3	0,4
775	Haushaltswaren	-	-	-	-	0,2	0,2
821	Möbel	-	-	-	-	0,3	0,3
842-848	Ober- und Unterbekleidung	-	0,3	1,9	-	31,3	33,5
872	Medizinische Instrumente	-	0,6	-	-	-	0,6
892	Druckerzeugnisse	-	0,1	-	-	1,0	1,1
893	Kunststoffartikel	-	0,2	-	-	0,9	1,1
-	Diverses	-	1,0	1,0	0,2	9,3	11,5
Insgesamt		-	266,1	24,5	47,7	270,5	608,8

Tab. 5.10: Syrien - Importe aus der Region nach Ländern und wichtigen Produkten (ab 100.000 $) 1990, in Mio $

SITC	Produkt	Israel	Libanon	Jordanien	Ägypten	Saudi-Arabien	Insgesamt
041	Weizen	-	-	-	4,1	-	4,1
042	Reis	-	-	-	13,0	-	13,0
043	Gerste	-	0,2	-	-	-	0,2
046	Weizenmehl	-	-	4,6	-	-	4,6
057	Früchte, Nüsse	-	-	-	-	0,2	0,2
061	Zucker und Honig	-	-	-	0,6	-	0,6
211	Häute und Felle	-	0,7	-	0,1	0,5	1,3
278	Mineralien	-	-	-	-	-	0,2
282	Eisen- und Stahlschrott	-	-	0,2	-	1,8	1,8
334	Erdölprodukte, raff.	-	0,1	-	-	0,1	0,2
341	Naturgas	-	-	-	-	3,0	3,3
423	Pflanzenöle	-	-	-	0,3	1,2	1,2
511	Kohlenwasserstoffe, Derivate	-	-	1,1	-	-	1,3
522-523	Anorganische Chemikalien	-	-	0,2	0,2	0,3	0,6
541	Medizin. u. pharmaz. Produkte	-	-	5,0	0,1	-	5,0
554	Seifen und Reinigungsmittel	-	-	0,3	-	-	0,3
562	Düngemittel, verarbeitet	-	11,1	-	-	-	11,1
582	Kondensationsprodukte	-	-	0,3	0,5	0,3	0,6
583	Polymerisationsprodukte	-	-	2,7	0,3	15,2	18,4
584	Zellulose	-	-	-	0,2	-	0,3
585	Plastikmaterialien	-	-	-	0,2	-	0,2
598	Div. chemische Produkte	-	-	-	-	-	0,2
635	Holzprodukte	-	0,1	-	-	0,1	0,1
642	Papier	-	-	0,1	-	-	0,1
651	Textilgarn	-	-	0,6	-	0,1	0,7
661	Kalk und Zement	-	-	0,2	-	-	0,2
664	Glas	-	0,8	-	-	-	0,8
665	Glaswaren	-	0,3	-	-	3,6	3,9
673	Eisen und Stahl	-	-	-	-	-	0,1
674	Eisen- und Stahlbleche	-	-	-	0,1	-	0,1
678	Eisenrohre	-	-	0,2	-	-	0,2
679	Gußeisen	-	0,2	-	-	0,1	0,3
682	Kupfer	-	-	-	-	0,5	0,5
692	Metallbehälter	-	0,2	-	-	2,7	2,9

	Produkt	Israel	Libanon	Jordanien	Ägypten	Saudi-Arabien	Insgesamt
693	Draht	-	0,2	-	-	-	0,2
699	Metallprodukte	-	-	-	-	0,8	0,8
722	Traktoren	-	-	0,2	-	-	0,2
741	Heiz- und Kühlausrüstungen	-	1,1	-	-	0,1	1,2
745,749	Nichtelektrische Maschinen	-	0,3	-	-	-	0,3
773	Elektroausrüstungen	-	0,1	-	-	0,1	0,2
784	Kfz.-Teile	-	-	-	-	0,2	0,2
812	Installationsausrüstungen	-	0,6	-	-	-	0,6
892	Druckerzeugnisse	-	0,3	-	-	-	0,3
893	Kunststoffwaren	-	-	-	-	0,2	0,2
-	Diverses	-	0,5	-	0,5	1,7	3,2
Insgesamt		-	16,8	16,2	20,2	32,8	86,0

findet sich Libanon gegenwärtig in einer Wiederaufbauphase, nach deren Abschluß[1] deutliche Veränderungen gegenüber der Vorkriegszeit zu erwarten sind. Die ehemalige Funktion des Libanon bzw. Beiruts als internationales Dienstleistungs- und Bankenzentrum wird das Land im ursprünglichen Umfang kaum wieder übernehmen können. Die Region ist inzwischen wesentlich besser als beim in den siebziger Jahren einsetzenden Erdölboom mit den notwendigen Dienstleistungen ausgestattet. Andererseits ist aber auch der regionale Absatzmarkt für Warenlieferungen größer geworden, so daß nach Abschluß des Wiederaufbaus eine etwas ausgewogenere Wirtschaftsstruktur als vor dem Bürgerkrieg zu erwarten ist. Vor allem dem Leichtindustriesektor werden gute regionale Handelschancen gegeben. Da Libanon außerdem über ein großes, auf 215.000 ha beziffertes Bewässerungspotential verfügt, von dem aktuell nur 85.000 ha genutzt werden, haben auch die Landwirtschaft und damit der Agrarexport gute Entwicklungschancen. Hier liegt zweifellos eine Konkurrenz zu Israel, den Besetzten Gebieten und Jordanien.

Libanon hat traditionell immer eine stark defizitäre Handelsbilanz gehabt, die durch den Überschuß im Dienstleistungsverkehr ausgeglichen wurde. Diese Struktur ist aktuell geblieben, hat sich aber auf Grund des mit dem Wiederaufbau verbundenen hohen Importbedarfs zunächst noch deutlich zu Ungunsten des Libanon verschlechtert. Rein auf den Warenhandel bezogen deckten im Jahr 1992 die Ausfuhren in Höhe von 987 Mio. $ die Importe (4,3 Mrd. $) nur zu 23 %. Mehr als 80 % aller zur Zeit im Libanon eingesetzten bzw. verbrauchten Konsum- und Kapitalgüter entfallen auf Importwaren.

Der **regionale Warenaustausch** im Jahr 1989 (vgl. Tab. 5.11) ist für die Gegenwart nicht mehr repräsentativ, leider standen jedoch der Datenbank der UNCTAD keine aktuelleren Angaben mit regionaler Aufschlüsselung zur Verfügung. Einem kürzlichen Bericht der Weltbank[2] können jedoch neuere Entwicklungen wie folgt entnommen werden:

---

[1] Das auf 10 Jahre - bis zum Jahr 2000 - angelegte Wiederaufbauprogramm sieht Ausgaben in Höhe von 15 Mrd. $ vor. Der rechtzeitige - evtl. sogar vorzeitige - Abschluß dieses Programms ist aber nur dann gewährleistet, wenn die dafür erforderlichen Gelder wie bisher zur Verfügung stehen.

[2] Worldbank/IBRD, Lebanon, Stabilization and Reconstruction, Vol. I und II, Washington, March 1, 1993, S. 78 ff.

Tab. 5.11: Libanon-Warenhandel mit der Region nach Ländern und wichtigen Produkten (ab 100.000 $), 1989

1. Importe

SITC	Produkt	Israel	Syrien	Jordanien	Ägypten	Saudi-Arabien	Insgesamt
011	Frischfleisch	-	-	0,2	-	-	0,2
042	Reis	-	-	-	1,4	-	1,4
048	Getreideerzeugnisse	-	-	-	0,2	-	0,2
054-55	Frischgemüse und Konserven	-	-	1,0	2,0	-	3,0
057-58	Früchte, frisch u. Konserven	-	-	0,3	-	-	0,3
061	Zucker und Honig	-	-	-	1,5	-	1,5
071	Kaffee	-	-	-	0,6	-	0,6
211	Häute und Felle	-	-	1,0	-	-	1,0
271	Düngemittel, roh	-	-	0,1	-	-	0,1
288	NE-Metallschrott	-	-	-	0,2	-	0,2
341	Naturgas	-	-	-	1,1	-	1,1
523	Anorganische Chemikalien	-	-	0,1	-	-	0,1
541	Medizin. u. pharm. Produkte	-	-	0,2	-	-	0,2
553	Kosmetika	-	-	-	0,3	-	0,3
583	Polymerisationsprodukte	-	-	0,4	-	-	0,4
651	Textilgarne	-	-	-	0,8	-	0,8
684	Aluminium	-	-	-	0,8	-	0,8
697	Haushaltswaren	-	-	-	0,4	-	0,4
723	Technische Ausrüstung	-	-	1,0	-	-	1,0
752	Datenverarbeitung	-	-	0,4	-	-	0,4
782	Lastwagen	-	-	0,4	-	-	0,4
842-48	Bekleidung	-	-	-	0,2	-	0,2
851	Schuhwaren	-	-	-	0,3	-	0,3
892	Druckerzeugnisse	-	-	-	0,1	-	0,1
-	Diverses	-	-	1,3	1,1	-	2,4
Insgesamt		-	-	6,4	11,0	-	17,4

2. Exporte

SITC	Produkt	Israel	Syrien	Jordanien	Ägypten	Saudi-Arabien	Insgesamt
044	Mais	-	-	-	1,4	-	1,4
054-56	Gemüse, frisch u. Konserven	-	-	0,2	-	22,9	23,1
057-58	Früchte, frisch u. Konserven	-	-	2,0	-	23,2	25,2
062	Süßwaren	-	-	0,2	-	1,5	1,7
073	Schokolade	-	-	-	-	0,4	0,4
081	Futtermittel	-	-	2,0	-	-	2,0
098	Eßwaren	-	-	0,3	-	-	0,3
112	Alkoholische Getränke	-	-	0,1	-	-	0,1
245	Feuerholz	-	-	0,2	-	-	0,2
248	Holz, bearbeitet	-	-	0,2	-	-	0,2
292	Pflanzliche Rohstoffe	-	-	0,8	1,6	-	2,5
334	Erdölprodukte	-	-	0,2	-	-	0,2
523	Anorganische Chemikalien	-	-	-	2,2	-	2,2
533	Farben und Lacke	-	-	0,1	-	1,1	1,2
541	Medizin. u. pharm. Produkte	-	-	0,8	-	3,5	4,3
553	Kosmetika	-	-	0,1	-	0,4	0,5
554	Seifen und Reinigungsmittel	-	-	-	-	0,5	0,5
562	Düngemittel, verarb.	-	-	0,9	-	-	0,9
583	Polymerisationsprodukte	-	-	1,5	-	-	1,5
585	Kunststoffartikel	-	-	-	-	0,2	0,2
634	Furnier-, Sperrholz	-	-	2,0	-	0,7	2,7
641-42	Papier u. Papierwaren	-	-	1,6	-	3,2	5,1
651	Textilgarne	-	-	0,6	-	-	0,6
662	Tonerde	-	-	1,0	-	3,3	4,3
665	Glaswaren	-	-	1,0	-	0,1	1,1
673-74	Eisen- u. Stahlformen	-	-	2,0	-	-	2,0
678	Eisenrohre	-	-	0,8	-	0,2	1,0
684	Aluminium	-	-	-	-	0,3	0,3
693	Draht	-	-	0,2	-	-	0,2
727-28	Maschinen	-	-	0,4	0,6	0,5	1,5
741	Heiz- u. Kühlsysteme	-	-	0,1	-	0,3	0,4
743	Pumpen und Zentrifugen	-	-	-	0,2	-	0,2
745,49	Div. nichtelektr. Maschinen	-	-	0,1	2,0	0,5	2,6
773	Elektr. Verteiler	-	-	-	2,4	0,9	3,3
775	Haushaltsausrüstungen	-	-	-	-	0,3	0,3
778	Elektromaschinen	-	-	-	-	0,1	0,1

Produkt		Israel	Syrien	Jordanien	Ägypten	Saudi-Arabien	Insgesamt
786	Anhänger	-	-	-	-	0,3	0,3
812	Installationsausrüstungen	-	-	0,3	-	1,9	2,2
821	Möbel	-	-	0,2	-	1,2	1,4
831	Reiseartikel	-	-	-	-	0,4	0,4
842-48	Bekleidung	-	-	1,4	-	15,1	16,5
851	Schuhe	-	-	0,1	-	2,9	3,0
872	Medizinische Instrumente	-	-	0,2	-	-	0,2
892	Druckerzeugnisse	-	-	2,1	0,9	0,6	3,6
893	Kunststoffartikel	-	-	-	-	0,7	0,7
897	Gold, Silber, Juwelen	-	-	0,2	-	5,6	5,8
971	Gold	-	-	0,1	-	0,5	0,6
-	Diverses	-	-	2,0	1,7	5,9	9,6
Insgesamt		-	-	26,0	13,3	99,3	138,6

Wichtigste Ausfuhrgüter waren 1991 (insgesamt 750 Mio. $) Textilien und Bekleidung mit 24 %, Nahrungsmittel mit 17 %, Metallwaren mit 11 %, Sanitärartikel und Schmuck mit jeweils 7 % und Kunststofferzeugnisse mit 6 %. Anzunehmen ist, daß die Region in der hier definierten Abgrenzung einen hohen Anteil daran hatte; allein auf Saudi-Arabien und die VAE entfielen zusammen mehr als 24 %. Die EG nahm knapp 23 % ab. Hauptlieferregion (bei Einfuhren von insgesamt 3,7 Mrd. $) war die EG mit 47 %. 11,4 % entfielen allein auf Syrien, das vermutlich auch nach abgeschlossenem Wiederaufbau ein wichtiger Handelspartner Libanons bleiben wird. Auch außenpolitisch steht Libanon fest zu Syrien, mit der Folge, daß es separate Friedensverhandlungen mit Israel (mit dem Ziel einer Freigabe der von Israel beanspruchten Sicherheitszone) ablehnt.

Im Falle eines Freihandels in der Region wurde auf der Basis der Handelsdaten von 1982 ein Handelsumlenkungspotential von Israel in den Libanon von rund 130 Mio. $ ermittelt (vor allem Maschinen, Düngemittel, Obst und Gemüse, Bekleidung)[1]. Für den Libanon nach abgeschlossenem Wiederaufbau dürfte diese Prognose jedoch nur noch einen begrenzten Aussagewert haben.

5.2.2.7. Saudi-Arabien

Die fast ausschließlich auf Erdöl (und dessen Derivaten) basierende Mono-Exportstruktur Saudi-Arabiens führt dazu, daß die Höhe seiner Exporterlöse unmittelbar von der Entwicklung des Welt-Erdölmarktes und damit des Ölpreises abhängt. Saudi-Arabien weist zwar stets eine positive Handelsbilanz aus, doch ist dies nur deshalb der Fall, weil die in den letzten Jahren enorm angestiegenen Waffenkäufe nicht in der Warenhandelsstatistik erscheinen, sondern als Dienstleistungsimport ausgewiesen werden. Erschwerend kommt zur Analyse des saudischen Außenhandels hinzu, daß das Land nur seine Importe nach Warengruppen und Herkunftsländern differenziert ausweist. Bei den Ausfuhren fehlt vor allem die regionale Aufteilung, so daß eine exakte Bestim-

---

[1] Haim Ben-Shadar, Gideon Fishelson, Seev Hirsch, Economic Cooperation and Middle East Peace, London 1989, S. 237.

mung des Regionalhandels nicht möglich ist (bzw. nur auf Grund der Importe der anderen Länder aus Saudi-Arabien abgeschätzt werden kann).

Das Warensortiment der saudischen Einfuhren ist groß, da eine Vielzahl benötigter Konsum- und Investitionsgüter nicht im Lande hergestellt wird. Importvolumen und Importstruktur unterliegen jedoch teilweisen Veränderungen in Abhängigkeit von den Erdöleinnahmen und der Durchführung bzw. dem Grad der Fertigstellung von Entwicklungsprojekten. Auch sich ändernde Konsumgewohnheiten der Bevölkerung tragen hierzu bei.

An den ausgewiesenen **Einfuhren** von 108,9 Mrd. Rial im Jahr 1991 waren Nahrungsmittel mit 13 % beteiligt, auf Textilien entfielen 8 %. Weitere wichtige Produktgruppen waren: Chemikalien (11 %), Maschinen und Elektro-Ausrüstung (19 %), Straßenfahrzeuge und Transportausrüstung (21 %), Metalle und Metallwaren (9 %) sowie Schmuck (5 %). Unter den Nicht-Erdöl-**Exporten** haben Petrochemikalien und Düngemittel eine wachsende Bedeutung. In wesentlich geringerem Umfang werden auch Metalle und Metallwaren sowie Weizen und Gemüse ausgeführt. Regional dominieren bei den Ein- und Ausfuhren die großen Industrieländer, gefolgt von den Schwellenländern in Fernost.

Die **Handelsverflechtung** mit den Staaten der hier interessierenden **Region** ist sehr gering. Importe von nur 400 Mio. $ aus der Region im Jahr 1989 (vgl. Tab. 5.12) spiegeln selbst unter Ausschluß Israels in keiner Weise das mögliche Handelspotential wider. Sie machen nur 1,9 % aller Einfuhren Saudi-Arabiens aus. In ähnlicher Größenordnung (381 Mio. $ = 1,8 %) wurden Waren aus der Türkei bezogen. Angesichts der Aufnahmefähigkeit des wachsenden saudischen Marktes und der bereits relativ differenzierten Produktionsstrukturen Ägyptens und der Türkei, aber auch Syriens und Jordaniens (von Israel ganz zu schweigen) dürfte mangelnde Wettbewerbsfähigkeit der regionalen Lieferanten in den einschlägigen Produktbereichen kaum der entscheidende Grund für dieses geringe Volumen sein. Genauere Informationen hierzu fehlen jedoch.

Aktuelle Untersuchungen zum möglichen Handelspotential Saudi-Arabiens unter Einschluß Israels liegen bislang nicht vor. Einen gewissen Aufschluß vermittelt hier jedoch Kap. 8.

Tab. 5.12: Saudi-Arabien - Importe aus der Region nach Ländern und wichtigen Produkten (ab 100.000 $) 1989, in Mio $

SITC	Produkt	Israel	Syrien	Libanon	Jordanien	Ägypten	Insgesamt
001	Lebende Tiere	-	90,2	0,1	0,8	3,7	94,8
023-24	Butter und Käse	-	0,2	-	0,6	1,6	2,4
042	Reis	-	-	-	-	0,3	0,3
048	Getreideerzeugnisse	-	-	-	0,2	1,3	1,5
054,56	Gemüse, frisch und konserviert	-	2,0	22,9	24,4	12,0	61,3
057-58	Obst, frisch und konserviert	-	4,5	23,2	5,0	23,8	56,5
061-62	Zucker, Honig, Süßwaren	-	0,1	1,5	-	0,8	2,4
073	Schokolade	-	-	0,4	-	1,4	1,9
075	Gewürze	-	0,7	-	0,1	0,4	1,2
098	Diverse Eßwaren	-	-	0,3	0,1	0,4	0,7
111	Nichtalkoholische Getränke	-	0,1	0,7	-	-	0,8
121-22	Tabak, (-waren)	-	-	-	0,8	3,9	4,7
263	Baumwolle	-	1,0	-	-	-	1,0
273	Steine und Erden	-	0,1	-	-	-	0,1
292	Pflanzliche Rohstoffe	-	0,5	0,1	-	0,6	1,2
423	Pflanzenöle	-	-	-	0,5	-	0,5
523	Div. anorganische Chemikalien	-	-	-	1,2	-	1,2
533	Farben und Lacke	-	-	1,1	2,5	-	3,6
541	Medizin. u. pharmazeut. Produkte	-	-	3,5	19,5	2,1	25,1
553	Kosmetika	-	0,1	0,4	0,1	0,6	1,2
554	Seifen, Reinigungsmittel	-	-	0,5	0,8	-	1,3
562	Düngemittel, verarbeitet	-	-	-	15,7	0,3	16,0
583	Polymerisationsprodukte	-	-	-	0,5	-	0,5
585	Div. Kunststoffe	-	0,5	0,2	0,2	-	0,9
591	Pestizide	-	-	-	0,2	0,9	1,1
592	Stärke	-	0,2	-	0,1	0,2	0,3
611-12	Leder u. Lederwaren	-	-	-	-	0,1	0,3
634-35	Holzwaren, Furnier, Sperrholz	-	-	0,7	-	0,1	0,8
641-42	Papier und Papierwaren	-	-	3,2	-	1,2	4,4
651	Textilgarne	-	-	-	0,1	0,1	0,2
652-58	Baumwoll- u. a. Textilien	-	3,2	0,8	0,2	1,0	5,2
659	Bodenbeläge	-	-	-	-	0,8	0,8
661-62	Kalk, Zement, Tonerde	-	-	3,3	0,5	-	3,8
663	Div. Mineralprodukte	-	0,1	0,1	1,6	-	1,8

Produkt		Israel	Syrien	Libanon	Jordanien	Ägypten	Insgesamt
664-65	Glas und Glaswaren	-	-	0,1	0,5	1,3	1,9
678	Eisen- und Stahlrohre	-	-	0,2	0,1	-	0,3
684	Aluminium	-	-	0,3	-	4,8	5,1
691	Div. Metallteile	-	-	0,1	0,7	0,5	1,3
693	Drahterzeugnisse	-	-	-	0,2	0,2	0,4
696	Bestecke	-	-	-	-	0,3	0,3
697,99	Haushaltswaren	-	1,4	0,2	2,3	1,1	5,0
727-28	Div. Maschinen	-	0,5	0,5	-	-	1,0
741	Heiz- und Kühlaggregate	-	-	0,3	0,1	-	0,4
742-43	Pumpen und Zentrifugen	-	0,2	-	-	-	0,2
749	Maschinenteile	-	-	0,5	0,9	0,5	1,9
772-73	Elektr. Schaltungen und Verteiler	-	-	0,9	0,5	0,3	1,7
778	Elektr. Maschinen	-	-	0,1	-	1,9	2,0
784	Kfz.-Teile	-	0,1	-	0,6	0,2	0,9
786	Anhänger	-	0,1	0,3	0,1	-	0,5
812	Installationsmaterial	-	-	1,9	0,1	0,2	2,2
821	Möbel	-	0,3	1,2	0,5	0,7	2,7
831	Reiseartikel	-	0,1	0,4	-	0,3	0,8
842-48	Bekleidung	-	16,0	15,1	1,5	1,5	34,1
851	Schuhe	-	0,3	2,9	1,4	1,2	5,8
892	Druckerzeugnisse	-	0,2	0,6	0,4	1,9	3,1
893	Kunststoffartikel	-	0,1	0,7	1,2	0,1	2,1
897	Gold, Silber, Juwelen	-	-	5,6	0,1	0,1	5,8
931	Spezielle Transaktion	-	2,5	2,8	3,2	3,5	12,0
-	Diverses	-	1,2	1,6	2,3	4,7	9,8
Insgesamt		-	126,5	99,3	92,4	82,8	401,0

Die Exporte Saudi-Arabiens liegen in regionaler Aufteilung nicht vor.

5.2.2.8 Türkei

Die Türkei könnte von ihrer Produktions- und Außenhandelsstruktur her für die Nah-/Mittelost-Region ein wesentlich wichtigerer Handelspartner sein, als dies aktuell tatsächlich der Fall ist. Im Jahr 1990 erreichten ihre Exporte in die Region 871 Mio. $ (6,7 % der Gesamtausfuhren), die Importe 948 Mio. $ (4,2 %). Die **regionalen Einfuhren** zeigen eine starke Konzentration auf Rohstoffe, chemische Produkte und Minerale/Metalle (88 %); soweit Industriewaren aus dem Nahen Osten importiert werden, stammen diese hauptsächlich aus Israel, sind allerdings auch hier vom Volumen her gering. Von Israel abgesehen zeigen die Einfuhren aus Saudi-Arabien die am stärksten differenzierte Produktpalette. Wertmäßig überwiegen mit Abstand die Erdöl- und Erdgasimporte, die 78 % der Einfuhren aus der Region ausmachen (vgl. Tab. 5.13 - 5.14).

Die **Ausfuhren des Landes in den Nahen Osten** zeigen insbesondere bei Industriewaren, aber auch bei Agrarprodukten schon ein relativ differenziertes Muster. Wichtigster Markt ist Saudi-Arabien; Israel dagegen spielt eine erstaunlich geringe Rolle - auch hier sind deshalb politische Motive nicht auszuschließen. Ein Grund für die geringe regionale Handelsverflechtung ist sicherlich die starke Konzentration der Türkei auf Europa und die Industrieländer generell. 1990 gingen 53 % der Ausfuhren in die EG und in die übrigen OECD-Länder weitere 15 %; bei den Einfuhren lagen die entsprechenden Anteile bei 42 % bzw. 22 %. Das gegenwärtige regionale Exportmuster der Türkei läßt insgesamt die Vermutung zu, daß ein verstärkter intraregionaler Handel unter Einschluß Israels nicht unbedingt nur positive Auswirkungen haben muß, sondern bei einigen Produktgruppen auch zu Lasten der Türkei gehen könnte, da die von der Türkei in die Region ausgeführten Waren vielfach auch dortselbst produziert werden und bei Freihandel zusätzliche Exportchancen hätten.

5.2.2.9 Ausblick

Zusammenfassend ist noch einmal festzustellen, daß der derzeitige regionale Warenaustausch im Nahen und Mittleren Osten nicht nur gering ist, sondern sich - von bestimmten Rohstoffen und deren Verarbeitung abgesehen - auch

Tab. 5.13: Türkei - Exporte in die Region nach wichtigen Produkten (ab 100.000 $) und Ländern (Mio. US-$), 1990

SITC	Produkt	Israel	Syrien	Libanon	Jordanien	Ägypten	Saudi-Arabien	Insgesamt
001-011	Lebende Tiere, Fleisch	-	28,1	6,7	0,2	-	137,2	172,2
023-24	Butter und Käse	-	-	-	0,1	-	1,4	1,5
025	Eier und Geflügel	-	-	0,1	0,1	-	3,0	3,2
034	Fisch	-	-	1,3	-	-	-	1,3
046	Weizenmehl	0,1	0,1	2,1	0,5	0,9	1,7	5,4
048	Div. Getreideerzeugnisse	-	-	4,5	0,9	-	8,3	13,7
054,56	Gemüse, frisch u. Konserven	1,6	0,1	6,5	12,3	21,0	28,7	70,2
057-58	Obst, frisch u. Konserven	9,8	0,4	2,7	13,8	2,3	31,7	60,7
061-62	Zucker, Honig, Süßwaren	0,4	-	0,3	0,4	0,1	1,4	2,6
073	Schokolade	-	-	0,6	-	-	2,0	2,6
075	Gewürze	0,5	-	0,2	0,1	0,1	0,4	1,3
081	Futtermittel	-	-	-	0,1	-	0,8	0,9
091	Margarine	-	24,5	2,0	-	-	0,1	26,6
098	Div. Eßwaren	-	0,6	0,1	-	-	0,3	1,0
233	Synthetischer Gummi	-	-	-	-	2,7	-	2,7
247-48	Holz und -produkte	0,1	0,2	-	0,4	0,2	0,1	1,0
263	Baumwolle	0,8	-	0,1	0,1	-	1,3	2,3
266	Synthetische Fasern	-	0,1	-	-	0,8	-	0,9
268	Wolle	-	0,1	-	-	-	-	0,1
273	Steine und Erden	1,0	0,1	0,1	-	0,1	0,3	1,6
277-78	Div. Rohstoffe	0,6	1,4	0,3	0,2	2,4	0,2	5,1
292	Pflanzliche Rohstoffe	0,7	-	-	-	0,3	0,3	1,3
334-35	Erdölprodukte	10,9	-	1,4	0,3	-	-	12,6
423-24	Pflanzliche Öle	1,2	2,0	3,3	-	-	0,3	6,8
511	Kohlenwasserstoffe	-	2,7	-	-	6,4	2,9	12,0
513-23	Div. Chemikalien	0,9	4,6	1,6	2,3	6,1	0,3	15,8
531-33	Farben und Lacke	-	0,5	0,2	0,4	1,6	1,5	4,2
541	Medizin. u. pharm. Produkte	-	-	0,3	-	-	0,4	0,7
551-54	Kosmetika, Seife etc.	-	0,7	1,4	0,4	1,1	1,5	5,1
562	Düngemittel, verarb.	-	6,5	0,5	-	-	-	7,0
582-83	Kondensations-u.Polymerisationsprodukte	0,1	3,1	0,3	0,2	5,0	2,0	10,7
584	Zellulose	-	0,3	-	0,4	0,3	-	1,0
598	Div. chemische Produkte	0,4	9,8	0,5	1,6	0,6	0,5	12,9
625,28	Gummiwaren	-	1,0	0,5	1,5	2,2	1,3	6,5

Produkt		Israel	Syrien	Libanon	Jordanien	Ägypten	Saudi-Arabien	Insgesamt
634-35	Holzprod., Furnier, Sperrholz	0,3	2,2	0,3	5,1	0,1	0,2	8,2
641-42	Papier und Papiererzeugnisse	0,2	4,0	0,3	0,4	5,4	1,6	11,9
651	Textilgarne	3,5	35,5	0,7	5,0	16,0	2,3	63,0
652-58	Textilien	4,3	0,5	0,7	3,7	9,1	20,0	38,3
659	Bodenbeläge	-	0,1	0,1	0,3	-	16,6	17,1
661-62	Kalk, Zement, Tonerde	2,3	0,5	0,1	0,2	0,2	1,8	5,1
663	Div. Mineralprodukte	0,1	0,1	0,2	0,3	-	0,3	1,0
664-65	Glas und Glaswaren	0,3	1,4	2,8	2,7	7,0	9,1	23,3
671-74	Eisen- und Stahlformen	0,1	31,0	0,7	12,9	29,1	1,4	75,2
677-78	Eisen-/Stahldraht, Rohre	0,3	13,9	0,6	4,8	0,5	0,5	20,6
682	Kupfer	-	3,4	-	-	22,0	1,2	26,6
684	Aluminium	-	7,2	0,1	1,4	0,3	2,3	11,3
692	Metallbehälter	0,6	0,1	0,1	0,4	1,8	0,3	3,3
693-96	Draht, Nägel, Werkzeuge etc.	0,1	1,1	0,1	0,2	0,2	0,9	2,6
697	Haushaltswaren	0,1	-	0,2	0,3	-	0,3	0,9
699	Div. Metalle	0,1	0,7	0,2	0,3	0,6	0,8	2,7
713-18	Elektr. Maschinen	-	0,5	0,1	0,3	0,4	0,1	1,4
721	Landwirtschaftliche Maschinen	-	1,7	0,1	0,3	0,8	0,9	3,8
724-37	Div. Maschinen	0,2	1,3	0,4	1,1	0,5	2,1	5,6
741-43	Heiz- und Kühlanlagen, Pumpen	0,2	1,0	0,6	0,8	1,7	1,5	5,8
744-49	Maschinenteile, Werkzeuge	0,2	0,3	0,3	0,3	1,4	0,6	3,1
772-73	Elektr. Schaltungen, Verteiler	-	-	-	0,6	0,3	5,4	6,3
781-84	Straßenfahrzeuge und Teile	0,1	0,4	0,1	0,2	6,3	0,7	7,8
812	Installationseinrichtungen	-	-	-	1,4	-	1,6	3,0
821	Möbel	-	-	-	-	-	1,6	1,6
842-48	Bekleidung	0,4	0,2	2,5	0,6	0,5	21,0	25,2
851	Schuhe	-	-	-	-	-	4,7	4,7
892	Druckerzeugnisse	-	-	-	-	-	0,7	0,7
893	Kunststoffartikel	0,4	0,1	0,2	-	-	2,3	3,0
-	Diverses	3,6	0,4	2,1	1,0	1,7	6,0	14,8
Insgesamt		46,5	194,5	50,7	80,9	160,1	338,4	871,1

Tab. 5.14: Türkei - Importe aus der Region nach wichtigen Produkten (ab 100.000 $) und Ländern (Mio. US-$), 1990

SITC	Produkt	Israel	Syrien	Libanon	Jordanien	Ägypten	Saudi-Arabien	Insgesamt
001	Lebende Tiere	0,3	-	-	-	-	-	0,3
042	Reis	-	-	-	-	0,6	-	0,6
054	Frischgemüse	-	-	0,1	0,2	1,3	-	1,6
057-58	Obst, frisch und konserviert	0,2	-	-	-	-	-	0,2
081	Futtermittel	-	-	-	-	-	-	0,3
211	Häute und Felle	0,1	0,3	-	-	-	-	21,1
222	Ölsaaten	-	0,3	-	2,5	-	-	0,3
263	Baumwolle	4,7	0,1	4,6	-	-	13,6	19,4
268	Wolle	-	9,8	-	-	0,2	-	2,6
271	Düngemittel, roh	-	-	-	0,9	4,9	-	24,1
274	Schwefel	-	1,9	-	22,2	-	1,7	4,6
282	Eisen- und Stahlschrott	-	-	-	-	-	4,6	1,3
288/91	Div. Rohstoffe	-	-	-	0,7	-	1,3	2,2
292	Pflanzliche Rohstoffe	1,5	-	-	-	-	1,5	1,5
333-35	Erdöl und -produkte	0,6	66,7	-	-	9,2	592,3	668,8
341	Naturgas	-	-	-	-	-	72,9	72,9
423	Pflanzenöl	-	-	-	4,9	-	-	4,9
511-12	Kohlenwasserstoffe, Alkohol	14,0	-	-	-	-	9,3	23,3
513-523	Div. Chemikalien	13,7	-	-	-	-	1,1	14,8
531-33	Farben und Lacke	0,5	-	-	-	-	-	0,5
562	Düngemittel, verarbeitet	5,7	-	-	-	-	-	7,5
582-83	Kondensate, Polymerisationsprodukte	2,0	-	-	1,6	0,2	-	11,0
591	Pestizide	1,4	-	-	-	-	9,0	1,7
598	Div. chemische Produkte	0,2	-	-	-	1,8	0,3	2,0
611	Leder	0,2	-	-	-	-	-	9,6
625	Gummireifen	2,5	-	-	-	-	9,4	2,5
642	Papiererzeugnisse	0,2	-	0,3	0,3	-	-	0,9
651	Textilgarne	1,4	0,1	-	-	10,9	0,1	11,0
652-58	Div. Textilien	0,1	0,3	-	-	5,3	0,2	5,9
661	Kalk, Zement	-	3,1	0,9	-	-	-	4,0
662	Mineralprodukte	0,9	-	-	-	-	-	0,9
671	Roheisen	-	0,3	-	-	-	-	0,3
682	Kupfer	-	-	-	-	-	3,0	3,0
684	Aluminium	0,3	-	-	-	2,1	-	2,4

Produkt		Israel	Syrien	Libanon	Jordanien	Ägypten	Saudi-Arabien	Insgesamt
695	Werkzeuge	0,3	-	-	-	-	-	0,3
699	Div. Metalle	0,2	-	-	-	-	1,8	2,0
723	Technische Ausrüstung	-	0,9	-	-	-	-	0,9
724-37	Div. Maschinen	0,3	-	-	-	-	-	0,3
741	Heiz- und Kühlaggregate	0,8	-	-	-	-	0,9	1,7
742	Pumpen, Zentrifugen	0,3	-	-	-	-	-	0,3
745,49	Maschinenteile	1,0	-	-	-	-	-	1,0
771-74	Elektrische Maschinen, Teile	1,0	-	-	-	-	0,2	1,2
821	Möbel	0,6	-	-	-	-	-	0,6
843-47	Bekleidung	0,1	-	-	-	-	-	0,1
872	Medizinische Instrumente	2,7	-	-	-	-	-	2,7
874	Meßinstrumente	0,4	-	-	-	-	-	0,4
893	Kunststoffwaren	1,1	-	-	-	-	-	1,1
898-99	Musikinstrumente etc.	-	-	-	0,4	-	-	0,4
-	Diverses	3,2	0,5	0,4	0,4	0,3	0,4	5,2
Insgesamt		62,5	84,3	6,3	34,1	36,8	723,6	947,6

noch schwergewichtig auf Produktgruppen bezieht (Agrarerzeugnisse, Textilien), bei denen alle Länder der Region schon ein bedeutsames Produktionspotential aufweisen. Auf der Basis der dreistelligen SITC-Warengruppen hat es deshalb den Anschein, als ob komplementäre Produktions- und Handelsstrukturen nur einen Teil des intraregionalen Warenverkehrs erklären; wesentlich bedeutender scheinen Substitutiveffekte und Spezialisierung innerhalb der gleichen Warengruppe zu sein. Dabei ist jedoch zu berücksichtigen, daß die dreistellige SITC-Nomenklatur noch stark zusammenfaßt. Inwieweit es sich zum Beispiel im Agrar- und Textilbereich tatsächlich um substitutive und nicht um komplementäre Produkte handelt, kann nur bei weitergehender Aufgliederung (vier- oder fünfstellig) eindeutig festgestellt werden. Anzunehmen ist, daß sich dann doch eine weitgehend komplementäre Handelsstruktur herausstellt, was allerdings auch bedeutet, daß das intraregionale Warenangebot sehr viel unterschiedlicher ist als gemeinhin angenommen.

Außerdem muß noch einmal betont werden, daß der gegenwärtige Regionalhandel selbst unter Ausschluß Israels nicht das tatsächliche Potential widerspiegelt; auf die zahlreichen dem entgegenstehenden Hemmnisse wird weiter unten noch ausführlich eingegangen. Dieses Potential erweitert sich noch erheblich, wenn von Freihandel unter Einschluß Israels und der Türkei ausgegangen wird. Hierauf geht das abschließende Kapitel 8 ausführlich ein. Selbst dann ist aber nur die potentielle Handelsumlenkung von bisherigen externen zu regionalen Bezugsquellen erfaßt, während die zahlreichen Möglichkeiten der Handelsschaffung über neue Projekte, Spezialisierung und ganz allgemein Wirtschaftswachstum in diesem Zusammenhang unberücksichtigt bleiben müssen.

5.2.3 Aspekte regionaler Zusammenschlüsse und Kooperation

Im Zusammenhang mit dem Handelspotential der Region stellt sich unmittelbar die Frage, welche organisatorische Form ein solcher zunächst unpräzise als Freihandelszone bezeichneter Raum haben könnte oder sollte. Die Weltbank diskutiert ausführlich - hier allerdings nur auf die Besetzten Gebiete bezogen - die alternativen handelspolitischen Möglichkeiten von Zollunion, Freihandel, Präferenzhandel etc. mit ihren jeweiligen Vor- und Nachteilen.[1] Diese Alternativen sind natürlich nicht nur für die IBG, sondern für die gesamte Region von essentieller Bedeutung. Eine auf die Region bezogene Untersuchung dieser Art steht noch aus, und auch die Weltbank ist noch nicht zu einem definitiven Ergebnis im Hinblick auf die IBG gekommen.

Auch in Israel findet dieser Aspekt naturgemäß große Aufmerksamkeit.[2] Diskutiert werden die Vor- und Nachteile einer Zollunion im Rahmen einer Freihandelszone oder eine noch weitergehende Wirtschaftsunion, zunächst nur auf Israel, die Besetzten Gebiete und Jordanien bezogen. Von den zur Zeit noch unrealistischen Aussichten eines so weitgehenden wirtschaftlichen Zusammenschlusses abgesehen, geht es dabei vor allem um die Frage, wie sich die Produktivitäts-, Wertschöpfungs- und Handelsgewinne einer solchen Union unter den drei Staaten verteilen würden. Die Erfahrungen anderer, inzwischen vielfach nicht mehr existenter Wirtschaftsgemeinschaften in der Dritten Welt sprechen zunächst für Nachteile des wirtschaftlich Schwächeren.

Ein Common Middle East Market kann sicherlich nur in langfristiger Perspektive geschaffen werden. Für die nähere Zukunft wahrscheinlicher sind sub-regionale Handelsblöcke, wobei sich hier vor allem Israel, Jordanien und die Besetzten Gebiete als Kerngebiet anbieten (was intensivierte Handelsbeziehungen mit den übrigen Ländern der Region natürlich nicht ausschließt). Ein solcher Zusammenschluß entspricht der gegenwärtigen israelischen Vorstellung, während die Palästinenser zunächst vor allem an eine engere Anbindung an die arabische Welt denken. Das palästinensisch-jordanische Wirtschaftsabkommen mit einem pro Jahr festgelegten und sich allmählich steigernden Handelsvolumen (s. o.) deutet an, in welche Richtung hier die Überlegungen zur Zeit gehen.

---

[1] Worldbank/IBRD, Developing the Occupied Territories, An Investment in Peace, Vol. 2: The Economy, Washington, September 1993, S. 50 ff.
[2] Vgl. Nadav Halevi u. Ephraim Ahiram: Sustaining Middle East Peace through Regional Cooperation, International Trade, Draft Paper, o. O., 1993.

Es wurde schon angedeutet, daß auf arabischer Seite - von politischen Vorbehalten abgesehen - auch rein wirtschaftliche Befürchtungen vorhanden sind, daß ein Freihandel unter Einschluß Israels sich vornehmlich zu dessen Gunsten und zu ihren Lasten auswirken würde. Bisherige Modellrechnungen haben zwar gezeigt, daß eine enge regionale Kooperation unter Einschluß Israels zunächst vor allem dessen Exporte steigern würde. Effektiv profitiert aber jedes Land der Region von einer solchen Entwicklung, da Israel nur dann exportieren kann, wenn es besser und preiswerter ist als die bisherigen Lieferanten. Außerdem wirkt sich das eigentliche Potential einer solchen Entwicklung erst in der Zukunft aus, wenn sich über Kooperationen der verschiedensten Art das Schwergewicht von Handelsumlenkung auf Handelsschaffung verlagert. Auch sollte Israel im Rahmen eines Freihandels nicht überschätzt werden. Es ist nicht zu erwarten, daß die arabischen Märkte von einer Flut "billiger" israelischer Produkte überschwemmt werden. Die Stärke der israelischen Industrie liegt im Hochtechnologiebereich (medizinische und optische Instrumente, Diamanten, qualitativ hochwertige Apparate und Ausrüstungen). Wer als Bezugsquelle in Frage kommt, entscheidet zwar grundsätzlich der Preis. Mitarbeiter der UNCTAD vertreten hier aber auch den Standpunkt, daß sich die Araber auf Grund ihres finanziellen Potentials nicht unbedingt nach regionalen Kostenvorteilen richten müssen, sondern sich wie in der Vergangenheit auch anders orientieren können. Ob diese Ansicht - von politischen Motiven abgesehen - stichhaltig ist, sei allerdings dahingestellt; der niedrige Ölpreis und die hohen Verteidigungslasten haben auch den finanziellen Spielraum der ölreichen Golfstaaten in den letzten Jahren stark eingeschränkt.

Politisch wäre es von Israel weise, den Mashrek-Ländern in ähnlicher Weise einen asymmetrischen Freihandel anzubieten, wie dies Europa Israel gegenüber in den siebziger und achtziger Jahren getan und von dem Israel profitiert hat. Mit Realisierung der Zollunion EG - Türkei ab 1996 werden die Mashrek-Länder zollfreien Zugang auch zum türkischen Markt haben. Wenn ein teilentwickeltes Land wie die Türkei einen solchen Schritt gehen kann, dann sollte dies Israel erst recht und als Zeichen guten Willens möglich sein. Außerdem werden Westeuropa und die USA für Israel ohnehin die wichtigsten Partner bleiben. Die EG und Israel streben zur Zeit engere politische und wirtschaftliche Beziehungen an, die weit über das bestehende Freihandelsabkommen hinausreichen. Aus EG-Sicht steht dabei die graduelle Einführung der Dienstleistungsfreiheit und eine intensivere Forschungszusammenarbeit im Vordergrund. Israel ist zusätzlich an einer Ausweitung seines Agrarhandels sowie am Export von verarbeiteten landwirtschaftlichen Erzeugnissen interessiert - ein Gebiet, auf dem die EG verständlicherweise noch sehr zurückhaltend ist. Ferner streben beide Seiten eine Vereinheitlichung der Ursprungsregeln und Erleichterungen im Textilhandel an.

Eine sehr enge Zusammenarbeit nicht nur auf politischem Gebiet streben Libanon und Syrien an. Am 16. September 1993 schlossen beide Länder einen Vertrag über wirtschaftliche und soziale Kooperation, der erklärtermaßen die Schaffung eines Gemeinsamen Marktes zum Ziel hat.

Von den unmittelbaren Handelsmöglichkeiten in der Region abgesehen, werden heute zunehmend auch mittel- bis langfristige industrielle und infrastrukturelle Großprojekte diskutiert. Einige dieser Vorhaben sollen nachstehend kurz angesprochen werden.

Erwähnt wurde bereits die mögliche gemeinsame Ausbeutung der Kalisalze und Phosphate am Toten Meer durch Israel, die Besetzten Gebiete und Jordanien. Das Kanalprojekt vom Roten zum Toten Meer würde nicht nur den durch Bewässerungsflächen stetig verringerten Zulauf des Jordan in das Tote Meer ausgleichen, sondern das Gefälle zum einige hundert Meter unter dem Meeresspiegel liegenden Toten Meer könnte dabei auch der Elektrizitätserzeugung dienen. Auf israelischer Seite liegen Pläne für einen Stromleitungsverbund mit Ägypten, die Besetzten Gebiete und Jordanien vor, in denen das Kanalprojekt integriert werden könnte. Ägypten hat einen erheblichen Überschuß an Erdgas, der bislang abgefackelt wird, über eine Rohrleitung durch den Sinai aber auch Israel und dessen Hinterland mit preiswerter Energie versorgen könnte. Katar hat sich bereits bereiterklärt, Israel über ein über Eilat zu verlegendes Rohrleitungsnetz mit Erdgas zur Energieversorgung und für die israelische petrochemische Industrie zu beliefern. Israel und Ägypten verhandeln über den Bau einer gemeinsamen Erdölraffinerie im Sinai. Die Möglichkeit eines gemeinsamen Ausbaus der Düngemittelindustrie wurde schon angesprochen. Palästinensische Investoren planen angesichts der großen in der Region zu erwartenden Bauvorhaben die Errichtung einer Zementfabrik in Hebron.

Verkehrstechnisch hatten Israel und die Besetzten Gebiete ursprünglich den Kern des Verkehrsnetzes im Mittleren Osten gebildet und könnten hierzu wieder werden. Die PLO denkt an einen Tiefwasserhafen in Gaza in Verbindung mit einem Erdölterminal (der über Rohrleitungen vom Golf versorgt würde), petrochemischen Anlagen und einer Industrie-Freihandelszone. Nachgedacht wird auch über eine Modernisierung der 1948 stillgelegten Bahnlinie, die Kairo mit Haifa verbindet. Hinzu kommen zahlreiche Vorstellungen über weitere Straßen- und Brückenbauten.

Selbst diese nur unvollständig wiedergegebenen Projekte und Projektideen erfordern einen ungewöhnlich hohen Kapitalaufwand, der trotz erheblicher internationaler Hilfszusagen zu wesentlichen Teilen auch aus der Region selbst kommen muß. Berechnungen haben ergeben, daß eine Reduzierung der Militärhaushalte im Nahen und Mittleren Osten um 25 - 50 % und die produktive Investition dieser Ersparnis das Wirtschaftswachstum in der Region verdoppeln würde.[1] Es stellt sich deshalb die Frage, wie realistisch eine solche Möglichkeit nach einem allfälligen Friedensschluß tatsächlich ist.

Tatsache ist, daß bisherige Analysen und Prognosen eine solche Entwicklung zumindest mittelfristig für wenig wahrscheinlich halten. Bei Israel, das sein Militärbudget in den letzten Jahren schon kürzen mußte, um neue Arbeitsplätze für Immigranten zu schaffen, wird sogar eher während der mit den Palästinensern vereinbarten fünfjährigen Übergangsperiode mit einem Anstieg der Verteidigungslasten gerechnet als Folge der notwendigen Umgruppierung und Modernisierung der Streitkräfte. Auch bei Syrien, das sein Verteidigungsbudget schon seit 1988 deutlich zurückgeführt hat, spricht nicht nur das große gegenseitige Mißtrauen gegen eine solche Entwicklung. Bisher beim Aufbau seines militärischen Potentials finanziell von den Golfstaaten unterstützt, wird in Zukunft mit einem Rückgang derartiger Hilfeleistungen angesichts der angespannten finanziellen Lage auch in den Ölländern gerechnet. Diesen Ausfall wird Syrien zumindest zum Teil mit eigenen Mitteln ausgleichen wollen, so daß auch hier eine Entlastung des Haushalts kaum zu erwarten ist. Bei Ägypten schließlich geht man davon aus, daß dieses Land die Rolle eines

---

[1] Vgl. Simcha Bahiri u. Samir Huleileh (Eds.): Peace Pays, Palestinians, Israelis and the Regional Economy, Jerusalem 1993.

regionalen Wachhundes beibehält, wobei allerdings vorausgesetzt wird, daß ein wachsender Teil der Verteidigungslasten Ägyptens von den Golfstaaten und den USA getragen wird.

Von einer baldigen Haushaltsentlastung durch Kürzung der Militäraufwendungen in der Region kann deshalb vermutlich in den kommenden Jahren in spürbarer Weise nicht ausgegangen werden.

6. TARIFÄRE UND NICHT-TARIFÄRE HEMMNISSE IM INTRAREGIONALEN WARENVERKEHR

6.1 Regionale Hemmfaktoren im Überblick

Die bisherigen Fehlschläge, den intraregionalen Handel in der Nah-/Mittelost-Region zu beleben (vgl. auch Kap. 2), sind auf zahlreiche Faktoren zurückzuführen. Ein Grund ist der Unterschied im Entwicklungsniveau, der bei stärkerem Freihandel die Gefahr einer Polarisierung der Vorteile in sich birgt. Ein anderer Grund liegt in unterschiedlichen Wirtschaftssystemen (insbesondere Syrien gegenüber den anderen Staaten der Region) und der generell verfolgten Handelspolitik, die bilateralen Vereinbarungen den Vorzug vor multilateralen gibt. Die Tatsache, daß die Staaten der Region in sehr unterschiedlicher Weise bilaterale und multilaterale Handelsabkommen mit anderen Ländern bzw. Handelsblöcken oder Ländergruppen abgeschlossen haben, führte zumindest im tarifären Bereich zu einer sehr differenzierten Anwendung von Zollsätzen und ähnlichen Abgaben. Tarifäre und nicht-tarifäre Handelshemmnisse, die trotz aller Bekenntnisse zur Liberalisierung weiter existieren, spiegeln auch nationale Schutzinteressen und ähnliche Produktionsschwerpunkte wider. Eine große Rolle spielt die sich meist nur auf wenige Produkte beschränkende Exportstruktur, verbunden mit traditionell nach außen (und nicht auf die Region) ausgerichteten Wirtschaftsbeziehungen.

Hindernisse institutioneller Natur schließen unzureichende Handelsfinanzierungsmöglichkeiten, Transportengpässe, voneinander abweichende Zoll-Nomenklaturen und Handelsformalitäten sowie eine unterschiedliche Handelsorganisation (Staatshandel versus Privathandel) ein. Nicht zuletzt schließlich haben die in der arabischen Welt immer wieder auftauchenden politischen Differenzen und die instabilen politischen Verhältnisse generell einen stark behindernden Einfluß auf den regionalen Warenaustausch gehabt. Die gemeinsame Front gegenüber Israel und unterschiedliche Parteinahmen beim ersten (Irak - Iran) und zweiten (Irak - Kuwait) Golfkrieg führten zu immer wieder neuen Abgrenzungen und zum Abbruch bereits etablierter Handelsbeziehungen.[1]

Die in der Region zum Tragen kommenden Maßnahmen zur Kontrolle des Handels sind außerordentlich vielseitig. Teilweise handelt es sich um Hemmnisse, die gezielt den Warenaustausch einschränken sollen, teils sind es Faktoren, die den Handel zwar erheblich erschweren, aber nicht ausdrücklich zu diesem Zweck eingeführt worden sind.

Für die angesprochenen politischen Hemmnisse gilt, daß sich diese nicht nur im Handelsboykott gegenüber Israel und seit dem letzten Golfkrieg auch gegenüber dem Irak (sowie teilweise Jordanien/Besetzte Gebiete) äußern, sondern daß auch zahlreiche der im folgenden Abschnitt behandelten rein wirtschaftspolitischen Erlasse und Verfahren einen politisch gefärbten Hintergrund haben können. Vielfach ist nicht klar zu unterscheiden, ob eine bestimmte Maßnahme vor allem politisch motiviert ist, ob sie primär dem Zweck eines Schutzes der eigenen Produktion oder aber der Erzielung von Einnahmen (bei Zöllen und Abgaben) für den Staat dient.

6.2 Wirtschaftspolitische Hemmnisse

Neben Zöllen und anderen Abgaben beim Grenzübertritt, wie fiskalische Gebühren, Steuern und meist temporäre Ergänzungsabgaben, stellen vor allem die nicht-tarifären Handelshemmnisse (NTBs) eine hohe Barriere dar. Während sich Zölle und andere Gebühren relativ leicht quantifizieren lassen, sind NTBs in ihrer handelshemmenden Wirkung außerordentlich schwer zu messen. Sie schließen quantitative Importrestriktionen wie Lizenzen, spezielle Im-

---

[1] Auch von diesen Großkonflikten abgesehen gibt es viele Grenzstreitigkeiten zwischen den arabischen Ländern. Zwischen Ägypten und dem Sudan herrscht Spannung wegen des Hala'ib-Gebiets, Saudi-Arabien und Jemen haben das ungelöste Problem des Asir-Gebiets, zwischen Bahrain und Katar herrscht Unklarheit über die Zugehörigkeit einiger kleiner Inseln usw. Auch Streit über die gemeinsame Nutzung von Ressourcen kann zu Mißstimmung und Problemen führen, wie z. B. zwischen der Türkei, Syrien und Irak Mitte der achtziger Jahre, als man sich nicht über die gemeinsame Nutzung des Euphrat-Wassers einigen konnte.

portgenehmigungen und Quoten ebenso ein wie vollständige oder zeitweise Importverbote für bestimmte Produkte. Andere Maßnahmen sind finanzieller Art, wie zum Beispiel die Hinterlegung von Import-Depositen, Devisenbeschränkungen, Preiskontrollen, Qualitäts- und Verpackungsvorschriften. Bei Importmonopolen durch staatliche Handelsgesellschaften ist jede Einfuhr unmittelbar dem staatlichen Gutdünken unterworfen. Andere Maßnahmen sind in einem solchen Ausmaß bürokratischer Natur, daß sie einen grenzüberschreitenden Handel aus Kostengründen oder auf Grund der leichten Verderblichkeit der Ware unmöglich machen. Nicht alle NTBs sind jedoch restriktiv; exportfördernde Maßnahmen wie Baranreize, Subventionen, steuerliche Vergünstigungen sollen den Handel stimulieren und das Produkt auf dem Auslandsmarkt wettbewerbsfähig machen.

Eine Zusammenstellung der verschiedenen im Warenhandel zur Anwendung kommenden nicht-tarifären Maßnahmen befindet sich im Anhang (Tab. A 9). Auf die hier interessierende Region bezogen kann generell gesagt werden, daß neben Zöllen und anderen Abgaben praktisch alle diese Maßnahmen - wenn auch von Land zu Land und von Produktgruppe zu Produktgruppe unterschiedlich - zur Anwendung kommen. Das Muster der entsprechenden Handelshemmnisse ist jedoch nach Land und Produkt so differenziert, daß eine detaillierte produktbezogene Erfassung im Rahmen dieser Studie nicht möglich ist.[1] In den nachfolgenden Tabellen wurden die handelsrelevanten Einfuhrregelungen und Exportförderungsmaßnahmen insoweit zusammengestellt, wie Informationen verfügbar waren und partielle Detailangaben nicht den hier möglichen Rahmen sprengten. Jeweils vorangestellt ist ein kurzer Text, der die wichtigsten Grundelemente zusammenfaßt. Am Schluß folgt eine Gesamtbewertung im Hinblick auf den regionalen Warenhandel.

---

[1] Hier spielt auch eine Rolle, daß sich viele Länder hinsichtlich ihrer NTBs sehr bedeckt halten und es kaum offizielle oder internationale Übersichten dazu gibt. Dies gilt insbesondere für die Länder der Region, die nicht GATT-Mitglied und somit zu keinerlei Offenlegung verpflichtet sind.

Israel

Israels Außenhandelsregime ist in den letzten Jahren stetig liberalisiert worden. Bereits vorgenommene Zollsenkungen werden im Rahmen eines vereinbarten Stufenplans weitergeführt, bis spätestens ab 1998 für alle Produktgruppen (ausgenommen Agrarerzeugnisse) weitgehender Freihandel erreicht ist. Tarifäre Handelshemmnisse spielen damit eine immer geringere Rolle. Die Einfuhren sind - von nur wenigen Ausnahmen abgesehen - lizenzfrei, oder aber Lizenzen werden auf Antrag automatisch erteilt. Die Freihandelsabkommen Israels mit der EG, den USA und den Efta-Ländern bewirken, daß sich der allgemeine Zolltarif nur auf einen begrenzten Länderkreis - nämlich Asien, Lateinamerika und Osteuropa - bezieht. Die früher außerhalb der drei Handelsblöcke EG, USA und Efta geltenden quantitativen Importrestriktionen wie auch andere administrative Beschränkungen wurden 1991 aufgehoben und durch Zölle ersetzt. Der Import unterliegt keinerlei Devisen- oder Wechselkursbeschränkungen.

Handelsbarrieren bestehen heute vor allem noch für die meisten landwirtschaftlichen Produkte in Form von quantitativen Einfuhrbeschränkungen, Zöllen und kompensatorischen Abgaben. Ein gewisses Importhemmnis stellen auch Standards und Normen dar, die Israel mit denen der EG harmonisieren will.

Israel ist Mitglied des GATT und der TIR Customs Convention.[1]

Viele Exportproduktionen Israels (nicht nur im Agrarbereich über z. B. subventioniertes Wasser) werden über direkte und indirekte Subventionen gefördert und damit für den Weltmarkt wettbewerbsfähiger gemacht. Exportkredite, Kreditgarantien und Exportrisikoversicherungen geben der Ausfuhrwirtschaft einen stabilen finanziellen Rahmen.

---

[1] Bei der TIR Customs Convention handelt es sich um eine Vereinbarung, nach der Frachten internationale Grenzen mit Mitgliedsnationen überschreiten dürfen, ohne daß die Fracht am Grenzpunkt für Zoll- und Kontrollzwecke entladen und untersucht werden muß.

Tab. 6.1: Israel: Handelsrelevante Einfuhrregelungen

Wechselkursregime/ Devisenverfügbarkeit	Import-Lizenzierung	Zolltarifliche Regelungen	Nicht-tarifäre Handelshemmnisse/Exportförderung
Devisen für autorisierte Importe werden automatisch zur Verfügung gestellt. Weiterer Abbau der Devisenkontrollen vorgesehen. In 1994 wird mit Abwertung von 8 % zwecks Exportankurbelung gerechnet.	Importe mit nur wenigen Ausnahmen frei von Lizenzen, administrativen oder quantitativen Restriktionen. Die Ausnahmen betreffen Militärimporte und landwirtschaftliche Güter. Fleischimport unterliegt staatlicher Beschaffung. Bis Sept. 1994 sind noch (automatisch gewährte) Importlizenzen für Textilien, Bekleidung, Schuhe, Sperrholz und Düngemittel erforderlich.	Israel ist Mitglied des GATT. Der Durchschnittszoll lag 1991 bei 8,6 %. Auf alle Einfuhren (und Inlandsproduktion) wird eine MwSt von 17 % erhoben. Freihandelsabkommen mit EG 1975, USA 1985 und Efta 1992 (gültig ab Jan. 93). 1992 Normalisierung der bilateralen Handelsbeziehungen mit China. Gegenwärtig mit EG ein bilaterales Assoziationsabkommen in Verhandlung, das weit über das bestehende Freihandelsabkommen mit Industriegütern hinausreicht. Im lfd. Liberalisierungsprogramm liegen Zolltarife noch bei 20 bis 75 % (Ausnahme: Textilien und Holz bis 110 %). Lt. Programm in den nächsten 5 bis 7 Jahren Reduzierung auf 8 bis 12 %. Agrarprodukte sind vom Liberalisierungsprogramm ausgenommen. Ab 1998 weitgehend Freihandel. Zölle dann: Rohmaterial 8 %, Zwischen- und Endprodukte 12 % (betrifft nicht Agrarprodukte!). Die aus Haushaltsgründen erhobene zusätzliche Importabgabe von z. Z. 2 % soll bis Ende 1994 um 1 % reduziert werden. Zollfrei sind die meisten Grundnahrungsmittel, Rohmaterialien und Maschinen für Landwirtschaft und Industrie. Die höchsten Zollsätze betreffen Luxus-Nahrungs- und Konsumgüter sowie Fertigwaren, die auch lokal produziert werden. Die noch in Kraft befindlichen Zölle beziehen sich hauptsächlich auf Länder, mit denen kein Freihandelsabkommen besteht (d. h. Asien, Lateinamerika, Osteuropa). Anti-Dumping-Law wurde 1977 erlassen, um lokale Hersteller vor unfairem ausländischen Wettbewerb zu schützen (Zusatzabgabe auf Importgüter, wenn deren Ex-Fabrik-Großhandelspreis im Herkunftsland höher ist als der Importpreis).	Alle administrativen Importbeschränkungen wurden am 1.6.1991 aufgehoben und durch Zölle ersetzt. Handelsbarrieren bestehen noch für die meisten landwirtschaftlichen Produkte in Form von quantitativen Importrestriktionen, Zöllen und kompensatorischen Abgaben. Importgüter werden durch die Art der Berechnung einer höheren Verbrauchsteuer unterworfen als lokale Produkte. Eine Reihe von Standards und Normen stellt Importhemmnisse dar (Elektroartikel, Kfz-Ersatzteile, Baustoffe etc.). Einfuhr kann untersagt werden, wenn nicht den Standards entsprechend. Importe von Nahrungsmitteln, Medikamenten und bestimmten anderen Produkten unterliegen bestimmten Kennzeichnungsvorschriften. Grundsätzlich sollen jedoch Standards nicht als Instrument zur Importverhinderung verwandt werden. Absicht, die israelischen Standards mit denen der EG zu harmonisieren. Zahlreiche Handelshemmnisse gegenüber den Besetzten Gebieten (siehe dort). Israel ist Mitglied der TIR Customs Convention.

Jordanien

Über Zölle und nicht-tarifäre Maßnahmen verfolgt Jordanien grundsätzlich eine protektionistische Politik zum Schutz der eigenen Industrie und des Agrarsektors. Alle Einfuhren bedürfen einer Importlizenz. Allerdings wurden in den letzten Jahren zahlreiche quantitative Restriktionen aufgehoben und durch Zölle ersetzt und diese sukzessive gesenkt. Zölle stellen aber immer noch eine wesentliche Einfuhrbelastung dar und mußten angesichts der nach dem Golfkrieg besonders schwierigen Wirtschaftslage des Landes noch temporär mit einer Zusatzabgabe zur Verringerung des staatlichen Haushaltsdefizits belegt werden. Bei fortschreitender wirtschaftlicher Gesundung und Stabilisierung steht Jordanien jedoch grundsätzlich einer Marktöffnung für ausländische Produkte positiv gegenüber; hierzu hat es sich ausdrücklich im Rahmen des strukturellen Anpassungsprogramms von Weltbank/IMF verpflichtet.

Im Außenhandel sind Barter-Agreements häufig; sie werden vorzugsweise in Verbindung mit dem eigenen Phosphatexport eingesetzt. Der intraregionale Handel mit den arabischen Nachbarn wird überwiegend über sogenannte Protokolle abgewickelt, die Art, Mengen und Austauschverhältnis der gehandelten Waren festlegen. Mit der EG besteht ein Handelspräferenzabkommen. Besondere Handelshemmnisse bestehen gegenüber den von Israel besetzten palästinensischen Gebieten (siehe dort).

Jordanien ist kein GATT-Mitglied, gehört aber der TIR Customs Convention an.

Die Importfinanzierung bedarf einer Genehmigung durch die Zentralbank. Je nach Produkt werden Importdepositen in Höhe von 20 bis 70 % des Import-Warenwertes verlangt.

Zur Exportförderung gibt es seit 1989 eine Reihe von Initiativen: so die Zoll- und Steuererstattung auf importierte Inputs, eine Vereinfachung der administrativen Prozeduren sowie nicht zuletzt eine Verbesserung der Exportfinanzierung.

Tab. 6.2: **Jordanien: Handelsrelevante Einfuhrregelungen**

Wechselkursregime/ Devisenverfügbarkeit	Import-Lizenzierung	Zolltarifliche Regelungen	Nicht-tarifäre Handelshemmnisse/Exportförderung
Permits für Währungstransaktionen und Importzahlungen durch Zentralbank	Alle Einfuhren bedürfen Importlizenz, ausgenommen, wenn spezielle Übereinkunft besteht (z. B. Agrarprodukte aus Nachbarländern).	Jordanien ist kein GATT-Mitglied.	Grundsätzlich wird eine protektionistische Politik zum Schutz der eigenen Industrie durch Zölle und NTBs verfolgt. Zahlreiche quantitative Restriktionen wurden im Zeitraum 1989 - 92 aufgehoben.
Lieferantenkredite bedürfen Zentralbankgenehmigung; wird nur für notwendige Einfuhren erteilt.	5 % Lizenzgebühr auf c&f-Wert.	Alle Importe exkl. lebende Tiere, bestimmte Agrarprodukte, chemische Grundstoffe, pharmazeutische Erzeugnisse, Düngemittel und bestimmte Spinnstoffe unterliegen Zöllen und verschiedenen Zusatzabgaben.	Exporte unterliegen grundsätzlich keinen Steuern und sind auch nicht Gegenstand besonderer Restriktionen.
Import-Depositen 20 % für Maschinen, Rohmaterialien und Grundnahrungsmittel; 30 % für Medikamente, agrarische Inputs und Regierungsimporte; 60 % für Importe in Freihandelszonen; 70 % für alle anderen Güter.	Barter-Arrangements sind häufig, insbesondere bei Phosphatexport. Countertrade-Abkommen mit verschiedenen Regierungen, z. B. Türkei. Offizielle Praxis, mit EL reziproken Handel (inkl. Phosphate) zu ermutigen.	Unter Anhebung des Minimumtarifs wurde der Durchschnittszoll auf 25 % reduziert. Spanne jetzt: 1 bis 5 % auf Rohmaterialien und Maschinen, 25 - 80 % auf daurerhafte Konsum- und Luxusgüter (PKWs bis 300 %). Alle Importe unterliegen einer zusätzlichen temporären Abgabe (surcharge) zur Verringerung des staatlichen Haushaltsdefizits.	Zur Exportförderung gibt es seit 1989 eine Reihe von Initiativen: Zoll- und Steuererstattung auf importierte Inputs, Vereinfachung der administrativen Prozeduren, Verbesserung der Exportfinanzierung sowie der Investitionsanreize im allgemeinen.
		Zollbefreiung, wenn Rohmaterial für Exportprodukt und mindestens 40 % local content.	Z. Z. auch noch zahlreiche Importbeschränkungen und Hemmnisse gegenüber Palästina. Wirtschaftsabkommen sieht Freihandel zwischen Jordanien und den IBG vor, dessen Volumen zunächst 150 Mio. $ p. a. nicht überschreiten soll.
		Importe in Zollfreizonen (Akaba, Zerqa, Queen-Alia-Flughafen) sind abgabenfrei.	Besondere Importvorschriften bei Nahrungsmitteln und Pharmazeutika (Gesundheitsvorschriften).
		Im Rahmen IMF Strukturanpassungsprogramm hat sich Jordanien zum Abbau von Zollschranken verpflichtet. Land steht grundsätzlich einer Marktöffnung für ausländische Produkte positiv gegenüber.	Handelsembargo gegenüber Irak.
		Mit EG Abkommen 1976: zahlreiche Zollermäßigungen bei EG-Importen für Erzen, Agrar- und Industrieprodukten. Rohstoffe (Inkl. Phosphate) sind zollfrei.	Jordanien ist Mitglied der TIR Customs Convention (Vereinbarung, nach der Frachten internationale Grenzen von Mitgliedsnationen überschreiten dürfen, ohne daß Fracht am Grenzpunkt für Zollzwecke entladen und untersucht werden muß).
		Intraregionaler Handel auf Grund bilateraler Handelsvereinbarungen mit arabischen Nachbarn (Ägypten, Syrien, Libanon, Jemen, Sudan) über Protokolle, die Art, Mengen und Austauschverhältnis festlegen.	

Besetzte Gebiete

Zur Handelsproblematik der Besetzten Gebiete (IBG) informiert ein gesondertes Kapitel (vgl. 4) ausführlich, auf das an dieser Stelle verwiesen wird. Von Israel besetzt, waren die IBG bislang nicht in der Lage, eine eigene Handelspolitik zu betreiben. Effektiv gerieten die IBG im Laufe der Jahre immer stärker in die Zwangsjacke israelischer und jordanischer Handelsrestriktionen, zu denen nach dem Golfkrieg noch eine zumindest temporäre Abwendung der reichen arabischen Ölstaaten hinzukam. Fast alle Handelsbeziehungen mit Drittländern mußten über israelische Agenten abgewickelt werden. Erst in jüngster Zeit wurde es möglich, auch direkt zu exportieren und unmittelbare Handelsbeziehungen vor allem mit den EG-Ländern anzuknüpfen.

Das regulatorische Handels- und Besteuerungssystem Israels hatte schwerwiegende Auswirkungen auf die Wettbewerbsfähigkeit und die Produktionsstruktur der IBG. Die drei wichtigsten Handelshemmnisse, die von IBG-Geschäftsleuten aktuell genannt werden, sind Kapitalmangel, Liquiditätsengpässe auf Grund der von Israel verlangten Einkommensteuervorauszahlungen und die Lizenzprozeduren für neue Betriebe. Im Rahmen des gegenwärtigen Systems war deshalb für die IBG-Geschäftsleute die Option des Subcontracting eine oft dem direkten Export vorzuziehende Alternative, soweit es Industriewaren betraf. Agrarexporte nach Israel und Jordanien waren nur im Rahmen eines dort nicht gedeckten Restbedarfs möglich, und im letztgenannten Fall durch Umladekosten, Doppelbesteuerung und die Kosten der Sicherheitsinspektionen vielfach unrentabel. Bei industriellen Produkten diskriminierte Jordanien Unternehmen, die erst nach 1967 in der West Bank gegründet worden waren, um auf potentielle Investoren Druck auszuüben, nicht dort, sondern in der East Bank zu investieren.

Eigenständige, den Handel fördernde Institutionen fehlen in den IBG bislang oder sind nicht effizient genug. Hierauf wird im Kapitel 4.4 ausführlicher eingegangen.

Zukunftsüberlegungen der IBG nach dem Friedensschluß der PLO mit Israel sehen eine enge wirtschaftliche Kooperation mit Jordanien und darüber hinaus der arabischen Welt unter zumindest temporärer Ausgrenzung Israels vor.

Ob eine solche Strategie sinnvoll ist und tatsächlich durchgesetzt werden kann, ist eine andere Frage, deren Beantwortung weitgehend davon abhängen wird, inwieweit Israel bereit ist, seinen bilateralen Handel mit den IBG zu liberalisieren.

Ägypten

Im Rahmen des seit einigen Jahren durchgeführten und von IMF/Weltbank unterstützten strukturellen Anpassungsprogramms ist das früher sehr rigide Außenhandelsregime Ägyptens in den letzten Jahren schon wesentlich liberalisiert worden, und weitere Schritte auf diesem Weg sind vorgesehen. Die Zölle wurden spürbar gesenkt und für einige Produkte ganz abgeschafft. Auch die Importlizenzierung wurde formal schon 1986 aufgehoben und durch eine Negativliste von Produkten ersetzt, die nur unter bestimmten Voraussetzungen und in bestimmten Mengen eingeführt werden dürfen. Die Zahl der hiervon betroffenen Produkte wird laufend reduziert. Das gleiche gilt für Exportverbote, von denen seit Mitte 1992 nur noch sechs Produkte betroffen sind. Signifikante nicht-tarifäre Handelshemmnisse gegenüber Importen bestehen nicht. In bestimmten Produktbereichen wirken jedoch staatliche Genehmigungserfordernisse und Qualitätskontrollen hinderlich.

Obwohl Countertrade-Vereinbarungen nicht speziell ermutigt werden, sind zumindest in den achtziger Jahren eine Reihe solcher Vereinbarungen getroffen worden, die teilweise auch Länder der Region betreffen (vgl. Tab. 6.4), mit denen bilaterale Handelsabkommen bestehen und jährliche sogenannte Protokolle vereinbart werden.

Ein Zollpräferenzabkommen besteht mit der EG; mit Indien und dem ehemaligen Jugoslawien wurde das sogenannte Tripartite Agreement abgeschlossen. Kaum reale Auswirkungen hat bislang der 1989 zwischen Ägypten, Irak, Jordanien und Jemen gegründete Arab Cooperation Council (ACC). Trotz anderslautender Ziele und Absichtserklärungen bestehen auch noch zahlreiche Handelsrestriktionen innerhalb des Arab Common Market.

Tab. 6.3: Ägypten: Handelsrelevante Einfuhrregelungen

Wechselkursregime/ Devisenverfügbarkeit	Import-Lizenzierung	Zolltarifliche Regelungen	Nicht-tarifäre Handelshemmnisse/Exportförderung
Das langjährige System multipler Wechselkurse wurde 1991 abgeschafft und durch einen Einheitskurs ersetzt. Seit Okt. 1991 floated das ägyptische £ gegenüber dem US $ als Leitwährung. Sein Kurs blieb entgegen den Befürchtungen überraschend stabil. Mangelnde Devisenreserven sind kein aktuelles Problem, weil die Leistungsbilanz Ägyptens seit der Entschuldung im Gefolge des Golfkriegs wieder positiv ist. Für den Handel hinderlich wirkt sich das mangelnde Vertrauen in die jeweilige Währung des Partnerlandes aus, deshalb häufig Geschäfte auf Hard-currency-Basis oder Barter. Importeure müssen bei autorisierten Bank 20 % des Warenwerts in lokaler oder ausländischer Währung hinterlegen. Banken können bei Rest - bei Lieferantenkrediten entsprechend weniger - finanzieren.	Die Importlizenzierung wurde 1986 formal abgeschafft. Jedoch wurde eine Negativliste von Produkten erlassen, die nur unter besonderen Umständen importiert werden dürfen. Diese Liste wurde im Aug. 1992 von 105 Produkten (23 % der handelbaren Industrie- und Agrarprodukte) auf 80 Produkte reduziert. Die Zahl der Produkte, die noch staatlichen Importgenehmigung brauchen, wurde 1991 auf 18 reduziert (darunter Erdöl und Derivate, Feuerbekämpfungsausrüstung, verschiedene Arten von Maschinen). Countertrade-Vereinbarungen werden nicht speziell ermutigt. Aber mit Jordanien, Syrien und Libanon, mit denen Handelsabkommen abgeschlossen wurden, werden jährlich sog. Protokolle vereinbart, die in der Regel Bartergeschäfte beinhalten. Dto. mit Sudan. Einen Hinweis auf Art und Umfang der in den 80er Jahren abgeschlossenen Barter-Vereinbarungen gibt Tab. 6.4	Ägypten ist GATT-Mitglied. Das 1978 in Kraft getretene Kooperationsabkommen mit der EG sieht nur Zollpräferenzen der EG für Waren aus Ägypten vor. Ägypten räumt der EG Behandlung nach der Meistbegünstigungsregelung ein. Für Erzeugnisse aus Indien und Jugoslawien sind seit dem Abkommen von 1987 Zollvergünstigungen in Höhe von 50 % des Zolltarifs vorgesehen (Tripartite Agreement). Im Rahmen des Arab Common Market (Ägypten, Jordanien, Syrien, Irak und Libyen) sollten theoretisch alle Zölle auf Agrarprodukte, Tiere, natürliche Rohstoffe und die meisten Fertigwaren abgeschafft werden. Durch bilaterale Handelsvereinbarungen traten jedoch zahlreiche Mengenrestriktionen im Fertigwarenhandel in Kraft. Der 1989 zwischen Ägypten, Irak, Jordanien und Jemen gegründete Arab Cooperation Council (ACC) hat Schaffung eines gemeinsamen Marktes und gemeinsame Investitionsprojekte zum Ziel. Bislang kaum reale Auswirkung. Der Zolltarif unterscheidet 9 Warengruppen mit Zollsätzen von aktuell 10 - 80 % (zuvor 5 - 100 %). Der Durchschnittszoll lag 1991 bei 42,4 % (ohne Getränke 30,6 %). Zu den Zöllen und Importgebühren kommt ein 10%ige Sales Tax hinzu, die bei Exporten erstattet wird. Reduziert oder ganz abgeschafft wurden Zölle und Steuern auf Nahrungsmittel, Rohstoffe, Baumaterialien und Zwischenprodukte, dto. auf Kapitalgüter, die im Rahmen der neuen Investitionsgesetzgebung für neue Joint-ventures importiert werden. Bis Juli 1992 wurden auf 6 Produktgruppen Ausfuhrzölle (5 %) erhoben, dann aber abgeschafft, ausgenommen jedoch rohe Häute und Felle sowie Metallschrott. Problem: Zolltarife sind Gegenstand häufiger, nicht angekündigter Veränderungen. Seit 1992 jedoch keine neuen Zollbarrieren. Das Zollgesetz von 1963 autorisiert Aktionen gegen Dumpingpreise oder subventionierte Importe.	Ägypten hat keine signifikanten NTBs auf Importe, jedoch: In dem Ausmaß, wie nicht-tarifäre Maßnahmen reduziert wurden, wurde die Qualitätskontrolle auf Importwaren verstärkt, die gegenwärtig etwa 20 % der heimischen Produktion betreffen. Importverbote wurden in den letzten Jahren stark reduziert. Mitte 1992 waren davon noch 10,6 %, der inländischen Produktion handelbarer Güter betroffen. Exportverbote betrafen im Juli 1992 noch: ölhaltige Früchte, Reisstroh, Futterkomponenten, rohe Häute und Felle, Kupfer und Aluminium Exporte von Baumwollgarnen und Geweben bedürfen vorheriger staatlicher Genehmigung. Für Wolle und Baumwolle gibt es jährliche Exportquoten. Hinderlich ist der bisherige Mangel an einem wirksamen Zollerstattungsystem. Ein großes Handelshindernis sind mangelnde Transportmöglichkeiten wegen bestehender Grenzen und fehlender bzw. schlechter Transport-Infrastruktur Sich fast einen Handel verhindernd auswirkende bürokratische Hemmnisse waren gegenüber Israel zumindest bis zu dessen Friedensschluß mit der PLO die Regel. Ägypten gehört nicht der TIR Customs Convention an. Direkte Exportsubventionen werden im allgemeinen nicht gewährt. Jedoch sind bei energieintensiven Produkten wegen des niedrigen Preises für Erdölprodukte und Elektrizität Input-Subventionen enthalten. Es fehlen die klassischen, den Handel fördernden Instrumente, wie Exportgarantien, Messen, Marktinformationssysteme, Marktforschung. Man ist jedoch bemüht, diese Defizite abzubauen. Die Subventionspolitik der großen Handelsblöcke wie EG und USA wirkt sich handelsumlenkend aus. So kamen z. B. Reisexporte Ägyptens nach Jordanien nicht zustande, da Reis aus den USA günstiger angeboten wurde.

Tab. 6.4: Barter Arrangements between Egypt and Various Other Countries, 1985 to 1987

Year	Partners	Value (US$ m)	Most important Egyptian exports	Most important partner exports
1985	Sudan	15	Medicines, aluminium products	Sesame seed, leather
1985	Jordan	110	Cotton, textiles, agricultural products, flowers, perfumes, medicines, canned food, shoes, handicrafts, carpets	Cement, construction materials, paper, paint, insulating materials, ceramic
1986	Sudan	28	Medicines, rice	Sesame seed, leather
1986	Tunisia	20	Raw cotton, cotton yarn, sulphur, other non-traditional exports (unspecified)	Electric products, construction materials
1986	Austria	24	Fruits, vegetables, rice, seeds, essential oils, phosphates, underwear, perfumes, furniture, beans	Wood, paper, organic and non-organic chemicals, iron
1986	Romania	62	Leather products, charcoal, ready-made clothes	Wood, iron, cement, paper
1987	Lebanon	11	Vegetables, fruits, potatoes, ready-made clothes, underwear	Glass, cement
1987	Netherlands	50	Vegetables, potatoes, cotton yarn, iron products, flowers, fruits, juices, furniture, tyres, phosphate	Tobacco, other products (not specified)
1987	Netherlands	95	Vegetables, potatoes, cotton yarn, iron products, flowers, fruits, juices, furniture, tyres, phosphate	Up-to-date machinery for land reform purposes
1987	Germany (Federal Republic)	24	Fruits, rice, textiles, phosphate, salt, ready-made clothes, aluminium products	Construction materials, organic and non-organic chemicals, raw materials for production of medicine
1987	Sweden	24	Metals, agricultural products, textiles	Chemicals, spare parts for machinery, paper

Quelle: GATT, Trade Policy Review, Egypt, Vol. I and II, Geneva, February 1993, S. 47.

Ägypten ist Mitglied des GATT, aber nicht der TIR Customs Convention. Da sich die Devisensituation Ägyptens seit dem Golfkrieg (durch die damit verbundene massive externe Entschuldung) entscheidend verbessert hat, sind begrenzte Devisenreserven kein aktuelles Importhemmnis. Devisen werden für autorisierte Importe zur Verfügung gestellt, doch muß der Importeur 20 % des Warenwerts in lokaler oder ausländischer Währung hinterlegen.

Direkte Exportsubventionen werden von Ägypten nicht gewährt, doch ist wegen der niedrigen Energiepreise in energieintensiven Produkten ein beträchtliches indirektes Subventionselement enthalten. In mancher Hinsicht fehlt es demgegenüber noch an den klassischen handelsfördernden Instrumenten, wie Exportgarantien, Messen oder Marktinformationssysteme. Man ist jedoch bemüht, diese Defizite abzubauen.

Syrien

Syrien ist als einziger Staat der Region noch stark sozialistisch geprägt. Sein komplexes und wenig transparentes Außenhandels- und Wechselkurssystem mit multiplen Wechselkursen, restriktiven Zahlungsbedingungen und zahlreichen nicht-tarifären Handelsbarrieren verfolgt hauptsächlich den Zweck, die heimische Produktion zu schützen und die Zahlungsbilanz nicht zu stark unter Druck geraten zu lassen. Im Zeitraum von 1988 - 1992 sind jedoch einige Schritte zur Liberalisierung des Handels- und Zahlungssystems unternommen worden. Das Zolltarifsystem wurde vereinfacht; die Zollbelastung der syrischen Importe blieb jedoch vergleichsweise hoch (siehe auch Tab. 6.10). Die Liste erlaubter Importe wurde erweitert, das viele Jahre überaus restriktive Erfordernis hoher Importdepositen wurde 1992 abgeschafft, und mit der Einführung der neuen Investitionsgesetzgebung ging auch eine Liberalisierung der Importe des privaten Sektors einher.

Geblieben ist jedoch die Lizenzpflicht für alle Importe und auch für einen nicht unerheblichen Teil der Exporte. Lizenzfrei sind nur Einfuhren im Rahmen des Arab Common Market. Zu einem großen Teil wird der Außenhandel noch über staatliche Handelsgesellschaften abgewickelt. Exportbestimmungen schließen insbesondere bei Agrarprodukten eine Reihe von Restriktionen ein, die das

Tab. 6.5: Syrien: Handelsrelevante Einfuhrregelungen

Wechselkursregime/ Devisenverfügbarkeit	Import-Lizenzierung	Zolltarifliche Regelungen	Nicht-tarifäre Handelshemmnisse/Exportförderung
Gespaltene, multiple Wechselkurse. Alle Transaktionen laufen über Zentralbank. Nur autorisierte kommerzielle Banken dürfen mit Devisen handeln. Zahlungen für staatliche Importe zum ungünstigen offiziellen Kurs. Private Importe müssen aus eigenen Ressourcen des Importeurs finanziert werden (externe Kreditvereinbarungen, Devisenbestände von non-residents in Syrien und eigene des Importeurs im Ausland; Devisenbestände des Importeurs bei der Commercial Bank of Syria den Bestimmungen entsprechend). Das restriktive Instrument hoher Import-Depositen (15 - 100 %) wurde 1992 abgeschafft.	Alle Importe sind staatlich kontrolliert und bedürfen einer Lizenz. Viele Grundstoffe (Papier, Salz, Tabak, Weizen, Eisen und Stahl, bestimmte landwirtschaftliche Maschinen) dürfen nur durch Staatshandelsgesellschaften importiert werden. Lizenzfrei sind nur bestimmte Importe aus Irak, Jordanien, Libanon und Saudi-Arabien auf Grund des Arab Common Market Agreement. Importerlaubnis wird auf schriftliche Anfrage hin gewährt. Keine besonderen Vorschriften bezüglich Bartenhandel. Importeur kann jedoch für eine spezifische Transaktion Countertrade verlangen. Effektiv läuft der Handel jedoch vielfach über bilaterale Handelsprotokolle ab, in denen im Rahmen von Tauschhandel Warenlieferungen vereinbart werden.	Syrien ist kein GATT-Mitglied. Wertzölle plus Lizenzgebühr von 2 % auf alle Importe exkl. Regierungseinfuhren. Das komplizierte Zolltarifsystem wurde 1989 vereinfacht. Der neue Zolltarif umfaßt eine Spanne von 0 - 200 %, und alle vorherigen zusätzlichen Importabgaben wurden zu einer vereinheitlichten Zusatzsteuer von 6 - 35 % zusammengefaßt.	Viele Grundstoffe (darunter Papier, Salz, Tabak, Weizen, Eisen und Stahl und bestimmte landwirtschaftliche Maschinen) können nur über Staatshandelsgesellschaften eingeführt werden. Die Liste der Produkte, die vom privaten Sektor importiert werden dürfen, wurde um einige landwirtschaftliche, industrielle Güter und Rohmaterialien erweitert. Bei allen übrigen Produkten (z. B. von Kartoffeln) ist der Import verboten. Alle Exporte von Weizen, Gerste, Baumwolle, Baumwollsaat und ihren Derivaten sind staatlichen Agenturen vorbehalten. Exporte im Rahmen von bilateralen Zahlungsvereinbarungen bedürfen einer Lizenz. Auf Baumwolle wird eine Exportsteuer von 12,5 % und auf Pflanzenöl von 8 % erhoben. Alle anderen Agrarexporte unterliegen einer Steuer von 7 %; ausgenommen sind seit 1989 lediglich Früchte und Gemüse.

Ziel haben, bei wichtigen Grundnahrungsmitteln eine ausreichende heimische Versorgung sicherzustellen. Da diese Restriktionen in ihrem Umfang jährlich neu festgelegt werden, verhindern sie vorausschauende Exportvereinbarungen.

Es gibt keine besonderen Vorschriften den Barter-Handel betreffend. Der vielfach über bilaterale Protokolle abgewickelte Außenhandel enthält jedoch regelmäßig Tauschhandelsvereinbarungen. Mit der EG besteht ein Kooperationsabkommen. Syrien ist kein GATT-Mitglied und gehört auch nicht zu den Unterzeichnern der TIR Customs Convention.

Über mengenmäßige Importbeschränkungen und andere nicht-tarifäre Maßnahmen liegen keine genaueren Angaben vor. Da Syrien noch mit multiplen Wechselkursen arbeitet, müssen alle Währungstransaktionen über die Zentralbank laufen.

Libanon

Libanon befindet sich inmitten einer mehrjährigen Wiederaufbauphase, die das gegenwärtige Außenhandelsregime bestimmt, denn mehr als 80 % aller benötigten Konsum- und Kapitalgüter müssen importiert werden. Die Einfuhr unterliegt Wertzöllen und einer zusätzlichen, im allgemeinen jedoch mäßigen Importbesteuerung. Saisonale und ganzjährige Importverbote bestehen für ausreichend im eigenen Land produzierte Agrarprodukte. Einige weitere Erzeugnisse bedürfen einer Limportlizenz, ansonsten aber kann grundsätzlich lizenzfrei eingeführt werden.

Libanon ist in die Zollpräferenzen der EG einbezogen. Es ist weder Mitglied des GATT noch der TIR Customs Convention. Der Devisenhandel ist frei. 15 % des Importwertes müssen als Import-Deposit hinterlegt werden.

Zu bestimmten Exportförderungsmaßnahmen sind keine Informationen bekannt geworden.

Tab. 6.6: Libanon: Handelsrelevante Einfuhrregelungen

Wechselkursregime/ Devisenverfügbarkeit	Import-Lizenzierung	Zolltarifliche Regelungen	Nicht-tarifäre Handelshemmnisse/Exportförderung
Wechselkurs durch freien Devisenhandel bestimmt. Durch erfolgreichen Wiederaufbau relative Stabilisierung des Wechselkurses der jahrelang entwerteten Landeswährung. Dennoch zunehmende Dollarisierung der Wirtschaft. Wachsende Zahl lokaler Transaktionen wird auf Dollarbasis abgeschlossen. 15 % des Importwertes als Import-Deposit.	Bestimmte Agrarprodukte und alle Saaten bedürfen einer Importlizenz, dto. bestimmte Fertigwaren wie Keramik, Elektrodraht, Kupferkabel. Bestimmte Importverbote (siehe dort). Alle anderen Produkte können lizenzfrei importiert werden.	Libanon ist kein GATT-Mitglied. Wertezölle zwischen 0 und 75 %. Jedoch zahlreiche Ausnahmen, die 40 - 50 % der gesamten Importe ausmachen. Mehr als 80 % aller benötigten Konsum- und Kapitalgüter werden importiert. Importsteuer ist Haupteinnahmequelle des Staates; dennoch nur mäßige Importbesteuerung (durchschnittlich 3,8 % lt. Weltbank). Jedoch 10 % Zusatzzoll auf Textilien und Bekleidung. Hohe Sonderabgaben auf Kfz., Alkoholika und Bekleidung. Bestimmte Importverbote für Agrarprodukte. Libanon ist in die Zollpräferenzen der EG einbezogen.	Importverbote das ganze Jahr über: Weizen (nur durch Staat), Zitrusfrüchte, Äpfel, Oliven, Olivenöl, Erdnüsse. Saisonale Verbote: Squash, Eggplant, Bohnen, Wassermelonen, Erbsen, Pfirsiche, Aprikosen. Besondere Importvorschriften Gesundheitsverordnungen entsprechend.

Saudi-Arabien

Saudi-Arabien verfolgt grundsätzlich eine Freihandelspolitik mit nur minimalen Zöllen, die überwiegend Schutzcharakter gegenüber der heimischen Produktion haben. Importlizenzen sind nicht erforderlich und Devisen für Auslandszahlungen frei erhältlich. Es gibt keinerlei Restriktionen oder vorgeschriebene Import-Depositen. Quantitative Begrenzungen gibt es vor allem bei einigen Nahrungsmittelimporten zum Schutz der Inlandsproduktion. Offset-Arrangements sind bei großen militärischen Einkäufen üblich. Abgesehen von dem Re-Export-Verbot bei Produkten, deren Einfuhr von der Regierung subventioniert worden war, unterliegt die Ausfuhr keinerlei Beschränkungen.

Saudi-Arabien ist kein GATT-Mitglied und gehört auch nicht der TIR Customs Convention an.

Die preisgünstige Energie im Land führt bei energieintensiven Exportprodukten zu beträchtlicher indirekter Subvention. Von weiteren speziellen Exportförderungsmaßnahmen ist nichts bekannt. Das Finanzierungssystem für den Außenhandel kann als inzwischen adäquat ausgebaut gelten.

Türkei

Auf Grund des Assoziierungsabkommens mit der EG hat die Türkei seit einigen Jahren eine stufenweise Liberalisierung ihres Außenhandels eingeleitet. Bis zum 1. Januar 1995 soll die Zollunion mit der EG Realität werden. Das bedeutet aber auch, daß in der Türkei die Zollsätze stark in Abhängigkeit von der Ländergruppe schwanken, aus der die Einfuhren kommen. Bis Ende 1992 waren Importwaren neben Zöllen auch einer Reihe verschiedener Steuern und weiterer Abgaben zur Speisung bestimmter Fonds und anderer öffentlicher Abgaben unterworfen.[1] Ab Januar 1993 wurden diese verschiedenen Belastungsarten vereinheitlicht und zu einem neuen Zolltarif zusammengeführt, wobei der effektive Zollschutz für jede Warenkategorie unverändert blieb.

---

[1] Darunter z. B. die "Mass-Housing-Fund"-Abgabe, die wie ein Zoll wirkt.

Tab. 6.7: Saudi-Arabien: Handelsrelevante Einfuhrregelungen

Wechselkursregime/ Devisenverfügbarkeit	Import-Lizenzierung	Zolltarifliche Regelungen	Nicht-tarifäre Handelshemmnisse/Exportförderung
Keinerlei Wechselrestriktionen, ausgenommen Nutzung israelischer Währung. Devisen sind frei verfügbar.	Wegen Mono-Exportstruktur von Erdöl praktisch Freihandel. Offset-Arrangements bei großen militärischen Einkäufen. Importlizenzen nur für Mehl, Reis und Zucker. Sonst keine Importlizenzen erforderlich.	Saudi-Arabien ist kein GATT-Mitglied. Zollfrei nur wenige Waren, vor allem lebende Tiere sowie deren Fleisch, gekühlt oder gefroren. Dto. Kaffee, Tee, Gerste, Mais, Reis, Zucker. Die meisten Importe unterliegen derzeit einem Zollsatz von 12 %; nur bei einigen wenigen Industrieprodukten steigt er zum Schutz der lokalen Produktion auf 20 %. Maschinen, Ausrüstungen, Waren für neue Industrieunternehmen können zollfrei eingeführt werden. Der GCC-Mindestzollsatz von 4 % wurde auf 12 % erhöht. Zum Schutz und Förderung der inländischen Industrie und Agrarproduktion können Zölle kurzfristig geändert werden. Importe aus GCC-Ländern zollfrei, wenn dort 40 % value added und 51 % des Kapitals von GCC-Mitgliedern. Der im Rahmen GCC vorgesehene gemeinsame Außenzolltarif wurde bisher nicht eingeführt.	Einfuhr bestimmter Produkte ist aus religiösen, Gesundheits- oder Sicherheitsgründen verboten (z. B. Alkoholika, Drogen, Schweinefleisch, Feuerwaffen). Dto. alle Importe aus Israel und RSA. Quantitative Restriktionen für bestimmte Nahrungsmittelimporte zum Schutz einheimischer Produktion. Exporte sind frei von Restriktionen (ausgenommen der Re-Export von Produkten, deren Import regierungsseitig subventioniert wurde). Umladung von Einfuhren aus Jordanien auf saudische LKWs vorgeschrieben. Saudi-Arabien gehört nicht der TIR Customs Convention an.

Noch bedürfen alle kommerziellen Importe einer Einfuhrlizenz, doch ist die Türkei bestrebt, die Lizenzerfordernisse zu rationalisieren. Countertrade ist keine offizielle Politik, aber meist mit größeren Waffenlieferungen verbunden.

Handelsabkommen bestehen neben der EG mit den EFTA-Ländern und der Economic Cooperation Organization (ursprünglich nur Türkei, Iran und Pakistan, inzwischen um einige zentralasiatische Staaten erweitert). Die Türkei ist GATT- und TIR-Mitglied.

Die Zentralbank regelt alle Devisentransaktionen. Das Erfordernis eines Import-Deposits wurde 1990 abgeschafft.

Die Türkei betreibt eine umfassende Exportförderungspolitik, wobei die jeweilige Subventionshöhe jedoch sukzessive verringert wird. Im Rahmen des gesamten Exportfinanzierungssystems nehmen subventionierte Exportkredite einen prominenten Platz ein. Für exportorientierte Produktionen gibt es Steuererleichterungen und Baranreize.

6.3 Bürokratische und infrastrukturelle Hemmnisse

Die bürokratischen Handelshemmnisse der Region bedürfen keiner länderspezifischen Betrachtung. Sie sind in allen Staaten der Region mit nur graduellen Unterschieden anzutreffen. Selbst wenn von der Voraussetzung üblicher Handelspapiere ausgegangen wird, stellt das weder zwischen den arabischen Staaten noch zwischen Israel und seinen arabischen Nachbarn abgestimmte Formularwesen ein bürokratisches Hemmnis erster Ordnung dar, das zu erheblichen zeitlichen Verzögerungen beim Grenzübertritt führt. Jedes Land hat seine eigene Art von Dokumenten. Damit verbundene zusätzliche Kosten, Probleme bei leicht verderblichen Waren und eine generelle Unzuverlässigkeit der zeitlichen Anlieferung sind die Folge. Hinzu kommen national unterschiedliche Vorschriften die Qualität, Verpackung, Kennzeichnung, Standards und Normen der Waren betreffend, die sich nicht zuletzt ebenfalls in einem aufwendigen Formularwesen niederschlagen.

Tab. 6.8: Türkei: Handelsrelevante Einfuhrregelungen

Wechselkursregime/ Devisenverfügbarkeit	Import-Lizenzierung	Zolltarifliche Regelungen	Nicht-tarifäre Handelshemmnisse/ Exportförderung
Die Zentralbank reguliert alle Wechselkurstransaktionen. 1990 wurde die Garantieerfordernis eines Importdeposits abgeschafft.	Alle kommerziellen Importe bedürfen einer Einfuhrlizenz. Diese ist Voraussetzung für die Zurverfügungstellung von Devisen. Lizenzen werden an registrierte Importeure, Industrielle, Staatsunternehmen und Regierungsabteilungen vergeben. Ansonsten kann in jeder Hinsicht frei importiert werden (ausgenommen Produkte wie Narkotika, Waffen, Munition etc.). Man ist dabei, die Einfuhrlizenzerfordernisse zu rationalisieren. 1992 brauchten nur noch 17 Produkte eine vorherige Einfuhrlizenz, darunter Waffen, Munition, Oliven- und Sonnenblumenöl. Importzertifikate sind für die meisten Produkte erforderlich, die einen Kundendienst nach dem Verkauf erfordern. Countertrade ist keine offizielle Politik, jedoch normalerweise mit größeren Waffenlieferungen verbunden.	Die Türkei ist GATT-Mitglied. In der Türkei variieren die Zollsätze in Abhängigkeit von der Ländergruppe, aus der die Importe stammen. Es gibt eine Grundrate für jedes Produkt, eine Vorzugsrate für Importe aus Ländern mit Meistbegünstigung und eine EG-Rate für Einfuhren aus EG-Ländern, denen die Türkei assoziiert ist. Die letzten Jahre sahen eine graduelle Ermäßigung der Grundrate. Problem jedoch, daß von rd. 16.000 im Zolltarif genannten Produkten noch rd. 5000 nicht unerheblichen zusätzlichen surcharges unterliegen. Zölle liegen Ende 1992: Rohstoffe bis 10 %, Zwischen- und Halbfertigwaren 10 - 30 %, Fertigwaren 30 - 50 %, Luxusgüter noch darüber. Exporteure mit Importlizenz und Devisenallokation können Zolltarif zusammengefaßt vereinheitlicht und zu einem einzigen neuen Zolltarif zusammengefaßt; der effektive Zollschutz für Rohstoffe und Zwischenprodukte zollfrei einführen. Außerdem waren Importwaren einer Reihe weiterer Steuern und Abgaben unterworfen. Ab Januar 1993 wurden die verschiedenen Belastungsarten vereinheitlicht und zu einem einzigen neuen Zolltarif zusammengefaßt; der effektive Zollschutz für Warenkategorie blieb dabei unverändert. Waren für Investitionsvorhaben sind zollfrei, unterliegen aber surcharges. Abkommen mit EG: Assoziierung seit 1973; 1987 Antrag auf volle Mitgliedschaft. Vereinbarung: Zollunion bis 1.1.1995; bis dahin graduelle Reduzierung der Zölle. 1991 wurde ein Abkommen mit der EFTA getroffen, das dieselbe Vorzugsbehandlung wie mit der EG vorsieht (allmähliche Zoll- und Quotenabschaffung für Industriewaren bis Ende 1995). 1991 Abkommen des Economic Cooperation Council (Türkei, Iran, Pakistan) mit einer gegenseitigen 10%igen Zollermäßigung und dem Ziel einer schrittweisen Handelsliberalisierung zwischen den drei Ländern. Ab 1996 werden die Maschrak-Länder als Folge der EG-Türkei-Zollunion zollfreien Zugang zum türkischen Markt haben. Ein Gesetz gegen Dumping-Praktiken und unfaire Subventionierung von Importgütern trat 1989 in Kraft.	Die Exportförderungspolitik umschließt vor allem folgende Maßnahmen: Gewährung von Exportkrediten mit Subventionselementen. Dies betrifft das gesamte Exportfinanzierungssystem. Erstattung indirekter Steuern bei Exporten. Diverse Steuererleichterungen für exportorientierte Produzenten. Seit Dezember 1986 gibt es Barenreize zur Förderung des Exports bestimmter Produkte. Die Subventionshöhe wird seit 1986 sukzessive verringert. Sie lag 1991 je nach Produkt zwischen 1 % und 16 % des Produktwerts.

Eine detaillierte Darstellung der Import- und Exportbestimmungen der Türkei gibt eine Untersuchung von Prof. Togan, Ankara (ca. 1990) mit dem Titel *Import Regime and Protectionism*.

Ein weiteres Problem sind die Ermessensspielräume, die der jeweiligen Administration im Rahmen bestimmter Import(oder auch Export-)genehmigungsverfahren gegeben sind. Diese Ermessensspielräume öffnen nicht nur der Korruption die Tür, sondern sie wirken auch deshalb sehr restriktiv, weil sie in den Ablauf der Genehmigungsverfahren ein großes Unsicherheitsmoment hineinbringen, dem sich potentielle Importeure zum Teil gar nicht erst aussetzen. Als Beispiel kann hier der (vom Erdöl abgesehen) minimale Handelsaustausch zwischen Ägypten und Israel angesehen werden. Trotz des Friedensschlusses mit Israel hielt sich Ägypten weitgehend freiwillig an den arabischen Boykott. Importanträge von Ägyptern für Waren aus Israel sollen vielfach nicht bearbeitet worden sein. Aber auch auf der anderen Seite scheint man kaum anders verfahren zu sein, denn das ägyptische Warenangebot unter den Importen des Gazastreifens (oder auch Israels) ist ebenfalls fast bedeutungslos.

Wesentliche Voraussetzung für eine Ausweitung der regionalen Handelsbeziehungen ist damit vor allem auch die Vereinheitlichung der den Warenhandel betreffenden Vorschriften, die Rationalisierung und Vereinheitlichung des Formularwesens sowie klare und eindeutige Anweisungen, um Ermessensspielräume zu vermeiden.

Wird vom rein administrativen Bereich abgesehen, bilden Transportbehinderungen über Land immer noch das wahrscheinlich gravierendste Hindernis für einen effizienten und zügigen Warenaustausch. Zwei Ursachen - das zum Teil stark erneuerungs- und erweiterungsbedürftige Verkehrsnetz und überalterte, reparatur- und pannenanfällige Transportmittel - haben einen überwiegend finanziellen Hintergrund und lassen sich gegebenenfalls kurz- bis mittelfristig beheben.[1] Wesentlich prohibitiver wirken zahlreiche andere Behinderungen.

Das größte Hindernis bilden die Grenzen, denen durchaus bewußt die Funktion einer fast unüberwindlichen Handelsbarriere übertragen wurde. Dies betrifft nicht nur das politische Motiv der Abgrenzung der arabischen Länder

---

[1] Eine Untersuchung der Weltbank (IBRD, A Note on Priority Regional Infrastructure Projects, Washington, October 1993) hat eine Reihe infrastruktureller Vorhaben in der Region aufgelistet und nach Prioritäten eingestuft. Eine Zusammenstellung findet sich als Tabelle A 10 im Anhang.

gegenüber Israel, sondern auch die arabischen Länder untereinander. Exzessive Sicherheitskontrollen an den meisten Grenzen aus Angst vor Waffenschmuggel und terroristischer Infiltration sind ein aus der Region kaum wegzudenkendes Bild. Selbst wenn sich die Friedensvereinbarungen in der Region in absehbarer Zeit auch noch auf Jordanien, Syrien, den Libanon und schließlich die arabischen Ölstaaten beziehen sollten, ist vermutlich nicht mit geringeren Sicherheitsvorkehrungen zu rechnen. Es kann im Gegenteil sogar der Fall eintreten, daß die zu einem Friedensschluß in Opposition stehenden Minderheiten eher noch aufwendigere Kontrollen selbst dort erforderlich machen, wo sie bisher nicht stattfanden.

Im Rahmen regionaler Freizügigkeit ist es unumgänglich, daß in der Region ein dem TIR in Europa ähnliches System entwickelt wird, das Warentransporten - unter Umständen innerhalb bestimmter Quoten - freien Zugang zu den Nachbarländern gewährt. Bislang gehören nur Israel und Jordanien zu den Unterzeichnern dieses Abkommens, das jedoch auf Grund des Kriegszustandes zwischen beiden Ländern und der von Israel besetzten West Bank nicht zum Tragen kam. Aber auch zwischen den anderen Staaten der Region ist ein nach Bewältigung des Formularkriegs problemloser Grenzübertritt keineswegs die Regel, wie nachfolgende Zusammenstellung (Tab. 6.9) zeigt. Von den Besetzten Gebieten nach Jordanien, von Jordanien nach Saudi-Arabien und für bestimmte Transittransporte durch Syrien ist die Umladung der Waren auf nationale Fahrzeuge Pflicht; bis vor kurzem galt auch in Ägypten noch eine ähnliche Bestimmung. Umladungen jedoch verzögern und verteuern die Transporte in einer Weise, daß viele ganz unterbleiben.

Die Gründe für lange Aufenthalte und Verzögerungen an den Grenzen lassen sich wie folgt zusammenfassen:

- zahlreiche Sicherheits-Stops und Untersuchungen an den Grenzen

- keine einheitlichen Arbeitszeiten der Zollbehörden diesseits und jenseits der Grenze

- keine einheitlichen Verkehrsvorschriften

- keine reziproke Anerkennung der jeweiligen Haftpflicht- und sonstigen Versicherungen

- Restriktionen bei Nutzung der Bahnlinien eines Landes durch Lokomotiven und Güterzüge eines anderen Landes; für den Gütertransport auf der Straße gilt, wie erwähnt, daß die Ware teilweise an der Grenze umgeladen werden muß.

- Nicht zuletzt wirken zum Teil hohe Straßenbenutzungsgebühren prohibitiv.

Die regionalen Vorteile infrastruktureller Investitionen können nicht umgesetzt werden, wenn die institutionelle und prozedurale Reform fehlt, die einen ungehinderten Güterstrom über die Grenzen ermöglicht. Die gegenwärtige Situation in der Region entspricht genau dem Gegenteil. Tabelle 6.9 stellt in diesem Zusammenhang einige aktuelle Verkehrsregelungen der Region einander gegenüber.

6.4 Gesamtbewertung der regionalen Warenhandelshemmnisse

Insgesamt lassen sich die Hindernisse im intraregionalen Warenverkehr noch einmal wie folgt zusammenfassen:

Unterschiedliche Organisation des Außenhandels

Von Syrien abgesehen, dessen Außenhandel noch weitgehend über staatliche Handelsgesellschaften abgewickelt wird, befindet sich der Handel in der Region überwiegend in privater Hand, unterliegt aber teilweise noch erheblichen staatlichen Kontrollen. Produktbezogene Handelsmonopole spielen nur in Syrien noch eine Rolle. Grundsätzlich ist ein Vorrang bilateraler vor multilateralen Handelsvereinbarungen festzustellen. Während den Handelspräferenzen mit Industrienationen eine große Bedeutung zukommt, spielen die regionalen Kooperationsabkommen innerhalb der arabischen Welt nur eine untergeordnete Rolle. Barterhandel gehört in keinem Land der Region zur offiziel-

Tab. 6.9: Aktuelle Straßenverkehrsregelungen für Gütertransporte in der Nah- und Mittelostregion

Land	Grenzübertrittsbestimmungen	Versicherungen	Ladungspapiervorschriften	Fahrverbote/Umladungen	Transportgebühren
Israel	Geschlossene Straßengrenzen zu den arabischen Nachbarstaaten im Güterverkehr.	Übliche Versicherungen. Die grüne Versicherungskarte wird anerkannt.	Übliche Handelsrechnung mit Angabe des Ursprungslandes. Ursprungszeugnisse der Güter sind im allgemeinen nicht erforderlich. Gesundheitszeugnisse für lebende Tiere, Pflanzen, Früchte, Gemüse, Saatgut.	Kein Fahrverbot an Sonn- und Feiertagen, jedoch faktisches Fahrverbot am Yom-Kippur-Tag. Das Carnet-TIR-Verfahren ist zugelassen.[1]	Verkehrsteuern oder Straßenbenutzungsgebühren werden nicht erhoben.
Jordanien	Transportgenehmigung für die Einfahrt nach Jordanien, die für jede einzelne Fahrt neu beantragt werden muß. Eine separate Transitgenehmigung ist nicht erforderlich.	Übliche Versicherungen, die auch im Land abgeschlossen werden können. Die grüne Versicherungskarte wird nicht anerkannt.	Beglaubigte Handelsrechnung und Ursprungszeugnisse. Gesundheitszertifikate ähnlich Israel. Israel-Klausel.[2]	Kein Fahrverbot an Sonn- und Feiertagen. Das Carnet-TIR-Verfahren ist zugelassen.[1]	Von ausländischen Fahrzeugen werden Straßenbenutzungsgebühren erhoben.
Libanon	Transport- und Transitgenehmigungen sind nicht erforderlich.	Haftpflichtversicherung nicht vorgeschrieben, aber dringend zu empfehlen. Grüne Versicherungskarte wird nicht anerkannt.	Beglaubigte Handelsrechnung und Ursprungszeugnisse. Gesundheitszertifikate ähnlich Israel. Israel-Klausel.[2]	Kein Fahrverbot an Sonn- und Feiertagen. Das Carnet-TIR-Verfahren ist nicht zugelassen.[1]	Keine spezifischen Transportsteuern, doch muß bei Einfahrt eine Kaution gestellt werden für den Fall, daß Budgelder o. ä. Gebühren zu zahlen wären.
Syrien	Transport- und Transitgenehmigungen sind grundsätzlich nicht mehr erforderlich. Die Übernahme von Rückfracht in Syrien bedarf besonderer Erlaubnis. Transitverkehr mit mehr als nur einem Bestimmungsort außerhalb Syriens ist nicht zulässig (siehe: Umladungen)	An der Grenze muß Haftpflichtversicherung abgeschlossen werden. Die grüne Versicherungskarte wird nicht anerkannt.	Beglaubigte Handelsrechnung und Ursprungszeugnisse. Gesundheitszertifikate ähnlich Israel. Israel-Klausel.[2]	Das Carnet-TIR-Verfahren ist nicht zugelassen.[1] Bei mehreren Bestimmungsorten im Transitverkehr muß die Ladung bis auf einen Bestimmungsort auf syrische Fahrzeuge umgeladen werden.	Bei der Erhebung sehr zahlreicher und vergleichsweise hoher Einfuhrgebühren (Mazout-Steuer, Grenzübertritts-, Konvoi-, Stand- und Zusatzgebühren, Straßensteuern) herrscht oft Willkür.

Land	Grenzübertrittsbestimmungen	Versicherungen	Ladungspapiervorschriften	Fahrverbote/Umladungen	Transportgebühren
Saudi-Arabien	Transport- und Transitgenehmigungen sind nicht erforderlich. Jedoch begrenzte Aufenthaltsdauer im Land bei Transitverkehr.	Abschluß einer Haftpflichtversicherung an der Grenze wird dringend empfohlen. Die grüne Versicherungskarte wird nicht anerkannt.	Beglaubigte Handelsrechnung und Ursprungszeugnis. Israel-Klausel.[2]	Freitags (dortiger Sonntag) ist ein Grenzübertritt nicht möglich. Das Carnet-TIR-Verfahren ist nicht zugelassen.[1]	Transport- und Straßenbenutzungsgebühren werden nicht erhoben.
Ägypten	Transport- und Transitgenehmigungen bei Einfahrt nach Ägypten erforderlich.	Haftpflichtversicherung muß bei Grenzübertritt abgeschlossen werden. Die grüne Versicherungskarte wird nicht anerkannt.	Beglaubigte Handelsrechnung und Ursprungszeugnis.	Gekühlte und tiefgefrorene Waren dürfen in SA nur durch einheimische Transportunternehmen befördert werden. Für im Ausland zugelassene Fahrzeuge besteht generelle Umladepflicht an der Grenze. Das Carnet-TIR-Verfahren ist nicht zugelassen.[1]	Für ausländische Fahrzeuge gibt es keine besondere Straßenbenutzungsgebühr.

[1] Nach der TIR Customs Convention ist vereinbart, daß Frachten die internationalen Grenzen von Mitgliedsnationen überschreiten dürfen, ohne daß die Fracht am Grenzpunkt für Zollzwecke entladen und untersucht werden muß.
[2] Bescheinigung, daß keine der transportierten Waren aus Israel stammen oder israelisches Material enthalten darf.

Quelle: International Road Transport Union, Genf: Der Straßengüterverkehr mit dem Nahen und Mittleren Osten (nur teilweise und stark zusammengefaßt wiedergegeben).

len Handelspolitik, spielt aber dennoch im Rahmen sogenannter Protokolle eine gewisse Rolle. An erster Stelle ist hier Syrien zu nennen, aber auch Jordanien und Ägypten nutzen dieses Instrument. Grundsätzlich ist die Handelspolitik um so liberaler, je weniger Fremdwährungsengpässe eine Belastung für die Handels- und Zahlungsbilanz darstellen.

Unterschiedliche Wechselkursregime

Die Wechselkurspolitik der einzelnen Länder richtet sich stark nach der jeweiligen Devisensituation. Als weitgehend liberal können Israel, Ägypten, Libanon, Saudi-Arabien und die Türkei eingestuft werden. Stark restriktiv ist Syrien, während Jordanien durch die wirtschaftlichen Probleme nach dem Golfkrieg zur Zeit noch zu stärkeren Kontrollen als vorher gezwungen ist.

Überwiegend internationale Orientierung des Außenhandels

Die regionalen Im- und Exportstrukturen sind vorzugsweise auf die Industrieländer und nicht auf die Region ausgerichtet. Dies ist nicht nur eine Folge der Abschottung gegenüber Israel, sondern hängt auch sehr stark mit dem Zielmarkt des Hauptexportproduktes Erdöl, vielfach ähnlichen landwirtschaftlichen Ausfuhren sowie etablierten Handelsbeziehungen im Rahmen von Präferenzabkommen zusammen. In jedem Land der Region unterliegen Agrarprodukte spezifischen Import- und teilweise auch Exportbeschränkungen.

Relativ hoher Zollschutz

Obwohl alle Länder der Region ihre Einfuhrzölle in den letzten Jahren gesenkt und ihre Zolltarife vereinfacht haben, ist für die meisten Länder nach wie vor ein relativ hoher Zollschutz von durchschnittlich 20 bis 40 %, zum Teil noch darüber, charakteristisch. Da die Staaten der Region überwiegend nicht dem GATT angehören, kann von dieser Seite her kein Druck zur weiteren Liberalisierung ausgeübt werden. Hinzu kommt, daß die Zölle vielfach als Einnahmequelle für den Staat unverzichtbar sind. In bestimmten Produktbereichen üben sie außerdem eine Schutzfunktion der einheimischen Industrie gegenüber aus.

Tab. 6.10: Zollbelastung und Häufigkeit nicht-tarifärer Handelshemmnisse ausgewählter Warengruppen im Nahen Osten (Stand ca. 2. Hälfte der achtziger Jahre)
(alle Angaben sind in %)

SITC Nr.	Produktbezeichnung	Ägypten Zoll-u. Abgaben-belastung	Ägypten Häufigkeit von quantitat. Restriktionen	Ägypten Häufigkeit von NTBs insgesamt	Jordanien Zoll-u. Abgaben-belastung	Jordanien Häufigkeit von quantitat. Restriktionen	Jordanien Häufigkeit von NTBs insgesamt	Syrien Zoll-u. Abgaben-belastung	Syrien Häufigkeit von quantitat. Restriktionen	Syrien Häufigkeit von NTBs insgesamt	Saudi-Arabien Zoll-u. Abgaben-belastung	Saudi-Arabien Häufigkeit von quantitat. Restriktionen	Saudi-Arabien Häufigkeit von NTBs insgesamt
011	Fleisch (frisch, gekühlt, gefroren)	1-110	47,2	47,2	0-14	100	100	7	100	100	0	16,7	16,7
051	Früchte, frisch	50-60	32,4	32,4	0-35	100	100	10-30	40,6	40,6	0-7	0	0
053	Fruchtkonserven	50-110	0	55,6	0-40	100	100	15-75	50	50	7	3,6	3,6
054	Frischgemüse	1-30	35,6	55,6	0-23	80	80	1-30	36,9	36,9	0-7	9,2	9,2
055	Gemüsekonserven	1-60	30,0	60,0	0-53	100	100	15-75	38,3	38,3	7	0	0
211	Häute und Felle	5	0	0	0	0	0	1	0	100	0	0	0
271	Düngemittel, roh	5-20	0	0	0	100	100	7	100	100	0	0	0
411	Tier.Öle und Fette	5-110	0	100	1-20	25	25	1-15	50	50	0	100	100
421	Pflanzliche Öle	1-10	25	25	0-28	50	50	15-20	50	50	0	100	100
561	Düngemittel, verarb.	10	0	85,7	0	100	100	1	0	100	0	0	0
581	Kunststoffe	5-85	16,9	16,9	0-32	1	1	1-30	4,4	12,8	0-20	0	0
611	Leder	10-30	100	100	18-26	0	0	20-25	50	50	7	0	0
612	Lederwaren	20-60	50	50	8-43	0	0	1-45	33,3	33,3	7	0	0
652	Textilien (Baumwolle)	85	0	100	6-33	0	0	25-40	100	100	7-20	0	0
653	Textilien (nicht Baumwolle)	20-85	68,8	68,8	0-35	1,5	1,5	1-40	77,3	87,9			
661	Zement	1-110	37,5	37,5	14-100	7,1	7,1	7-100	21,4	40,5	0-7	0	0
666	Keramikwaren	85-110	100	100	18-85	0	0	15-100	100	100	7	0	0
697	Haushaltswaren	60-110	100	100	0-45	18,8	18,8	15-100	52,5	52,5	7-20	0	0
712	Landwirtschaftsmasch.	5-30	13,9	13,9	0	6,3	6,3	1	36,1	36,1	0	2,8	2,8
714	Büromaschinen	5-20	0	0	10	0	0	15	43,8	43,8	0-7	0	0
725	Elektr.Haushaltsmasch.	30-110	25	25	18-85	0	0	1-100	16,1	16,1	7-20	0	0
732	Straßenfahrzeuge	5-160	69,4	69,4	0-200	21,4	21,4	15-35	52,6	52,6	0-20	1,2	1,2
821	Möbel	20-110	83,3	83,3	0-50	0	0	9-100	0	0	7-20	0	0
851	Schuhe	30-85	50,0	50,0	35-50	0	0	65	75,0	75,0	7	0	0

Quelle: UN/ESCWA, Developments in the External Sector of the Escwa Region; Performance of New Export Products in the 1980s; Supplement I, Protection Profiles in Selected Developing Countries, June 1992.

Als liberal und einem Freihandel nahekommend ist das Zollregime Saudi-Arabiens, des Libanon und auch Israels anzusehen. Als mäßig protektionistisch können Jordanien, Ägypten und die Türkei gelten, als stark protektionistisch muß nach wie vor Syrien bezeichnet werden. Ein Vergleich der Zollsätze für bestimmte Produktgruppen, wie sie Ende der achtziger Jahre in Ägypten, Jordanien, Syrien und Saudi-Arabien Gültigkeit hatten, findet sich in Tabelle 6.10.

Zahlreiche nicht-tarifäre Handelshemmnisse

Nicht-tarifäre Handelshemmnisse haben in der Region trotz verschiedentlich eingeleiteter Liberalisierungsmaßnahmen immer noch einen hohen Stellenwert. Sie betreffen die administrative Abwicklung des Handels, handelstechnische Vorschriften, Importbeschränkungen über Lizenzen und Quoten sowie ganz besonders auch den physischen Transport auf der Straße. Diese Tatsache wiegt um so schwerer, als der intraregionale Warenhandel im Nahen und Mittleren Osten traditionell über die Straße abgewickelt wird.

Exportförderung als allen gemeinsames Ziel

Alle Staaten der Region praktizieren durch direkte und indirekte Subvention eine Exportförderung mit dem Ziel, vor allem ihre nicht-traditionellen Ausfuhren zu steigern und zu diversifizieren. Die Art der Förderung ist von Land zu Land unterschiedlich und reicht von staatlich subventionierten Inputs (Energie, Wasser) und steuerlichen Vergünstigungen bis hin zu Baranreizen für den Exporteur. Auf die handelsrelevante finanzielle Infrastruktur, die partiell noch eines erheblichen Ausbaus bedarf, wird im folgenden Abschnitt ausführlich eingegangen.

Es erübrigt sich an dieser Stelle, noch einmal im einzelnen auszuführen, wo handelsfördernde Maßnahmen in diesen verschiedenen Problembereichen anzusetzen haben. Die Schlagworte Vereinheitlichung, Rationalisierung und Liberalisierung sind für jede angeführte Hemmniskategorie von Bedeutung, wenn auch von Land zu Land von unterschiedlichem Gewicht.

7. STRUKTUREN UND POTENTIALE IM DIENSTLEISTUNGSBEREICH

7.1 Strukturen, Defizite und Hemmnisse im handelsunterstützenden Bankensektor

7.1.1 Finanzstruktur im Überblick

Das Bankwesen in den Ländern des Nahen und Mittleren Ostens ist - Bahrain und in wieder zunehmendem Maße die Institute am Finanzplatz Beirut ausgenommen - relativ wenig entwickelt und in seiner gegenwärtigen Verfassung nicht geeignet, zum Träger einer verstärkten intraregionalen Zusammenarbeit auf dem Gebiet von Handel und Dienstleistungen zu werden. Verglichen mit dem beachtlichen Reichtum einer Reihe von Ländern des Mittleren Ostens an mineralischen Rohstoffen ist die Beteiligung des arabischen Bankensektors am Management dieses Kapitals vergleichsweise gering. Schätzungen gehen davon aus, daß kaum 10 % der Einnahmen aus dem Mineralölgeschäft von arabischen Banken verwaltet werden; im wesentlichen sind hier westliche Institute eingeschaltet.

Dieses Phänomen ist nicht mit mangelnder Expertise des arabischen Bankensektors zu erklären, die inzwischen im Zuge wachsender Internationalisierung der arabischen Banken ganz beachtlich ist. Entscheidend ist die nicht zu übersehende Skepsis, mit der die eigenen arabischen Regierungen ihren Banken begegnen - eine Folge fehlender unabhängiger Bankenaufsicht und der oft etwas undurchsichtigen Eigentumsverhältnisse.

Unterentwickelt in den einzelnen Ländern der Region ist vor allem (von Israel abgesehen) das System der Geschäfts- und Investitionsbanken. Am schlechtesten ist naturgemäß die entsprechende Situation nach über 25 Jahren Besatzungszeit in den von Israel besetzten Gebieten (IBG). Da ein wirtschaftlicher Aufbau und Aufschwung in den IBG und die sich hier bietenden Möglichkeiten intraregionaler Zusammenarbeit entscheidend von einem funktionsfähigen Bankensektor abhängen, soll die Situation in den IBG im folgenden etwas ausführlicher dargestellt werden.

Das herausragende Merkmal des Finanzsektors in den IBG (Westbank und Gazastreifen) ist der geringe Grad an formellen, meßbaren Finanztransaktionen, seitdem im Juni 1967 die israelischen Militärbehörden die Schließung aller arabischen und nicht-arabischen Banken in den Gebieten angeordnet hatten. Dieses Manko konnte in der Zwischenzeit nur zum geringen Teil durch einen durchaus nicht ineffizienten informalen Finanzsektor (money changers etc.) ausgeglichen werden. 1967 waren in der Westbank 8 jordanische und 26 ausländische Banken, in Gaza jeweils 4 ägyptische und ausländische Finanzinstitutionen geschlossen worden; deren Guthaben wurden bei der Zentralbank in Jerusalem eingefroren.

Die israelische Währung wurde rechtmäßiges Zahlungsmittel in den IBG, obgleich auch der jordanische Dinar (JD) weiterhin gültiges Zahlungsmittel blieb. In Gaza jedoch büßte das ägyptische Pfund seinen Status als gültiges Zahlungsmittel ein. Die Zentralbank in Amman übernahm anschließend die volle Verantwortung für Soll und Haben der jordanischen Banken in der Westbank, was deren ordentliche Liquidierung ermöglichte. Für die ägyptischen Banken in Gaza jedoch erfolgte ein solcher Schritt durch die Kairoer Zentralbank nicht.

Als Folge waren die IBG ohne ein eigenes, regelrechtes Bankensystem; nur bei persönlichem Erscheinen in Amman hatten die Bewohner der Westbank weiterhin Zugang zu ihren Bankkonten in Jordanien, der jedoch durch die strengen israelischen Devisenvorschriften zusätzlich erschwert wurde. Eine Lizenz für die IBG erhielten nach 1967 nur israelische Banken, die 1992 über insgesamt 54 Zweigstellen in den Besetzten Gebieten verfügten und die bis zum Ausbruch der Intifada auch ein recht aktives Leihgeschäft entwickelten. Etwa die Hälfte dieses Geschäfts entfiel Schätzungen zufolge auf die israelischen Siedler in den IBG. Im Gegensatz zu arabischen Bankgepflogenheiten, die lediglich Grundbesitz als Sicherheit akzeptieren, nahmen die israelischen Institute auch industrielles Anlagevermögen als Sicherheit an. Über die israelischen Banken hatten arabische Investoren in den IBG sogar Zugang zu den bilateralen Exportkreditprogrammen der OECD sowie zu den Kreditgarantieprogrammen der Bank of Israel. Gleichwohl gewährten die israelischen Banken in den IBG trotz ihrer Monopolstellung zwischen 1977 und 1987 lediglich ein Kreditvolumen, das nicht einmal 1 % des BIP der Region ausmachte.

Nach Beginn der Intifada im Jahr 1988 reduzierte sich dann die Zahl der in den IBG niedergelassenen Banken auf nur noch sechs, und diese wiesen 1992 nur noch 20 % ihres Geschäftsvolumens vor der Intifada auf. Ein Hauptgrund für diese Entwicklung war die Furcht der IBG-Einwohner, daß relevante Informationen an die israelische Steuerverwaltung gelangen könnten; zum anderen begünstigten die hohe Inflationsrate in Israel und der entsprechende Wertverlust des Schekel sowie die israelische Bankenkrise der achtziger Jahre die starke Bevorzugung des JD, dessen Annahme israelischen Banken nicht gestattet war.

Der NIS (New Israeli Schekel) war im Grunde genommen als Zahlungsmittel auf Spot-Markt-Operationen mit der israelischen Wirtschaft sowie auf Zahlungen an die Besatzungsbehörden begrenzt. Erst nach jahrelangen Verhandlungen wurde 1981 die Bank of Palestine (BOP) zugelassen, die zur Zeit mit vier Zweigstellen in Gaza vertreten ist. Desgleichen wurde es der Cairo-Amman-Bank wieder gestattet, auf der Westbank Filialen zu errichten (gegenwärtig 10). Generell wurde jedoch auch von diesen Banken eine extrem konservative Geschäftspolitik verfolgt. Ein regionaler Vergleich verdeutlicht die außerordentliche Begrenztheit der Binnenkreditvergabe. Während der Binnenkredit in den IBG im Jahr 1990 lediglich 0,7 % des BIP ausmachte[1], betrug dieser Anteil in Syrien 31 %, in Jordanien 120 % und in Israel 109 %.[2]

Eine starke Behinderung erfuhr der allfällige Aufbau eines funktionierenden Bankensystems in den IBG auch dadurch, daß der rechtliche und regulatorische Rahmen für den Betrieb einer Bankniederlassung recht ambivalent war. Die Bank of Israel behielt sich beispielsweise vor, die Höhe der geforderten Mindesteinlagen der Institute **ad hoc** festzulegen. Vielfach lagen die von ihr geforderten Mindesteinlagen doppelt so hoch wie von der Zentralbank in Amman für die Niederlassungen in der Westbank vorgeschrieben. Hinzu kommt, daß im Gebiet der Westbank das israelische und das jordanische Bankgesetz nebeneinander Gültigkeit hatten, was vielfach zu unlösbaren Situationen führte.

---

[1] Lt. Central Bureau of Statistics, National Accounts of Judea, Samaria and Gaza Area, Jerusalem, 1986 - 1991.
[2] IMF, International Financial Statistics, Yearbook 1992.

Die Geldwechsler, deren Zahl seit 1967 sprunghaft anstieg, haben sich zwar, wie erwähnt, als ein durchaus effizienter informeller Finanzsektor etabliert, stellen jedoch nicht eine sinnvolle Alternative zum formellen Bankensystem dar. Nur die größten unter ihnen ausgenommen, sind die Geldwechsler ausschließlich auf Kurzdarlehen und kleinere Kredite für den informellen Wirtschaftssektor festgelegt und damit nicht in der Lage, Investitionskapital zur Verfügung zu stellen. Die meisten Geldwechsler sind, da nicht lizenziert, zumindest nach den Bestimmungen des israelischen Kreditgesetzes illegal; die Mehrzahl ihrer Geschäfte verläuft undokumentiert. Während israelische Exporteure vor der Intifada arabischen Kaufleuten noch Handelskredite mit einer Laufzeit von 1 - 3 Monaten einräumten, werden seit 1988 alle entsprechenden Transaktionen in der Westbank nur noch **cash** getätigt.

Eine politische Regelung des Nah-/Mittelost-Konflikts und die damit verbundene verstärkte Investitionstätigkeit wird den Kreditbedarf in den IBG erheblich steigern. Der Aufbau eines leistungsfähigen Finanzsektors mit einem wesentlich erweiterten Spektrum angebotener Leistungen ist damit vordringlich. Regionale Abdeckung, eine ausreichende Kapitaldecke, Rechtssicherheit und Know-how müssen vorhanden sein, um den Finanzierungsansprüchen zukünftiger Investitionen in den Besetzten Gebieten gerecht werden zu können. Das gegenwärtige System ist dieser Herausforderung in keiner Hinsicht gewachsen. Auch die Niederlassung von Leasing- und Finanzgesellschaften (die es gegenwärtig, von der Palestine Leasing Company der National Insurance Company abgesehen, in den IBG nicht gibt) wäre zu fördern, denn es ist durchaus denkbar, daß derartige Gesellschaften unter den gegenwärtigen Umständen in den IBG effizienter und den Ansprüchen gerechter operieren können als Geschäftsbanken. Hier steht jedoch noch eine genaue Untersuchung aus. Das gleiche gilt für die Frage, wie Wirtschaft und Investoren eines zukünftigen Palästina Zugang zu den internationalen Kapitalmärkten erhalten können. Unerläßlich ist ferner die Einrichtung eines effizienten Zahlungs-Clearing-Systems zwischen den IBG und Israel sowie eine gemeinsame Clearing-Stelle zwischen den Zentralbanken in Amman und Jerusalem, da davon auszugehen ist, daß analog zu den gegenwärtigen Handelsbeziehungen auch **künftig in dem Gebiet Israel/IBG zwei Währungen (N.I.S. und JD) nebenein-**

ander gebräuchlich sein werden.[1] Auch die Gründung einer Investment-Bank für den Raum wäre zu prüfen, die zu nennenswerten Zeichnungen auf den internationalen Kapitalmärkten in der Lage sein muß.

7.1.2 Handels- und Exportfinanzierung

Israel und die Türkei ausgenommen, verfügen die Länder des Nahen und Mittleren Ostens nur über unzureichende Exportfinanzierungsmöglichkeiten. Die strukturellen Nachteile sind zum Teil erheblich und ähneln sich in fast allen Ländern der Region.

Allgemein ist das Bankensystem in den betroffenen Ländern nicht entwickelt und differenziert genug, um den Erfordernissen einer effizienten Exportfinanzierung zu genügen. Die mit Exportfinanzierung befaßten Institute haben in den meisten Fällen entweder nicht die erforderlichen Mittel, oder ihnen ist nur ein ungewisser und langwieriger Zugang zu solchen Mitteln bei ihren jeweiligen Zentralbanken möglich. Darüber hinaus ist vielfach auch nicht die erforderliche Expertise vorhanden, um derartige Kreditgeschäfte abzuwickeln.

Exporte, die in den Genuß einer Handelsfinanzierung kommen, stellen deshalb nur einen Bruchteil der gesamten Ausfuhren dar. Allein eine bessere Finanzierungsgrundlage würde schon zu einem wesentlich höheren intraregionalen Warenaustausch führen. Zudem ist die Handelsfinanzierung, sofern sie überhaupt erhältlich ist, sehr stark an die allgemeine Kreditwürdigkeit und das Credit standing des Exporteurs gebunden und damit an eine Größe, die mit den Exportchancen des Produkts und der eigentlichen Ausfuhroperation überhaupt nichts zu tun hat. Israel und die Türkei ausgenommen, werden Handelskredite ohnehin nur dann gewährt, wenn der Exporteur ein bereits seit Jahren eingeführter Kunde des Kreditinstituts ist. Handelsfinanzierung ist deshalb für die Banken der Region allenfalls ein Beigeschäft innerhalb einer bereits etablierten Kundenbeziehung und kein spezielles Exportförderungsinstrument, das grundsätzlich allen Exporteuren offensteht. Exporteure ohne ent-

---

[1] In diesem Zusammenhang hat die Bank für Internationalen Zahlungsausgleich (BIZ) in Basel bereits im Fall einer weiterführenden Untersuchung ihre Mitarbeit angeboten.

sprechende Bankverbindungen oder aber kleine und mittlere Betriebe haben selbst bei besten Exportaussichten ihres Produkts so gut wie keine Chance, einen Handelskredit zu erhalten.

Daß auch in der Region tätige internationale Banken im allgemeinen wenig Bereitschaft zu mittel- oder langfristigen Exportkrediten zeigen, hängt nicht zuletzt damit zusammen, daß in der Region - von ganz wenigen Ausnahmen abgesehen - Exportkreditsicherungsinstrumente nicht existieren. Zudem bewerten die in der Region tätigen Geschäftsbanken bei der Bereitstellung eines Handelskredits die "Shipping capacity" des Exporteurs höher als seine Produktionskapazität, d. h. die Kreditentscheidung richtet sich nur nach dem vorliegenden Bestellvolumen.

Diese und zahlreiche weitere Umstände, die hier näher zu analysieren zu weit führen würde, haben zur Folge, daß nur etwa 15 % des gesamten Exportvolumens der Region in den Genuß einer Handelsfinanzierung kommen. Der völlig unzureichende institutionelle Rahmen für eine eigenständige Exportfinanzierung hat alle Regierungen im Nahen Osten bewogen, über ihre jeweiligen Zentralbanken (meist sehr begrenzte) Fazilitäten zur Exportfinanzierung bereitzustellen und zu verwalten. Dies ist angesichts der internationalen Erfahrung der dort tätigen Mitarbeiter verständlich, hat aber auch häufig schon zu Konflikten mit der eigentlichen Rolle der Zentralbank als Garant währungspolitischer Ziele geführt. Zahlreiche Beispiele belegen, daß die Zentralbanken im Konfliktfall den Erfordernissen der Geldpolitik Priorität vor den Parametern einer wünschbaren Exportfinanzierung einräumen. Außerdem wurde in den achtziger Jahren in den Ländern des Nahen Ostens das Rediskontierungsvolumen der Zentralbanken häufig - oft unter dem Druck des IMF - für Stabilisierungsmaßnahmen im Rahmen struktureller Anpassungsprogramme der Weltbank und nicht als Kreditinstrument für den Exportsektor benutzt.

Angesichts dieser und anderer struktureller Probleme stellt sich nicht nur die Forderung nach einem Abbau der gegenwärtigen institutionellen Hemmnisse (die aus den dargelegten Gründen zumindest kurz- bis mittelfristig eher schwierig zu beseitigen sind), sondern vor allem auch die Notwendigkeit der Etablierung einer regionalen Institution, die im Rahmen zunehmender intraregionaler Zusammenarbeit speziell auf die Bedürfnisse der Exportfinanzierung in den Ländern der Region ausgerichtet ist. Über eine regionale Bankenkooperation können nicht nur Kreditrisiken gepoolt werden, sondern es verbessert sich auch der Zugang zu den internationalen Kapitalmärkten mit in der Regel sehr guten Konditionen. Eine solche regionale Institution könnte auch zur bereits an anderer Stelle erwähnten dringend benötigten Standardisierung von Grenzdokumenten und Zollverfahren beitragen, die zu den gravierendsten nichttarifären Handelshemmnissen im Nahen Osten zählen. Einen erfolgversprechenden Ansatz könnte hier das in Abu Dhabi im Aufbau befindliche Arab Trade Financing Programme der Arab Monetary Authority (AMA) bieten, dessen multilaterales Programm jedoch noch näher zu analysieren wäre.

Grundvoraussetzung für eine verstärkte intraregionale Zusammenarbeit ist auch der Ausbau der regionalen Kapitalmärkte und deren Kooperation. Gegenwärtig sind die Kapitalmärkte der Region weder in der Lage, den Volkswirtschaften das benötigte langfristige Kapital zur Verfügung zu stellen, noch könnten sie dieses effizient verwalten. In diesem Bereich sind fast ausschließlich die internationalen Kapitalmärkte außerhalb des Nahen Ostens tätig.

In diesem Zusammenhang stellt sich auch die Frage nach einer eigenen regionalen Entwicklungsbank für den Nahen Osten. Wenn von einem "Marshall-Plan" für den Nahen Osten gesprochen wird, dann wäre vor allem eine solche regionale Institution in der Lage, sich dem Auf- und Wiederaufbau erfolgreich zu widmen. Gleichzeitig wäre mit einer solchen Institution ein alter Traum regionaler Zusammenarbeit im Nahen und Mittleren Osten verwirklicht, nämlich der Traum einer Reallokation des arabischen Ölreichtums auch auf die Nicht-Ölstaaten der Region mit all' den gewünschten Folgen einer verstärkten Industrialisierung und damit beachtlichen Hebung des Lebensstandards aller in dem Raum lebenden Menschen.

7.2 Arbeitskräftemigration

7.2.1 Die Arbeitskräftemobilität der Palästinenser

Der Nahe und Mittlere Osten gehört bezüglich des Güterhandels und der Kapitalbewegungen zu den am wenigsten integrierten Gebieten der Welt. Dagegen haben die Arbeitskräftewanderungen ein großes Ausmaß erlangt und für fast alle Länder dieser Region eine entscheidende wirtschaftliche Bedeutung. Die Analyse der Arbeitskräftewanderungen bildet deshalb einen wichtigen Ansatzpunkt für die Perspektiven einer regionalen Integration. Da die Richtung der Wanderungsbewegungen neben der relativen Knappheit der Faktoren Arbeit und Kapital auch die politischen Rahmenbedingungen widerspiegelt, ist es sehr wahrscheinlich, daß die Mobilität des Faktors Arbeit bei einer umfassenden Friedensregelung und regionaler Liberalisierung teilweise durch Kapitalbewegungen und Güterhandel ersetzt wird.

Diese Aussage trifft vor allem auf die Besetzten Gebiete (IBG) zu, worunter die Westbank und der Gazastreifen verstanden werden (auf wichtige Unterschiede zwischen beiden Gebieten wird an entsprechender Stelle hingewiesen).

Das auffälligste Merkmal der Arbeitskräftemobilität besteht darin, daß vor allem gering qualifizierte Palästinenser aus den Besetzten Gebieten als Gastarbeiter nach Israel pendeln, während überwiegend höher qualifizierte Arbeitskräfte (sowohl aus den Besetzten Gebieten als auch aus Jordanien) dauerhaft oder temporär in die ölreichen Golfstaaten migrieren. Die durchschnittliche Entlohnung der Pendler entspricht ungefähr dem israelischen Minimallohn. Die Löhne der Migranten liegen deutlich über denen in den IBG.

7.2.1.1 Die Struktur des Arbeitsmarktes in den Besetzten Gebieten (IBG)

Die wichtigsten Merkmale des Arbeitsmarktes der IBG sind:

- Ein hohes Wachstum der Gesamt- und damit auch der Arbeitsbevölkerung. Die Partizipationsrate am Arbeitsmarkt ist jedoch vergleichsweise niedrig.

- Eine große Abhängigkeit von externer Beschäftigung in Israel und den ölreichen arabischen Staaten, da die Beschäftigungsmöglichkeiten in den IBG gering sind.

Obwohl viele Palästinenser ihre Heimat aus wirtschaftlichen und politischen Gründen verlassen haben, gehören die IBG zu den am dichtesten besiedelten ariden Regionen in der Welt. Dies schlägt sich in der Altersstruktur der Bevölkerung nieder; fast die Hälfte ist jünger als 15 Jahre. Die Schätzungen der Bevölkerungszahl differieren zwischen israelischer und palästinensischer Seite. Israel geht -unter Fortschreibung der Volkszählung von 1967- von 1,8 Mio. Palästinensern aus; diese jedoch von knapp 2 Millionen.

Die Zahl der Arbeitskräfte stieg zwischen 1987 und 1991 um 10% an, die Beschäftigung jedoch nur um 3%.[1] Die Arbeitslosigkeit stieg entsprechend an (vgl. Tabelle 1). Besonders betroffen sind die jüngeren und/oder höher qualifizierten Teile der Bevölkerung.

Tab. 7.1:

Bevölkerungswachstum (in Tsd.) und Arbeitsmarkt in den IBG[3]

	1989	1990	1991	1992
Gesamtvölkerung[1]	770,7	804,0	833,9	851,8
Erwerbsbevölkerung	290,3	307,8	312,1	333,3
Beschäftigte	279,3	296,5	287,4	219,2
Arbeitslose	10,8	11,2	24,7	14,1
Partizipationsrate[2]	37,7	38,3	37,4	38,2
Arbeitslosenrate	3,72	3,64	7,91	4,23

[1] im arbeitsfähigen Alter; - [2] Gesamtbevölkerung/Beschäftigte; - [3] ohne Ost-Jerusalem

Quelle: World Bank, Developing the Occupied Territories, Vol.2: The Economy, Washington, Sept. 1993, S.165.

---

[1] Vgl. World Bank, Developing the Occupied Territories, a.a.O., S. 10.

Im Gegensatz zu diesen Zahlen, die auf ILO-Meßkonzepten beruhen, kommen Studien, die Arbeitslosigkeit weiter fassen, zu erheblich höheren Zahlen (z.B. 27% für 1992).[1] Die Intifada hat in den Besetzten Gebieten vor allem zu einer Reduktion der geleisteten Arbeitsstunden und einer Verlagerung von der Vollzeit- zur Teilzeitbeschäftigung geführt. Das ILO-Konzept, dementsprechend Arbeitslosigkeit nur bei einer Beschäftigung von weniger als einer Stunde pro Woche vorliegt, führt deshalb zu einer erheblichen Unterschätzung des tatsächlichen Ausmaßes. Auch die sozialen Folgen der zunehmenden Arbeitslosigkeit sind gravierend, da die Partizipationsrate in den IBG selbst im Vergleich zu den anderen arabischen Ländern niedrig ist.

Das Auseinanderklaffen von Arbeitsnachfrage und -angebot kann teilweise mit der Struktur und Entwicklung der Wirtschaft erklärt werden. Neben zahlreichen exogenen Schocks haben ungünstige wirtschaftliche Rahmenbedingungen die Entwicklung privater Wirtschaftstätigkeit behindert, bzw. zu einer einseitigen Struktur geführt, und damit nur ein geringes Wachstum der Arbeitsnachfrage geschaffen. Institutionelle Hindernisse und die geringe Kapazität des Finanzmarktes haben den Aufbau eigener Industrien deutlich verzögert und zu einem sehr niedrigen Industrialisierungsgrad geführt. Der private Dienstleistungssektor konnte sich dagegen relativ gut entwickeln, hat einen hohen Anteil am BIP und konnte bis 1987 viele Arbeitskräfte absorbieren. Seine Entwicklung hängt aber stark von den externen Beschäftigungs- und Verdienstmöglichkeiten ab und weist entsprechende Fluktuationen auf. Der einzige Sektor, der sowohl real als auch als Anteil am BIP ständig gewachsen ist, umfaßt Land- und Forstwirtschaft, sowie Fischfang. Gerade von diesem Sektor sind aber infolge stark gestiegener Produktivität nur geringe Beschäftigungsimpulse zu erwarten.

Mit der wachsenden Arbeitslosigkeit stieg die Abhängigkeit von Beschäftigungsmöglichkeiten im Ausland. Als unmittelbare Folge des Golfkriegs kehrten jedoch ca. 45000 Palästinenser in die Besetzten Gebiete zurück, und seit der Intifada sind auch die Arbeitsmöglichkeiten in Israel eingeschränkt.

---

[1] Vgl. Ebenda S. 14.

Erstaunlich ist vor diesem Hintergrund der schnelle Rückgang der Arbeitslosigkeit im Jahr 1992. Hier bleibt zu klären, ob diese Entwicklung unter anderem auch auf die Liberalisierungsmaßnahmen Israels zurückzuführen ist.

7.2.1.2 Die Abhängigkeit vom israelischen Arbeitsmarkt

Etwa ein Drittel aller Erwerbstätigen in den IBG ist in Israel beschäftigt. Die Zahl der zwischen Arbeitsplatz und Wohnsitz pendelnden Gastarbeiter hat sich seit 1987 wie folgt entwickelt:

Tab. 7.2:

Zahl der Erwerbstätigen und ihre regionale Aufteilung (in Tausend) 1987 - 1991

	1987	1988	1989	1990	1991
West Bank					
Gesamtbevölkerung	455,8	459,1	469,5	489,7	n.v.
Erwerbsbevölkerung	182,2	188,1	189,1	199,7	n.v.
Beschäftigte	177,6	183,0	180,8	192,6	179,7
lokal	114,7	119,0	115,4	128,0	123,8
in Israel	62,9	64,0	65,4	64,6	55,9
Gazastreifen					
Gesamtbevölkerung	282,6	291,9	301,2	314,3	n.v.
Erwerbsbevölkerung	101,7	101,2	101,2	108,0	n.v.
Beschäftigte	100,1	98,9	98,7	103,9	107,7
lokal	54,1	53,5	59,2	60,8	65,9
in Israel	46,0	45,4	39,5	43,1	41,8

Quelle: Hausman, L. (Hrsg.), Securing Peace in the Middle East, Cambridge 1993, S. 58.

Der Anteil der in Israel Beschäftigten sank seit dem Höchstand 1987 mit dem Beginn der Intifada ab, stieg dann jedoch wieder bis 1990 an, um erneut als Folge des Golfkriegs im Gazastreifen leicht und in der Westbank beträchtlich abzusinken. Dabei handelt es sich bei den in Israel tätigen Palästinensern überwiegend um niedrig qualifizierte Arbeitskräfte, die vor allem im Bausektor (68%) und in der Landwirtschaft (12%) beschäftigt sind.

Neben der problematischen Arbeitsmarktsituation schaffen auch die höheren Löhne in Israel Anreize für die Palästinenser, in Israel zu arbeiten. Ein Palästinenser verdient in den Besetzten Gebieten nur etwa 80% des Lohnes, den er für eine vergleichbare Tätigkeit in Israel erhalten würde.[1] Die Lohndifferenz reflektiert vor allem die unterschiedliche Produktivität zwischen beiden Volkswirtschaften. Das BIP pro Erwerbstätigen beträgt in den IBG nur 27% des entsprechenden Wertes für Israel. Auch das Verhältnis von Kapital zu Arbeit beträgt in den IBG nur ein Viertel des israelischen Vergleichswertes.

Diese Fakten deuten darauf hin, daß der israelische Arbeitsmarkt noch für geraume Zeit größere Relevanz für die Palästinenser besitzen wird. Die Abhängigkeit wird noch dadurch verstärkt, daß die Palästinenser auf dem israelischen Arbeitsmarkt sowohl quantitativ als auch qualitativ nur eine geringe Rolle spielen. Der israelische Arbeitmarkt bietet Palästinensern nur begrenzte Arbeitsmöglichkeiten; im übrigen kämpft Israel selbst mit einer beträchtlichen Arbeitslosigkeit. Russische Immigranten, obwohl qualifizierter, stellen zunehmend eine erhebliche Konkurrenz dar, da hier zumindest am Anfang eine relativ große Bereitschaft zu niedrig qualifizierter Arbeit besteht. Außerdem ist der durch hohe Einwanderungszahlen in den achziger Jahren ausgelöste Bauboom vorüber.

Die israelische Nachfrage nach palästinensischer Arbeit ist immer stark konjunkturabhängig gewesen. Wenn sie benötigt wird, ist sie aufgrund ihrer Komplementarität dann leicht zu ersetzen, wenn andere externe Potentiale zur Verfügung stehen.

Auch wenn gegenwärtig beide Seiten aus politischen Gründen eine Reduktion der palästinensischen Gastarbeiterzahl in Israel begrüssen würden, bleibt als

---

[1] Das unterschiedliche Qualifikationsniveau zwischen den Palästinensern und den Israelis spiegelt sich darin wider, daß die Löhne der Palästinenser im Durchschnitt nur etwa 22% der Israelis betragen. Diese Zahl spiegelt jedoch auch die Tatsache wider, daß Palästinenser für eine vergleichbare Arbeit weniger verdienen als die Israelis.

Tatsache, daß der israelische Arbeitsmarkt noch auf absehbare Zeit eine entscheidende Bedeutung für die IBG haben wird. Die Palästinenser wollen sich zwar von Israel weitgehend lösen, aber die dortige Beschäftigung dennoch im bisherigen Umfang (ca. 100000) aufrechterhalten. Israel hat bisher lediglich zugesagt, weiterhin 60000 Gastarbeiter zu beschäftigen.[1]

7.2.1.3 Wanderungsbewegungen zwischen den IBG, Jordanien und anderen Golfstaaten

Angesichts der geringen Kapazität des Arbeitsmarktes in den IBG und der Beschränkung der israelischen Nachfrage auf niedrig qualifizierte Arbeit ist es nicht erstaunlich, daß höher qualifizierte Palästinenser vielfach nach Jordanien und in die ölreichen Golfstaaten (teilweise über Jordanien) gewandert sind.

Über den Umfang der direkten Wanderung von Palästinensern in die ölreichen Golfstaaten existieren keine Zahlen. Daß diese Wanderungen ein beträchtliches Ausmaß angenommen haben müssen, ist daraus ersichtlich, daß vor dem Golfkrieg schätzungsweise 100000 von ihnen die Sommermonate im Gazastreifen verbrachten.[2]

Nach dem Krieg von 1967 emigrierten zunächst viele Palästinenser nach Jordanien, wo sie bis 1988 automatisch einen jordanischen Pass erhielten. Deshalb stellen Palästinenser einen Großteil (ca. 60%) der Bevölkerung Jordaniens. Da Jordanien selbst qualifizierte Arbeit exportiert, ist davon auszugehen, daß sich hierunter wiederum ein entsprechender Anteil Palästinenser befindet (auch wenn es hierüber keine Zahlen gibt). Die Anzahl derjenigen Jordanier (einschließlich der Palästinenser mit jordanischem Pass), die im Ausland arbeiten, kann nur grob geschätzt werden; für 1991 werden Zahlen zwischen 400000 und 600000 genannt. Später sank diese Zahl auf Grund der jordanischen Haltung im Golfkonflikt beträchtlich, da die jordanischen und palästinensischen Arbeitskräfte in den Golfstaaten leicht durch ägyptische und asiatische zu ersetzen waren.

---

[1] Vgl. Handelsblatt vom 9.11.1993
[2] Wie erwähnt sind nach dem Golfkrieg ca. 45000 in die IBG zurückgekehrt.

Jordanien importiert aber auch Arbeit aus Ägypten, Syrien, Asien und Europa. Bei den Gastarbeitern muß zwischen offiziellen und inoffiziellen unterschieden werden. Theoretisch benötigt jeder Ausländer, wozu auch die Palästinenser mit jordanischem Pass zählen, eine Arbeitserlaubnis.[1] Die Ende der 80-er Jahre gesunkene Zahl ausgestellter Arbeitserlaubnisse gibt die Lage jedoch nur unvollständig wieder, da ein großer Teil der Gastarbeiter im informellen Sektor beschäftigt ist. Der Anteil ausländischer Arbeitskräfte an der Arbeitsbevölkerung Jordaniens wird für 1991 auf 26% geschätzt; sie sind vor allem im Bau- oder Dienstleistungssektor sowie in der Landwirtschaft tätig. Hinzu kommt ein kleiner Teil hochqualifizierter Arbeitskräfte im Management- und Entwicklungsbereich.

Da Jordanien selbst über ein beträchtliches Maß an Arbeitslosigkeit verfügt, ist nicht zu erwarten, daß der jordanische Arbeitsmarkt größere Teile der arbeitslosen Palästinenser aufnehmen kann. Ein gewisses Potential besteht nur im Bausektor, der bereits in größerem Maße ausländische Arbeitskräfte beschäftigt. Hierfür müßten aber zuerst entsprechende Abkommen zwischen beiden Ländern geschlossen werden.

7.2.1.4 Der Arbeitsmarkt in den IBG bei regionaler Integration

Von den ca. 3,5 Mio Palästinensern, die außerhalb der IBG leben, haben 250000[2] ihren Bürgerstatus aufrechterhalten und können jederzeit zurückkehren. Inwieweit andere zurückkehren können, hängt von weiteren Verhandlungen ab. Ob sie diese Möglichkeit in Anspruch nehmen werden, ist jedoch eng mit den zukünftigen wirtschaftlichen Möglichkeiten verknüpft. Daneben spielen politische und religiöse Gründe eine wichtige Rolle. Allein im Libanon leben beispielsweise rund 300000 Palästinenser in Flüchtlingscamps, deren Rückführung der Libanon anstrebt, um das diffizile Gleichgewicht der Konfessionen im eigenen Land nicht zu stören.

---

[1] Vgl. Hausman, L., a.a.O., S. 60.
[2] Vgl. Bahiri, S., Huleileh, S. (1993), The Palestinian Economy. Interim Self Government. In: Peace Pays, Jerusalem 1993.

Geplant ist von palästinensischer Seite eine Rückwanderung von rund 50000 Personen jährlich.[1] Eine Zuwanderung in diesem Ausmaß können Arbeitsmarkt und Wirtschaft aber nur dann ohne größere Spannungen verkraften, wenn der wirtschaftliche Entwicklungsprozeß mit einem entsprechenden Anstieg der Arbeitsmöglichkeiten verbunden ist.

Auf jeden Fall werden Arbeitsplätze in der öffentlichen Verwaltung und durch Infrastrukturinvestitionen entstehen, da die internationale Gemeinschaft bereits entsprechende Finanzierungszusagen gemacht hat. Dadurch wird auch die *Entwicklung privater Wirtschaftstätigkeit* stimuliert. Angesichts der bisherigen Struktur und Größe der Wirtschaft spielen dabei ausländische Direktinvestitionen letztlich die entscheidende Rolle. Auch hierfür stehen die Chancen nicht schlecht, da die Investitionsbereitschaft der im Ausland lebenden Palästinenser hoch ist.

Von großer Bedeutung für die wirtschaftliche Entwicklung ist außerdem die Entwicklung des regionalen Güter- und Kapitalverkehrs. Hier ist mit Sicherheit eine Belebung zu erwarten, da zur Zeit neben den gesetzlichen Beschränkungen auch hohe Risikoprämien den Austausch erschweren (s.u.).

Neben den internen Beschäftigungsmöglichkeiten könnte der Friedensprozeß aber auch zu einer Erhöhung der externen Beschäftigungsmöglichkeiten führen. Inwieweit die ölreichen Golfstaaten in Zukunft bereit sein werden, wieder mehr Palästinenser zu beschäftigen, läßt sich zum jetzigen Zeitpunkt allerdings nicht absehen.

7.2.1.5 Das Qualifikationsniveau der Palästinenser in den IBG

Im Gegensatz zu ihrer schlechten Ausstattung mit natürlichen Ressourcen (z.B. Wasser, fossile Energieträger) verfügen die IBG über ein ausgesprochen hohes Maß an Humankapital.[2] Die Anzahl der Hochschulabsolventen ist die höchste aller arabischen Länder (18 pro 1000 Einwohner). Trotz der signifi-

---

[1] Ebenda.
[2] World Bank, a.a.O., Vol. 1: Overview, S.12.

kanten Migration besteht kein Mangel an qualifizierten Arbeitskräften oder talentierten Unternehmern. Dies erstaunt umso mehr, als das Ausbildungssystem schwerwiegende Defizite aufweist.[1]

Neben der finanziellen Unterversorgung liegen die Probleme hier auch auf der institutionellen, organisatorischen und strukturellen Ebene.

Das größte *institutionelle* Hindernis eines effizienteren Ausbildungssystems besteht sicherlich darin, daß das Bildungssystem von drei verschiedenen Autoritäten kontrolliert wird. Im Gazastreifen wird das ägyptische System, in der Westbank das jordanische angewendet, und Israel hat das Recht, das gesamte System zu kontrollieren. Entsprechend sind weder die Unterrichtsmethoden und -inhalte noch die Abschlüsse kompatibel.

Auf der *organisatorischen* Ebene schlägt sich das Problem der verschiedenen Autoritäten darin nieder, daß die Ausbildung in drei Sektoren aufgespalten ist. Die Staatsschulen werden von den Israelis betrieben und decken einen Großteil der Grundschulausbildung ab. Daneben gibt es UNWRA Schulen und Colleges, die durch internationale Hilfeleistungen finanziert werden und schließlich die privaten Schulen und Universitäten, die aber nur einen geringen Anteil am Bildungssystem haben. Dagegen sind die sogenannten "community colleges" vollständig privat organisiert. Sie bieten umfassende Ausbildungsmöglichkeiten im natur- und sozialwissenschaftlichen Bereich und der Lehrerausbildung. Auch die Kindergartenerziehung ist vollständig privat organisiert. Die jeweiligen Anteile der verschiedenen Institutionen an den einzelnen Schularten werden in Tabelle 7.3 dargestellt:

---

[1] Vgl. Commission of the European Communities: Report on the Educational System in the Occupied Territories.

Tab. 7.3:

Anteile der verschiedenen Träger an den jeweiligen Schularten

Schulart	Die Anteile der verschiedenen Schulträger (in %)		
	staatliche	UNWRA	privat
Kindergarten			100
Grundschule	65	30	5
Sekundarschule	94		6
Universitäten	22	14	64
Colleges			100

Strukturelle Probleme bestehen vor allem in einer Vernachlässigung der Sekundarschulbildung und der Berufsschulausbildung zugunsten der Universitätsausbildung. Dies wird bereits an der geringen Zahl der Sekundar- und insbesonders der Berufsschulen deutlich. An den zusammengenommen 1326 Grund-, Sekundar- und Berufsschulen haben die Sekundarschulen immerhin noch einen Anteil von 21%, die Berufsschulen aber nur von 0,7%.[1]

Die Sekundar- und Berufsschulen haben den Ruf, vor allem für den israelischen Arbeitsmarkt auszubilden. Deshalb ziehen viele eine höhere Ausbildung vor, mit der Folge, daß deren Qualität angesichts der Überlastung der bescheidenen Kapazitäten (besonders im Gazastreifen) sinkt.[2] Schon heute ist eine zunehmende Akademikerarbeitslosigkeit zu beobachten. Ein weiteres strukturelles Problem besteht in den regionalen Unterschieden zwischen der Westbank und dem Gazastreifen. Die wesentlich schlechtere Versorgung in Gaza umfasst sämtliche Ausbildungseinrichtungen. Während in der Westbank auf einen Lehrer durchschnittlich 30 Schüler kommen, sind es im Gazastreifen 35. Auch gibt es im Verhältnis zur Bevölkerung im Gazastreifen wesentlich weniger Universitäten. Ihre Überlastung kann auch nicht durch räumliche Mobilität ausgeglichen werden, da die israelischen Behörden dies behindern.

---

[1] Vgl. World Bank, a.a.O., Vol. 2, S. 39. Im Schuljahr 1990-91 wurde dieser Schultyp nur von 5000 Schülern genutzt.
[2] So sind beispielsweise doppelt soviele Studenten in den Colleges wie Schüler in den Sekundar- und Berufsschulen eingeschrieben.

Auch der häufige Unterrichtsausfall, sei es durch israelische Ausgangssperren oder durch die Intifada, muß gegenwärtig zu den strukturellen Problemen gezählt werden.

Gefordert wird,[1] daß folgende Ziele bei einer Umgestaltung Priorität genießen sollen:

- Eine Vereinheitlichung und Koordination des gesamten Ausbildungssystems.

- Massive Investitionen in die physische Infrastruktur, in eine bessere Ausbildung und eine Erhöhung der Lehrerzahl. In diesem Zusammenhang ist auch eine Aktualisierung sowohl der Lehrinhalte als auch der -methoden erforderlich.

- Eine bessere Orientierung des Systems an den Erfordernissen des Arbeitsmarktes, insbesondere die Allokation der Ressourcen zugunsten der beruflichen und technischen Ausbildung. Auch im kaufmännischen Bereich müßte ein Schwerpunkt der Ausbildung, insbesondere in Hinblick auf spätere Selbstständigkeit, liegen. Davon wären nicht nur positive Impulse für den Arbeitsmarkt zu erwarten, sondern auch für die wirtschaftliche Entwicklung insgesamt.

Während das erste Ziel gute Chancen hat, bei einer Selbstverwaltung erreicht zu werden, und auch das zweite Ziel durch externe Finanzierung voraussichtlich annähernd erreicht wird, ist die Umsetzung des dritten Zieles mit größeren Schwierigkeiten verbunden, da sie eine grundsätzliche Umstrukturierung des Systems bedeuten.

7.2.2 Die Arbeitskräftemobilität in der Golfregion

Die Länder der Region können grob in **Entsendeländer** (vor allem die ärmeren Länder des Nahen und Mittleren Ostens, wie Ägypten, Jordanien, Liba-

---

[1] Vgl. z.B. Commission of the European Communities, a.a.O.

non, Sudan, Syrien und Jemen sowie einige süd-und südostasiatische Länder) und in **Empfängerländer** (die ölreichen Golfstaaten Saudi-Arabien, Irak, Kuwait und die Vereinigten Arabischen Emirate) unterteilt werden.

Da die Gründe für die Wanderungsbewegungen sowohl wirtschaftlicher als auch politischer Natur sind, ist es nicht erstaunlich, daß ihre Richtung angesichts der drastischen Veränderungen der letzten zehn Jahre mehrfach gewechselt hat. Die hohe Volatilität der Arbeitskräftewanderungen wird insbesondere an den durch den Golfkrieg ausgelösten Rückkehrwanderungen deutlich.

7.2.2.1 Entwicklung der ausländischen Arbeitskräfte in den Empfängerländern

Die Anzahl der ausländischen Arbeitskräfte in den ölreichen arabischen Golfstaaten war zwischen 1975 und 1990 sowohl absolut als auch relativ zur inländischen Arbeitsbevölkerung stark angestiegen, so daß ausländische Arbeitskräfte 1985 im Durchschnitt der GCC Länder[1] 70% der gesamten Erwerbstätigen ausmachten.[2] Während der Anteil in Saudi-Arabien von 64% 1985 auf 59% im Jahre 1990 sank, stieg er in Kuwait in diesem Zeitraum sogar noch von 81% auf 86% an (im Gesamtdurchschnitt fiel er leicht auf 67,7%)

Wirtschaftliche Gründe, insbesondere die sinkenden Ölpreise und eine allgemeine Rezession, hatten schon in den 80-er Jahren zu einer Rückkehr von Arbeitskräften in ihre Herkunftsländer geführt.[3] Ende der achziger Jahre stieg deren Zahl jedoch mit der wirtschaftlichen Erholung wieder leicht an. Trotzdem hatte sich die Zunahme an ausländischen Arbeitskräften deutlich verlangsamt, denn der jährliche Zuwachs war in der zweiten Hälfte der achzi-

---

[1] Bahrain, Kuwait, Oman, Qatar, Saudi-Arabien, VAE.
[2] Vgl. UN-ESCWA, Survey of Economic and Social Developments in the ESCWA Region, 1992, S. 119.
[3] Über das quantitative Ausmaß existieren leider keine genauen Zahlen. Umfragen über die Rückkehrmotive in einigen Ländern spiegeln die sinkende Nachfrage jedoch indirekt wieder, da Gründe wie Kündigung, Ablauf des Arbeitsvertrags zugenommen haben.

ger Jahre von zuvor 10,5% auf 1,7% gefallen.[1] **Politische Gründe** haben die Richtung der Gastarbeiterströme ebenfalls stark beeinflußt.[2] Der größte Rückkehrstrom wurde zu Beginn der 90-er Jahre durch den Golfkonflikt ausgelöst. Nach Ägypten, Jordanien, Syrien und in die IBG sind laut verschiedener Quellen schätzungsweise 856000 Arbeitskräfte zurückgekehrt.

Trotz der Rückwanderungsbewegungen ist davon auszugehen, daß mit der wirtschaftlichen Erholung Saudi-Arabiens, auf das Mitte der 80-er Jahre 60% der ausländischen Arbeitskräfte entfielen, und dem Wiederaufbau in Kuwait die Zahl der ausländischen Arbeitskräfte in dieser Region heute wieder den Stand von 1990 erreicht hat.[3] Außerdem ist in den Empfängerländern ein wachsender Bedarf an Dienstleistungen entstanden, der unter anderem auch durch die Immigration in diese Länder verursacht worden war.[4]

Allerdings wurde durch den Golfkrieg eine Entwicklung verstärkt, die sich schon in den 80-er Jahren abzuzeichnen begann. Die Zusammensetzung der Arbeitskräfte hat sich deutlich zugunsten süd- und südostasiatischer Herkunftsländer verschoben. Arabische Rückkehrer sind vielfach durch Asiaten ersetzt worden. Besonders die Regierung in Kuwait machte ihre Präferenz für Zuwanderer aus Südasien deutlich, abgesehen davon, daß man die Gastarbeiterzahl auch insgesamt nicht mehr auf das frühere Niveau anwachsen lassen will. Speziell in Kuwait mit seiner erheblichen Abwanderung von Palästinensern müssen sich die jeweiligen Anteile deutlich zugunsten der Asiaten verschoben haben.

Die Abnahme des Anteils der arabischen Arbeitskräfte läßt sich vor allem dadurch erklären, daß die Löhne der arabischen Arbeitskräfte doppelt so hoch wie die asiatischen Löhne sind. Dabei muß natürlich nach dem Qualifikationsniveau der ausgeübten Tätigkeit unterschieden werden. Daß Löhne in diesem Zusammenhang eine entscheidende Rolle spielen, wird auch daran deutlich,

---

[1] Vgl. Al-Qudsi, S. et al, Labour Markets in the Arab Countries: A Survey. Cairo 1993.
[2] Ägyptische Gastarbeiter mußten 1977 und 1985 aus Libyen in ihre Heimat zurückkehren, wohl als Folge der Verständigung zwischen Ägypten und Israel.
[3] Vgl. UN ESCWA (1993), a.a.O., S. 118.
[4] Vgl. Al-Qudsi, S. et. al., a.a.O. S. 69. Es wurde ein Arbeitsmultiplikator aufgestellt, demnach ein zusätzlicher Immigrant in Kuwait 0,4 neue Arbeitsplätze schafft.

daß die Regierungen in den asiatischen Ländern eine aktive Politik betrieben haben, um ihre jeweilige Arbeitskräfte für die Empfängerländer attraktiv zu machen. So wurden beispielsweise in Pakistan und Bangladesh die Minimallöhne für Arbeiter in den Golfstaaten um 15 bzw. 20% gesenkt.

Die asiatischen Arbeitskräfte haben aber noch andere Vorteile für die Empfängerländer. Sie kommen meist ohne Familien und oft streng organisiert für die Zeitdauer bestimmter Projekte und ersparen den Empfängerländern dadurch teure Infrastrukturinvestitionen. Zudem bilden Pakistan und die Philippinen ihre Arbeitskräfte zielgerichtet entsprechend den Anforderungen in den Empfängerländern aus. Schließlich verhalten sich die asiatischen Zuwanderer - im Gegensatz zu den arabischen - politisch neutral.

Das letzte Argument wiegt umso schwerer, als die einheimische Bevölkerung in den Empfängerländer zunehmend befürchten muß, zur Minderheit im eigenen Land zu werden. Die Vergrößerung des Anteils asiatischer Arbeitskräfte bedeutet für die Empfängerländer zudem, daß die Gefahr der Dominanz einer Bevölkerungsgruppe von Immigranten geringer wird. Außerdem versuchen sie ihre Abhängigkeit von externer Arbeit insgesamt zu reduzieren, indem sie zumindest höher qualifizierte Positionen durch inländische Arbeitskräfte ersetzen. Diese Entwicklung spricht nicht dafür, daß die Golfstaaten wieder wie vor 1990/91 zu einem wesentlichen externen Arbeitsmarkt für die Palästinenser werden könnten.

Als "Lohn" für ihre Haltung im Golfkrieg stieg der nur Anteil der ägyptischen Arbeitskräfte gegenüber demjenigen der anderen arabischen Staaten an. Diese Entwicklung läßt sich zwar noch nicht zahlenmäßig belegen, aber es gibt einige Hinweise. Von ursprünglich 700000 ägyptischen Rückkehrern haben 300000 sofort wieder in anderen Ölstaaten, vor allem Saudi-Arabien, Beschäftigung gefunden.[1]

---

[1] Ein weiterer Grund könnte in den im Verhältnis zu den Löhnen in Jordanien niedrigeren Löhnen der Ägypter liegen.

Insgesamt müßte aber noch genauer geprüft werden, ob die Palästinenser nicht doch über komparative Vorteile[1] gegenüber ihren ägyptischen und asiatischen Konkurrenten verfügen, bzw. durch entsprechende Ausbildung verfügen könnten, der dazu führen würde, daß der Arbeitsmarkt in den Golfstaaten nicht völlig verlorengeht.

7.2.2.2 Wirkungen der Rückkehrwanderungen in den Entsendeländern

Arbeitsmarktwirkungen

Die durch den Golfkrieg ausgelösten Rückwanderungen vergrößerten in den Entsendeländern die Lücke zwischen Arbeitsangebot und Arbeitsnachfrage. Das Ausmaß der durch den Golfkrieg ausgelösten Rückkehrwanderungen wird in Tabelle 7.4 veranschaulicht.

Tab. 7.4:

Rückkehrwanderungen durch den Golfkrieg

Herkunftsland	Rückkehrer in Tsd. (geschätzt)[1]	Erwerbstätige in Tsd.[3]	Anteil der Rückkehrer an den Erwerbstätigen
Ägypten	400[2]	14526	2,7%
Jordanien	300	929	31,9%
Syrien	111	3076	3,6%
IBG[5]	45	333[4]	13,5%
Asien	604	n.v	n.v.

[1] *Quelle:* UN-ESCWA (1992), S. 24; - [2] Ursprünglich wurde von 700000 ausgegangen, aber 300000 haben vor allem in Saudi Arabien Arbeit gefunden; - [3] Vgl. Al-Qudsi, S. et.al. (1993); - [4] Vgl. World Bank, Economic Development and Cooperation in the Middle East and North Africa, Washington 1993, S. 165; - [5] Ohne Ost-Jerusalem.

---

[1] Zumindest könnte ein Nachteil durch das hohe Lohnniveau zumindest reduziert werden, wenn man berücksichtigt, daß die Währung eines selbstverwalteten Gebietes niedriger bewertet sein wird als die israelische Währung.

Obwohl Ägypten die meisten Rückkehrer aufnehmen mußte, sind die Wirkungen für den Arbeitsmarkt und die gesamte Volkswirtschaft in Jordanien und die IBG sicher schwerwiegender.

Insbesondere für Jordanien[1] bedeuten die Rückkehrer einen Anstieg der Bevölkerung um 8,4%,[2] der Erwerbstätigen um 31,9% und eine Steigerung der Arbeitslosigkeit von 15 auf 20 %.

Aber auch in den IBG ist die Arbeitslosigkeit 1991 auf über 10% angestiegen. Somit haben die Rückkehrwanderungen vor allem diejenigen Entsendeländer betroffen, deren Arbeitslosigkeit schon vorher relativ hoch war. Ob die Arbeitslosigkeit langfristig durch die Rückkehrwanderungen steigen wird, ist gegenwärtig noch nicht absehbar. Interessant wäre insbesondere, ob die Löhne hinreichend flexibel auf das veränderte Angebot reagiert haben.

Gesamtwirtschaftliche Wirkungen

Als unmittelbare Wirkung der Rückkehrwanderungen stieg die Nachfrage nach öffentlichen Dienstleistungen in allen betroffenen Ländern sehr schnell an und überforderte die ohnehin meist zu geringe Versorgung rasch. In Jordanien kam es auch zu Engpässen auf dem Wohnungsmarkt, die zu inflationärem Druck führten.[3]

Die Rücküberweisungen stellen in den Empfängerländern eine wichtige Einkommens- und Devisenquelle dar. In vielen Ländern ist der Anteil der Rücküberweisungen am BIP sehr hoch, in Jordanien liegt er beispielsweise zwischen 14 und 28%. Obwohl die Rückkehrer teilweise große liquide Mittel mitbrachten und damit die Zahlungsbilanz kurzfristig entlasteten, sind in den kommenden Jahren weiter rückläufige Überweisungen zu erwarten, wodurch die Devisenengpässe durch hohe Handelsbilanzdefizite und externe Verschuldung verschärft werden. In Tabelle 7.5 werden Rücküberweisungen für Ägyp-

---

[1] Vgl. Baumgarten, H., a.a.O. S. 110.
[2] UN-ESCWA (1992), S. 25.
[3] Vgl. UN-ESCWA (1992), S. 25.

ten, Jordanien, Syrien und die IBG absolut, als Anteil am BIP und als Anteil am Handelsbilanzdefizit dargestellt:

Tab. 7.5:

Die Bedeutung der Rücküberweisungen in den Empfängerländern

Herkunftsland		Rücküberweisungen[1] absolut (A) (in Mio US $) und als Anteil am BIP (B)[2] und in der Relation zum Handelsbilanzdefizit (C)[3]		
		1985 - 89[3]	1990	1991
Ägypten	A	3277	4284	4054
	B	4,72%	8,9%	11,9%
	C	60,36%	63,9%	67,8%
Jordanien	A	933,4	611,5	1163,7[4]
	B	17,38%	15,4%	28,2%
	C	71,8%	49,4%	106,2%
Syrien	A	352,4	375	n.v
	B	1,64%	1,57%	n.v.
	C[5]	34,34%	17,3%	n.v.
IBG[6]	A	596,4	794	737
	B		29,5%	25,7%
	C	n.v.	29,5%	25,7%

[1] *Quelle:* Balance of Payments Statistics 1992; - [2] *Quelle:* IMF, International Statistical Yearbook 1993, eigene Berechnungen; - [3] Für 1985-90 jeweils im Durchschnitt der fünf Jahre; - [4] Für 1991 schwanken die Angaben bezüglich der Rücküberweisungen; - [5] Syrien hatte 1989 und 1990 einen Überschuß; - [6] *Quelle:* World Bank, a.a.O.; ohne Ost-Jerusalem.

Obige Tabelle macht die große Abhängigkeit der IBG und Jordaniens von externer Beschäftigung deutlich. Die Auswirkungen des Golfkriegs absolut zu quantifizieren, ist jedoch schwierig, da davon auszugehen ist, daß die Rückkehrer 1991 Ersparnisse mitnehmen konnten. Das gesamte Ausmaß würden erst die entsprechenden Daten für das Jahr 1992/93 belegen. Für Jordanien werden die Überweisungen 1993 auf 760 Mio US$ und 1994 auf 800 Mio US$ geschätzt.[1] Somit waren die Rücküberweisungen durch den Golfkrieg zunächst deutlich unter ihr Niveau in den achziger Jahren gesunken, die Steige-

---

[1] Vgl. Handelsblatt, 13. 12. 1993

rung im Jahre 1993 könnte allerdings darauf hindeuten, daß die Situation sich für die Palästinenser und Jordanier allmählich wieder verbessert hat.

Gegenwärtig sind die Wirkungen insgesamt noch nicht vollständig zu beurteilen, da nicht absehbar ist, inwieweit Rückkehrer wieder in anderen Ländern Arbeit gefunden haben (Bsp. Ägypten). Der Anteil der Rücküberweisungen am BSP hängt stark von der jeweiligen Wirtschaftskraft ab und zeigt deutlich die Abhängigkeit des Volkseinkommens insbesondere der kleineren Länder wie Jordanien von externen Einkommensquellen.[1]

Die Relation der Rücküberweisungen auf das Handelsbilanzdefizit bezogen ist durchweg hoch. Zwar führen die Arbeitskräftewanderungen auch zu höheren Exporten (vor allem an Nahrungsmitteln, da Gastarbeiter im Ausland einheimische Produkte nachfragen). Dieser Effekt wird aber überkompensiert durch die zusätzliche Importnachfrage der Rücküberweisungsempfänger.

Neben diesen kurzfristigen Wirkungen stellt sich die Frage, wie die Migrationsströme längerfristig auf die wirtschaftliche Entwicklung der Herkunftsländer wirken. Den bisher aufgezeigten positiven Wirkungen auf Arbeitsmarkt, Zahlungsbilanz und Einkommensniveau stehen auch negative Wirkungen gegenüber. *Erstens* haben die Empfängerländer die Möglichkeit, die Einwanderungen ihren wirtschaftlichen und politischen Präferenzen entsprechend mit dem Instrument der Einwanderungspolitik zu steuern. Die Herkunftsländer befinden sich demgegenüber in einem Abhängigkeitsverhältnis. *Zweitens* entlastet die Migration zwar den Arbeitsmarkt, führt jedoch, wie für die IBG gezeigt, auch zu einer Verstetigung struktureller Ungleichgewichte. Im Falle Jordaniens wird dies daran deutlich, daß die Auswanderer durch Einwanderer aus Ägypten und Asien ersetzt wurden,[2] die aber nicht über das entprechende Qualifikationsniveau verfügten, so daß es zu Engpässen in bestimmten Bereichen kam. Außerdem steigen tendenziell die Löhne im Empfängerland. Dadurch können unter Umständen komparative Kostenvorteile im inter-

---

[1] Während Jordanien 1991 sein Außenhandelsdefizit durch die kurzfristig stark angestiegenen Rücküberweisungen vollständig abdecken konnte, war dies 1993 nur zur Hälfte möglich.

[2] Deren Zahl für 1980 auf 80000 geschätzt wurd. Vgl. Al-Qudsi, S. (1993), a.a.O. S. 82.

nationalen Handel verlorengehen. Dies gilt wieder für die IBG, in denen die Löhne höher als in Jordanien sind, dessen Löhne wiederum über den ägyptischen liegen. Auch in Jordanien sind die Löhne in den achtziger Jahren, vermutlich durch die Arbeitskräftewanderungen, stark gestiegen.[1]

Zusätzlich müßten noch die Wirkungen der Rücküberweisungen auf den Wechselkurs überprüft werden. Theoretisch kann auch die Produktion handelbarer Güter durch den Wechselkurs behindert werden, wenn dieser aufgrund von Rücküberweisungen überbewertet ist.

Die letzten Faktoren gewinnen umso mehr an Gewicht, wenn man die Arbeitskräftewanderungen im Kontext eines zukünftigen Wegfallens der Handels- und Kapitalverkehrsbeschränkungen betrachtet. Sicher wird die Wohlfahrt kurzfristig in zwei Ländern, die unterschiedlich mit einem Faktor ausgestattet sind, durch die Arbeitskräftewanderungen maximiert. Sofern die Rückkehrwanderungen nicht ökonomisch motiviert sind, würde die Wohlfahrt sinken. Langfristig könnten die Rückkehrwanderungen jedoch durchaus positive Effekte für die Entwicklung der Entsendeländer haben, sofern sie im Rahmen einer größeren regionalen Integration stattfinden.

7.3 Touristische Infrastruktur und Potentiale

7.3.1 Das touristische Potential der Region

Der Nahe und Mittlere Osten verfügt über ein äußerst vielversprechendes touristisches Potential, das jedoch bisher aufgrund der politischen Unsicherheit nicht voll ausgeschöpft werden konnte. Außerdem weist die touristische Infrastruktur in allen Ländern (außer Israel) große Mängel auf und ist zwischen den Ländern kaum vernetzt; teilweise bestehen sogar regelrechte Barrieren in Form von Einreisebestimmungen, die eine Rundreise unmöglich machen.

---

[1] Vgl. ILO/UNDP, Support to Arab Migration Policies, Geneva 1992, S. 12.

Die Wachstumsraten des Tourismus in der Region liegen weit unter dem weltweiten Durchschnitt der letzten 10 Jahre von 4,5% p.a.. Dementsprechend fiel der Anteil des Nahen und Mittleren Ostens am Welttourismus von 2,5% im Jahr 1981 auf nur noch 1,6% im Jahre 1991. Die vielfältigen touristischen Attraktionen der Region machen die Chancen deutlich, die der Friedensprozeß und eine regionale Kooperation für die Entwicklung des Fremdenverkehrs und der Wirtschaft allgemein bieten. Das touristische Potential umfaßt Tourismus innerhalb der einzelnen Länder, zwischen den einzelnen Ländern der Region (im folgenden intraregionaler Tourismus) und aus dem Rest der Welt (im folgenden internationaler Tourismus) und besteht sowohl aus kulturell oder religiös motiviertem, als auch aus Erholungs- und Konferenztourismus. Dabei spielt der kulturell oder religiös motivierte Tourismus traditionell und wohl auch in Zukunft eine besonders wichtige Rolle, da das östliche Mittelmeer zusammen mit Anatolien, Irak (Mesopotamien), Ägypten und Syrien, Libanon und Jordanien über eine der weltweit reichsten Konzentrationen an historischen und religiösen Stätten verfügt. Außerdem hat die Region auch landschaftlich und kulturell viel zu bieten, das Klima ist angenehm und die Bevölkerung gastfreundlich.

Wählt man das nahe Griechenland, das jährlich 20 Mio. Touristen anzieht, als Vergleichsmaßstab, erscheinen Prognosen, die für Israel und die IBG eine Steigerung von gegenwärtig jährlich 2 Mio. Touristen auf 10 Mio. im Jahr 2000 vorhersagen, durchaus realistisch.

Dabei wird neben dem internationalen in Zukunft auch der intraregionale Tourismus eine voraussichtlich größere Rolle spielen. Auch die Bedeutung des (reinen) Erholungs- und Konferenztourismus wird im Verhältnis zu religiös oder kulturell motiviertem Fremdenverkehr zunehmen.

Sehenswürdigkeiten und Anziehungspunkte

In den *Besetzten Gebieten (IBG)* hat sich der Tourismus bisher am wenigsten entwickeln können, obwohl ein sehr großes Potential besteht. Das historische Palästina ist die Wiege zweier großer Weltreligionen, des Christen- und des Judentums, Jerusalem einer der heiligsten Orte für die dritte, den Islam. Für das touristische Potential der IBG ist Ost-Jerusalem ein besonderer Anziehungspunkt, da hier die größte Konzentration an historischen und religiösen Sehenswürdigkeiten zu finden ist. Darüber hinaus bietet vor allem die Westbank zahlreiche Attraktionen. Bethlehem folgt Jerusalem, was seinen Reichtum an christlich religiösen Objekten angeht; desgleichen Jericho als älteste von Stadtmauern umgebene bewohnte Stadt der Welt, die 8000 Jahre vor Christus gegründet wurde. Aber auch Ramallah durch sein angenehmes Klima, Hebron durch seine besondere Bedeutung für Juden und Moslems, Nablus durch die malerische Landschaft und das Grab Josefs sind klassische touristische Attraktionspunkte. Dagegen sind Tulkarm und Jenin weniger mit religiösen Sehenswürdigkeiten ausgestattet; es gibt aber deutliche Hinweise, daß diese Gebiete eine ebenso hohe Dichte an archäologischen Überresten aufweisen wie die anderen Gegenden, die jedoch erst noch entdeckt werden müssen. Dagegen liegt das touristische Potential des Gazastreifens, obwohl es auch hier Sehenswürdigkeiten gibt und Ausgrabungen mit großer Wahrscheinlichkeit weitere zutage bringen würden, mehr in seiner landschaftlichen Schönheit. Die Mittelmeerküste ist bekannt für ihre schönen Strände, desgleichen sprechen die historische Bedeutung als Verkehrsknotenpunkt (des Hafens von Gaza) und die Zitronenplantagen im Landesinneren für die Möglichkeit, den touristischen Sektor zu entwickeln.

In *Israel* treffen verschiedene Kontinente, Klimazonen und Völker zusammen. Es gibt eine Vielzahl von historischen und religiösen Sehenswürdigkeiten, die besonders in Jerusalem konzentriert sind. Die heiligen Stätten der drei großen Weltreligionen schließen die westliche Tempelmauer, den Felsendom, die El-Aqsa-Moschee, die Kirche des heiligen Grabes und ihr Museum, sowie die Via Dolorosa ein. Schließlich gibt es das Rockefeller Museum, das Museum islamischer Kunst und viele archäologische Fundstätten wie die Tempelbergausgrabungen, die Stadt Davids, das jüdische Viertel, der Markt der Altstadt und vieles mehr.

Über ganz Israel verteilt gibt es eine Menge weiterer Sehenswürdigkeiten, wie Masada, Caesarea mit seinem Amphitheater, Nazareth, Tiberias, Zefat und Haifa. Besondere landschaftliche Schönheit findet man in Ein Gedi, Rosh-Hanikra und in den Korallenriffs von Eilat. Eilat und die Strände des Mittelmeers bilden Erholungszentren, die noch durch Orte mit heilender Wirkung wie das

Tote Meer, den See von Galilea und die heißen Quellen in Tiberias und Hamat Gadar ergänzt werden.

Jordanien ist ein Land, das ebenfalls über viele Stätten historischer und religiöser Bedeutung verfügt. Zu nennen sind hier vor allem die Überreste von Petra, Gräber und in Fels gemeißelte Heiligtümer, die altertümliche Stadt Jarash mit ihrem römischen Forum und das Freilichttheater in Amman. Aus der islamischen Periode sind die Omayyad Schlösser in Qasr Amra mit ihren berühmten Fresken und Al-Azraq, wo Lawrence von Arabien sein Hauptquartier hatte, erwähnenswert. Darüber hinaus gibt einige Küstenorte entlang der Strände von Aqaba.

Ägypten verfügt über bedeutende archäologische Stätten, wie die Giza Pyramiden, den Sphinx, die Minya Tempel und die Beni Hassan Gräber im nördlichen und das Tal der Könige, das Tal der Königinnen, die Tempel von Luxor und die Tempel von Assuan und Abu Simbel im südlichen Landesteil. Neben den Sehenswürdigkeiten sorgen der Nil, die Wüste, die Mittelmeerstrände sowie die Korallenriffs und Strände am Roten Meer für weitere touristische Anziehungspunkte.

Auch *Syrien* verfügt über einen großen Reichtum an geschichtlichen und religiösen Stätten, Mausoleen, Moscheen, Souks und Basaren sowie über eine abwechslungsreiche Landschaft, so daß auch hier Entwicklungsmöglichkeiten auf touristischem Gebiet bestehen.

Schließlich hat auch der *Libanon* zahlreiche touristische Anziehungspunkte zu bieten, wie (prä-)historische Ausgrabungsstätten, schöne Strände und Gebirge, in denen man sich im Sommer von der Hitze erholen und im Winter skifahren kann.

Touristische Infrastruktur

Die politischen Spannungen und mangelnde Kooperation in der Region haben dazu beigetragen, daß die touristische Infrastruktur stark unterentwickelt (außer in Israel) und über die Länder hinweg schlecht vernetzt ist (Superstruktur).

In Ägypten ist die Versorgung mit Unterkünften und Infrastruktur am Nil gut, dafür fehlt es aber am Roten Meer an beidem. Außerdem gibt es Probleme mit der Umweltverschmutzung, formalen Prozeduren (Visa) und den Kommunikationsmöglichkeiten. In *Jordanien* stieg die Zahl der Hotels zwischen 1975 und 1985 zwar um das fünffache und es existieren sogar an manchen Orten Überkapazitäten, insgesamt fehlt es aber noch an Infrastruktur und Marketing, um das Potential voll ausschöpfen zu können. Während sich der touristische Sektor in den oben genannten Ländern zumindest in Grenzen entwickeln konnte, haben sich die Rahmenbedingungen in den *IBG, dem Libanon und Syrien* verschlechtert. Die Entwicklung in den IBG tritt besonders deutlich zutage, wenn sie der israelischen gegenübergestellt wird. *Israel* verfügt über ein sehr gut ausgebautes Netz an Unterkünften und Infrastruktur (Verkehrsmittel und -wege, Versorgung mit Strom und Wasser) und weist teilweise bei den Unterkünften Überkapazitäten auf. Außerdem wurden der infrastrukturelle Ausbau und die Bildung von Humankapital in diesem Bereich gezielt staatlich gefördert. In den IBG hat sich dieser Sektor dagegen seit 1967 zurückentwickelt.

Tab. 7.6:

Die Veränderung einiger Indikatoren touristischer Infrastruktur zwischen 1967 und 1992

	Reiseführer (Tour Guides)	Reiseagenturen	Hotelzimmer
Israel	4300 (+4300)	436 (+401)	31000 (+26000)
IBG[a]	70 (-136)	36 (-11)	2000 (konst.)

[a] ohne Ost-Jerusalem

Quelle: Weltbank a.a.O., Vol. 3: Private Sector Development.

Diese Zahlen dokumentieren nicht nur die durch die unsichere Lage abnehmenden Besucherzahlen, sondern spiegeln auch vielfache Behinderungen wieder, denen der Sektor durch die Israelis ausgesetzt ist.[1] Viele qualifizierte Kräfte sind deshalb in den israelischen Tourismussektor abgewandert.

7.3.2 Die aktuelle Bedeutung des Tourismus in der Region

Die Bedeutung des Tourismus läßt sich an der Entwicklung der Besucherzahlen und der Einnahmen aus dem Fremdenverkehr ablesen. Obwohl für die IBG keine Zahlen vorliegen, läßt sich bereits an der Entwicklung der Infrastruktur ablesen, daß die Bedeutung des Tourismus in den IBG seit 1967 deutlich abgenommen hat.[2] Dieser Trend wurde durch die Intifada noch verstärkt.[3]

Besucherzahlen bezüglich des internationalen Tourismus existieren nur für Israel, Ägypten und Jordanien. Von 1985 bis 1989 konnte nur Ägypten seine Besucherzahlen stetig steigern. Die sich in jüngster Zeit häufenden Anschläge auf Touristen durch islamische Fundamentalisten haben allerdings wieder zu einem starken Einbruch geführt.

---

[1] Die Israelis haben Bestimmungen erlassen, die es den Palästinensern erheblich erschweren, auf touristischem Gebiet zu arbeiten. Beispielsweise müssen hohe finanzielle Sicherheiten erbracht werden, um sich als Reiseagent niederlassen zu können, oder ein Test auf hebräisch absolviert werden, um als Reiseführer arbeiten zu können, e.t.c..
[2] Damals hatte der Tourismus eine wichtige wirtschaftliche Bedeutung, da in diesem Sektor 13% des BIPs erwirtschaftet wurden.
[3] Nur Subkontrakte mit israelischen Reiseveranstaltern und die Beziehungen zu Jordanien sorgen dafür, daß der Sektor nicht noch stärker geschrumpft ist. Vgl. UNCTAD (1991), S. 61.

Tab. 7.7:

Entwicklung der Besucherzahlen (in Tsd.):

	1985	1987	1988	1989
Israel[a)]	1264,4	1378,7	1169,6	1176,5
Ägypten	1518,4	1794,9	1969,5	2503,4
Jordanien	1889,9	1897,9	2391,1	2278,1

[a)] Die Zahlen für Israel sind mit denen der anderen beiden Länder wegen unterschiedlicher Abgrenzung nicht vergleichbar. Bei Israel handelt es sich nur um die internationalen Touristen, bei den anderen um alle Ankünfte aus Drittstaaten.

Quelle: UNCTAD (1991), The Tourism Sector and Related Services in the Palestinian Territory under Israeli Occupation; Geneva 1994.[1]

Über die Entwicklung des intraregionalen Tourismus existieren keine detaillierten Zahlen. Im Jahr 1985 betrug der Anteil des intraregionalen Tourismus in Jordanien 82% und in Ägypten immerhin noch 30%.

Besser als an den absoluten Besucherzahlen läßt sich die gesamtwirtschaftliche Bedeutung des Tourismus an den damit verbundenen Geld- und Devisenströmen ablesen. Für die IBG existieren keine aktuellen Zahlen. Für 1989 liegen die Schätzungen zwischen 90 und 100 Mio.US $. Die durch den Golfkrieg verursachten Ausfälle (von August 1990 bis zum Sommer 1991) werden ebenfalls auf 100 Mio US$ geschätzt.[2]

Für Israel, Ägypten, Jordanien und Syrien kann die Entwicklung zumindest bis 1991 eindeutig nachvollzogen werden, allerdings ist mangels aktueller Zahlen keine Aussage darüber möglich, ob sich die durch den Golfkrieg gesunkenen Einnahmen inzwischen wieder erholt haben.

---

[1] Auf höhere Zahlen im Falle Israels kommen: Tal, A.; Fishelson, G. (1992)
[2] Allerdings inklusive Kunsthandwerk und Restaurants, die sonst entsprechend der engeren Definition des IWF nicht in die Rubrik "travel credit" fallen.

Tab. 7.8:

Bedeutung und Entwicklung der Einnahmen aus dem Tourismus

Land		Einnahmen absolut (A) (in Mio. US $), als Anteil am BIP (B) und in Relation zu den Exporterlösen (C).			
		1985 - 88[1]	1989	1990	1991
Israel	A	1190	1468	1397	1306
	B	3,59%	3,3%	2,68%	2,2%
	C	13,89%	13,14%	11,36%	10,7%
Jordanien	A	563,8	545,8	511,2	316,6
	B	9,75%	13,05%	12,93%	7,68%
	C	49,32%	49,19%	48,05%	28,03%
Ägypten	A	556,5	962	1100	1373
	B	0,8%	1,38%	2,29%	4,02%
	C	18,01%	33,09%	30,52%	35,6%
Syrien	A	244,25	325	305	n.v.
	B	1,02%	1,75%	1,27%	
	C	17,4%	10,78%	7,2%	

[1] Im Durchschnitt der drei Jahre.

Quelle: IMF International Financial Statistics 1993, Balance of Payments Statistics 1992, eigene Berechnungen.

Die größte wirtschaftliche Bedeutung hat der touristische Sektor in Jordanien und zwar sowohl als Einkommens- als auch als Devisenquelle (trotz sinkender Tendenz). Für Ägypten hat der Sektor als Einkommensquelle eine geringere, aber stark wachsende, als Devisenquelle eine sehr große Bedeutung. Als einziges Land in der Region konnte es 1991 Zuwächse erzielen. Für Israel ist die Bedeutung sowohl als Einkommens- wie auch als Devisenquelle relativ niedrig und weist eine leicht sinkende Tendenz auf. Für Syrien ist der Tourismus als Einkommensquelle relativ unbedeutend, und seine Bedeutung als Devisenquelle nimmt ab. (Trotz absoluten Zuwachses 1989 und leichten Rückgangs 1990 sank die Relation zu den Warenexporten stark.)

7.3.3 Perspektiven regionaler Kooperation

Die entscheidende Motivation, um auf dem Gebiet des Tourismus zu kooperieren, ist darin zu sehen, daß die gesamte Region dadurch ihren Anteil am Welttourismusaufkommen vergrößern könnte. Da der Tourismus weltweit eine Wachstumsbranche darstellt, sind große Zuwächse für die gesamte Region wahrscheinlich. Der traditionelle, meist religiös motivierte Tourismus würde positive Impulse erhalten und neue Marktsegmente, wie der Erholungs- und Konferenztourismus, würden hinzukommen. Dadurch sind für jedes Land der Region hohe absolute Zuwächse bei den Besucherzahlen und Einnahmen wahrscheinlich, selbst wenn sich die relative Position einzelner Länder (z.B. Israels) durch den verschärften Wettbewerb verschlechtern sollte.

Es existieren bereits Vorschläge, einen Plan für die Entwicklung des Tourismus in der gesamten Region zu formulieren. Danach könnte jedes Land zwar seine eigene Politik verfolgen, doch würden kurz- und langfristige Strategien festgelegt werden, an denen sich die einzelnen Länder orientieren und die den Ausgangspunkt für eine intensivere regionale Kooperation bilden könnten.

Ein Beispiel für die Möglichkeiten einer solchen Kooperation ist die Verständigung Israels und Ägyptens im Rahmen des Camp David Friedensabkommens. Über 3 Mio. Besucher, darunter westliche Touristen, Palästinenser und Besucher aus anderen arabischen Staaten, sind seither von Israel nach Ägypten eingereist. Umgekehrt besuchen allerdings immer noch relativ wenige Ägypter Israel.[1]

Einen Ansatzpunkt für die zukünftige Kooperation stellen bestimmte Gebiete dar, deren Potential nur durch Zusammenarbeit ausgeschöpft werden kann. Hier ist besonders der Golf von Eilat/Aqaba im Roten Meer zu nennen. Die Bildung einer "Free Tourism Zone" durch die vier angrenzenden Länder Ägyp-

---

[1] Umgekehrt besuchen allerdings immer noch relativ wenige Ägypter Israel. Neben mangelnder Information ist der Grund vor allem darin zu sehen, daß die religiösen Attraktionen als von Israel okkupiert angesehen werden und ein Besuch als Legitimation der Besetzung angesehen wird.

ten, Israel, Jordanien und Saudi-Arabien könnte zum Pilotprojekt einer weiteren Kooperation werden. Die Attraktivität dieser Gegend würde erheblich gesteigert, wenn die Touristen sich ungehindert durch nationale Grenzen bewegen könnten. Ebenso machen Konflikte zwischen industrieller und touristischer Nutzung die Kooperation erforderlich.[1] Schließlich liegt die Bedeutung dieses Projektes auch darin, daß die Länder das Marktsegment des reinen Erholungstourismus stärker erschließen könnten.

Einen anderen Ansatzpunkt bildet die Zusammenarbeit durch den Austausch von Know-how sowohl im technischen Bereich als auch in der Ausbildung von Fachkräften. In diesem Bereich hat Israel einen erheblichen Vorsprung, während die arabischen Länder kostengünstiger sind. Aber nicht nur auf der Ebene staatlicher und/oder übergeordneter Institutionen, sondern auch bei privaten Reiseveranstaltern und anderen touristischen Einrichtungen könnte eine Kooperation, die bisher nur über den Umweg über Europa und USA stattfindet, wesentliche Impulse schaffen.

Schließlich würde eine Kooperation auch den Friedensprozeß selbst stärken. Allerdings muß an dieser Stelle darauf hingewiesen werden, daß im Gegensatz zu Vereinbarungen über Handel und Arbeitskräftemobilität die Koordination nationaler Politiken ein Vorhaben darstellt, das bereits ein relativ hohes Maß an Normalisierung in den Beziehungen zwischen den Ländern voraussetzt, so daß eine intensivere Kooperation erst in einer späteren Phase des Friedensprozesses realistisch erscheint.

7.3.4 Notwendige Investitionen zur Ausschöpfung des Potentials

Den größten Entwicklungsbedarf haben Syrien, der Libanon, Jordanien und die IBG, da es in diesen Ländern an allen grundlegenden Einrichtungen mangelt. Beispielhaft auch für die anderen Länder lassen sich Probleme und Entwicklungsbedarf der IBG wie folgt skizzieren: Staatliche und private Investi-

---

[1] Hierzu ausführlicher: vgl. Tal, A., Fishelson, G., The Free Tourism Zone of the Red Sea Riviera, Tel Aviv 1992.

tionen sind in den Bereichen Infrastruktur (Verkehrswege, Hotels, e.t.c.), Werbung und Ausbildung erforderlich.

Mangelnde Finanzierungsmöglichkeiten stellen das größte Hindernis für private (und staatliche) Investitionen in diesen Bereichen dar. Sofern jedoch arabisches und internationales Kapital zufließen, würde die Bedeutung dieses Engpasses abnehmen. Zusätzlich kann der Staat systematische Investitionsanreize schaffen. Als Beispiel kann hierbei Syrien dienen, das Gewinne aus diesem Sektor steuerlich begünstigt und Importe für touristische Zwecke von Zöllen befreit hat. Da die IBG dann auch ohne den Umweg über Israel mit den internationalen Reiseveranstaltern verhandeln könnten, stehen die Chancen insgesamt nicht schlecht. Vergleichsweise geringe Mittel erfordert dagegen die Verstärkung der Werbeaktivitäten. Einen ersten Schritt in diese Richtung stellt die Broschüre der arabischen Hotellerievereinigung dar, dem aber noch viele folgen müßten. Dabei ist zu beachten, daß nicht nur die Touristen Informationen benötigen, sondern auch die potentiellen Anbieter Informationen über Marktsegmente e.t.c.. Den dritten Schwerpunkt bildet die bessere Ausbildung von Fachkräften sowohl im technischen als auch im Managementbereich. Hier könnten spezialisierte internationale Organisationen, wie die Welttourismusorganisation, wertvolle Hilfe sowohl beim Transfer von Know-how als auch durch finanzielle Unterstützung von Schulungseinrichtungen oder der Teilnahme an Kursen leisten.

In diesem Zusammenhang wäre es wichtig, die gesamte Palette staatlicher Fördermöglichkeiten anhand der in anderen Ländern der Region gemachten Erfahrungen zu untersuchen und daraus Schlußfolgerungen für die IBG zu ziehen.

8. HANDELSPOTENTIAL BEI ÖFFNUNG UND LIBERALISIERUNG DER BILATERALEN/REGIONALEN BEZIEHUNGEN

8.1 Einführende Bemerkungen/Methode

Im vorangegangenen Kapitel *Außenwirtschaftsverflechtung regional und international* wurde bereits das Ergebnis einiger Untersuchungen angesprochen, die sich in den achtziger Jahren mit dem theoretisch möglichen Warenaustausch innerhalb der Nah-/Mittelost-Region befaßten. Im Vordergrund standen dabei die Auswirkungen einer wirtschaftlichen Integration des bisher innerhalb der Region isolierten Israel, vor allem auf Ägypten sowie auf den Kernbereich Israel - Besetzte Gebiete - Jordanien bezogen. Wesentliches Element bei allen diesen modellhaften Berechnungen war, daß es sich, soweit der Versuch einer Quantifizierung unternommen wurde, nur um die theoretischen Möglichkeiten einer Handelsumlenkung im Rahmen bestehender Produktions- und Bedarfsstrukturen handelte. Das wesentlich darüber hinausgehende Potential über den Aufbau neuer Produktionskapazitäten, Kooperationen im Agrar-, Industrie- und Dienstleistungsbereich und deren handelsrelevante Wachstumseffekte konnte nur angesprochen, aber nicht zahlenmäßig umrissen werden. Jede Quantifizierung dieser Art wäre in hohem Maße spekulativ, obwohl davon ausgegangen werden kann, daß das wirtschaftliche Wachsen und Zusammenwachsen der Region Handelspotentiale schaffen würde, die weit über die Möglichkeiten des gegenwärtigen Status quo hinausgehen.

Dasselbe gilt auch für die folgenden Ausführungen. Auf der Basis der gegenwärtigen Außenwirtschaftsverflechtung der Region ist produktbezogen nur ein Hinweis auf das Umlenkungspotential, nicht aber auf den handelsschaffenden Effekt einer insgesamt dynamischeren Wirtschaftsentwicklung möglich.

Modellrechnungen haben das Handelpotential des Mashrek unter Einschluß Israels auf 25 % des gesamten Handels der Länder in der Region geschätzt (wahrscheinlich ohne volle Einbeziehung der Ölexporte aus dem Golf); diese Annahme mag zutreffen - sie bleibt aber spekulativ. Im Folgenden wird ein anderer Ansatz verfolgt, der von folgender Grundidee ausgeht:

Der bisherige intraregionale Handel ist gering und liegt aus den verschiedensten Gründen (politische, wirtschaftliche, verkehrstechnische und administrative) erheblich unter dem wirtschaftlichen Potential. Sofern die Außenhandelsdaten der einzelnen Länder der Region sowohl regional als auch produktbezogen in ausreichend aufgegliederter Form vorliegen, sollte aus dem Export des Produktes A durch das Land X in Staaten außerhalb der Region und dem Import des gleichen Produktes A durch das Land Y aus Staaten außerhalb der Region auf ein Handelspotential des Produktes A zwischen den Ländern X und Y geschlossen werden können. Diesem Grundgedanken entsprechend wurden die in der UNCTAD-Comtrade-Datenbank gespeicherten Handelsströme der Region aufbereitet, ausgedruckt und analysiert.

Hinsichtlich des nachfolgend diskutierten Ergebnisses sind allerdings dennoch Vorbehalte angebracht bzw. müssen einige Einschränkungen gemacht werden:

a) Der Ausdruck der UNCTAD erfolgte sowohl auf dreistelliger SITC-Nomenklatur-Basis als auch zusätzlich mit der detailliertesten vorhandenen Aufschlüsselung (in der Regel fünfstellig). Für die Analyse im Rahmen dieses Kurzgutachtens war es nur möglich, in vergleichsweise grober Form komplementäre Austauschpotentiale auf dreistelliger SITC-Basis zu ermitteln (vgl. Tab. A 11 im Anhang). Wie sehr sich im Detail (auf fünfstelliger Basis) die individuellen Komplementaritäten verändern können, ist drei Beispielen (Tab. A 12 im Anhang) zu entnehmen. Das Ergebnis der dreistelligen SITC-Analyse ist deshalb nur als ein sehr grober Hinweis auf die in einer Produktgruppe möglicherweise vorhandenen Komplementaritäten zu sehen, die sich jedoch bei weiterer Aufgliederung in sehr unterschiedlicher Weise darstellen.

b) Selbst auf der am weitesten disaggregierten Ebene (noch wesentlich ausgeprägter natürlich auf nur dreistelliger Basis) weist das gleiche Land vielfach sowohl Einfuhren als auch Ausfuhren der gleichen Produktkategorie auf. Selbst bei fünfstelliger Disaggregierung sind also noch zahlreiche Unterschiede vorhanden, um "dasselbe Produkt" sowohl aus- wie einzuführen. Dies schränkt das tatsächliche Handelspotential gegenüber dem rein statistisch ermittelbaren erheblich ein. Da dieses Phänomen außerdem überwiegend bei den schon entwickelteren Ländern der Region (Israel, Türkei) auftritt, kann dies auch ein Hinweis auf bereits existenten Substitutivhandel in Ergänzung zum rein komplementären Warenaustausch sein. Das tatsächliche Potential eines Substitutivhandels jedoch kann mit der hier nur möglichen statistischen Methode nicht ermittelt werden. Zu Design, Qualitätsunterschieden, Markennamen etc. läßt die Statistik keine Aussage zu.

c) Hinzu kommt die wichtige Frage des Stückpreises. Da die Statistik nur auf Werten (ohne gleichzeitige Mengenangaben) beruht, ist es nicht möglich, über Stückpreise einen Aufschluß über Qualität und internationale Konkurrenzfähigkeit zu erhalten. Zwar sprechen die bisherigen extraregionalen Exporte für internationale Konkurrenzfähigkeit, doch ist damit noch nicht gesagt, daß dies für jeden Markt - und damit auch für den intraregionalen - gilt. Hier können nur produktspezifische Marktanalysen eine eindeutige Antwort geben.

d) Schließlich spielen etablierte Handelsbeziehungen eine wichtige Rolle. Selbst wenn der Regionalhandel eines Produkts nach Anforderung und Preis/Qualität zu gleichen Bedingungen möglich oder sogar günstiger wäre als die bisherige extraregionale Bezugsquelle, muß dies noch nicht zu einer tatsächlichen Umorientierung führen. Preisdruck durch den Käufer, günstigere Lieferantenkredite als beim neuen Anbieter, Zuverlässigkeit, freundschaftliche Beziehungen oder ganz schlicht eine gewisse Preisunempfindlichkeit können bewirken, daß sich an der bisherigen Struktur nur wenig ändert - von politisch fundierten Erwägungen ganz zu schweigen.

Alle diese Einschränkungen dürfen nicht übersehen werden, wenn im Folgenden versucht wird, eine Grobstruktur des Handelsumlenkungspotentials zu ermitteln.

8.2 Handelspotentialanalyse

8.2.1 Regionaler Überblick

Auf die Gegenüberstellung der extraregionalen Ein- und Ausfuhren der Länder des Nahen und Mittleren Ostens nach Produktgruppen auf dreistelliger SITC-Basis und das sich daraus theoretisch ergebende Handelsumlenkungspotential wurde schon verwiesen (vgl. Tab. A 11 im Anhang). Im Rahmen dieser Untersuchung ist es nicht möglich, die Struktur jeder einzelnen Produktgruppe zu kommentieren, so daß im wesentlichen auf die Tabelle selbst verwiesen werden muß. Dem nachfolgenden kurzen Überblick über die wichtigsten Strukturen folgt eine länderspezifische Aufbereitung der Daten, die das Handelsumlenkungspotential noch einmal aus der Sicht der sich anbietenden Exporteure zusammenfaßt.

Tabelle 6.1 gibt in stark komprimierter Form die extraregionale Handelsverflechtung der Region wieder. Folgende Grobstrukturen sind dabei zu erkennen:

- Im Nahrungsmittelbereich (Produktgruppe 0 bis 1) gehören Saudi-Arabien, Ägypten und Israel zu den wichtigsten Importeuren aus Staaten außerhalb der Region, während die Türkei, Syrien und bei bestimmten Produkten ebenfalls Israel Nahrungsmittel exportieren.

- Bei den Produktgruppen 2 bis 6 (Rohstoffe, chemische Produkte, Leder, Textilien, Metalle etc.) trifft die schon erwähnte Tatsache zu, daß - mit nur wenigen Ausnahmen - potentielle intraregionale Importeure und Exporteure identisch sind. Natürlich wird dieses Bild um so differenzierter, je stärker nach Untergruppen unterschieden wird. Aber auch die detailliertere Tabelle A 12 im Anhang zeigt, daß sich die produktspezifischen extraregionalen Importe und Exporte zumindest ihrer Bedeutung nach immer noch auf die gleichen Länder beziehen. Immer wieder tauchen mit Israel, Ägypten, Saudi-Arabien und Türkei die wirtschaftlich besonders potenten und durchweg auch besonders volkreichen Länder der Region auf, die den regionalen Handel entscheidend bestimmen werden.

Tab. 8.1: Extraregionaler Export und Import der Nah-/Mittelost-Region nach Produktgruppen

Produktgruppe	Extraregionaler Import Mio. $	Extraregionaler Export Mio. $	Maximales Umlenkungspotential Mio. $[a]	Wichtigste potentielle intraregionale Importeure	Wichtigste potentielle intraregionale Exporteure
0-1: Nahrungsmittel	8150	3680	2020	Saudi-A., Ägypten, Israel	Türkei, Israel, Syrien
2: Tierische, pflanzliche und mineralische Rohstoffe	3090	1420	600	Türkei, Ägypten, Saudi-A., Israel	Türkei, Saudi-A., Israel
3: Kohle, Erdöl, Erdgas	6060	29550	5660	Türkei, Israel, Jordanien	Saudi-A., Syrien, Ägypten
4: Pflanzliche und tierische Öle und Fette	760	130	130	Türkei, Ägypten	Türkei
5: Chemische Produkte i. w. S.	7670	5200	4460	Türkei, Israel, Ägypten, Saudi-A.	Israel, Saudi-A., Jordanien
6: Holz, Leder, Textilien, Metalle, Glas, Baustoffe, Metallwaren	12990	5790	5760	Saudi-A., Türkei, Israel	Türkei, Syrien, Ägypten
7: Maschinen, Elektronik, Fahrzeuge	24450	4600	4500	Saudi-A., Israel, Türkei, Ägypten	Israel, Türkei (begrenzt)
8: Bekleidung, Optik, Präzisionsinstrumente, diverses	5310	5490	2140	Saudi-A., Türkei, Israel	Israel, Türkei (begrenzt)

[a] Importdeckung in voller Höhe durch bisherige extraregionale Exporte bzw. durch bisherige Exporte bis zur Höhe der Importe

Quelle: Zusammengestellt nach Tabelle A 11.

- Anders sieht es jedoch bei den Produktgruppen 7 und 8 (industrielle Fertigwaren verschiedenster Art) aus. Auch hier gehören die großen Volkswirtschaften der Region zu den bedeutendsten Importeuren - als potentieller intraregionaler Lieferant jedoch bietet sich fast immer nur Israel an; lediglich bei einigen ausgewählten Produkten hätte auch die Türkei in begrenztem Ausmaß Exportmöglichkeiten.

- Bleiben Erdöl und Erdgas, deren intraregionales Umlenkungspotential mit etwa 5 bis 6 Mrd. $ am eindeutigsten zu identifizieren ist, außer Ansatz, stehen Einfuhren der Produktgruppen 0 bis 1 sowie 4 bis 8 in Höhe von rund 60 Mrd. $ entsprechenden Ausfuhren von etwa 26 Mrd. $ gegenüber. Daraus kann jedoch nicht auf ein nur annähernd ähnliches Umlenkungspotential geschlossen werden. Die für drei industrielle Produktgruppen beispielhaft durchgeführte Detailanalyse auf fünfstelliger SITC-Basis (vgl. Tab. A 12 im Anhang) macht innerhalb der Produktgruppe die nachfolgend skizzierten sehr unterschiedlichen theoretischen Handelspotentiale deutlich:

SITC 511: Kohlenwasserstoffe

Auf dreistelliger SITC-Basis erscheint Saudi-Arabien als wichtigster potentieller Lieferant in alle anderen Länder der Region. Auf insgesamt elf Einzelprodukte aufgeteilt, verändert sich dieses Bild jedoch wie folgt: In drei Fällen (Benzol, Xylol, nichthalogene Derivate) ist kein statistisch ableitbares regionales Handelspotential vorhanden. Bei Ethylen und Propylen bietet sich neben Saudi-Arabien auch die Türkei als Lieferant (nach Israel) an. Bei Toluol hat umgekehrt Israel Exportchancen in die Türkei und den Libanon. Styrol und Vinylchlorid könnte Saudi-Arabien in die Türkei und nach Israel exportieren, andere Kohlenwasserstoffe gemeinsam mit Israel in die Türkei und nach Ägypten. Die tatsächlich möglichen Austauschverhältnisse sind also viel komplexer als auf dreistelliger SITC-Basis zu erkennen.

SITC 541: Medizinische und pharmazeutische Produkte

Auf dreistelliger SITC-Basis bieten sich Israel, die Türkei und Jordanien als Exporteure in die übrigen Länder der Region an. Effektiv scheiden bei den 14 aufgeführten Untergruppen zunächst sechs aus, bei denen kein regionales

Handelspotential ableitbar ist. Bei fast allen anderen Untergruppen (Vitamine, Alkaloide, Impfstoffe, Hormonpräparate etc.) erscheint Israel als der einzige oder wichtigste Lieferant. Nur bei "Sonstigen Medikamenten" (SITC 54179) könnten neben Israel auch noch die Türkei und Jordanien eine Rolle spielen.

SITC 752: Elektronische Datenverarbeitung

Auf dreistelliger SITC-Basis bietet sich nur Israel als potentieller Exporteur in die übrige Region an. Im Detail zeigt sich jedoch, daß bei vier von den insgesamt sechs statistischen Untergruppen ein Regionalhandel entfällt (Analog- und Digital-Computer, Prozessoren und Speichereinheiten). Das entscheidende Potential innerhalb dieser Produktgruppe liegt bei Datenverarbeitungszubehör (SITC 7528) mit Israel als Lieferanten und der Türkei als potentiellem Abnehmer. Umgekehrt - wenn auch auf niedrigerem Niveau - bietet sich bei ADP peripheren Einheiten (SITC 7525) die Türkei rein statistisch gesehen als Lieferant nach Israel an.

Diese wenigen Beispiele illustrieren, wie differenziert die einzelnen Warenkategorien gesehen werden müssen, um zu einigermaßen konkreten Aussagen zu gelangen - und selbst dann ist noch nichts über Stückpreise, Qualität, Design, Lieferbedingungen etc. gesagt. Auf dreistelliger Basis unterscheidet die Comtrade-Datenbank der UNCTAD 240 Produktgruppen, die sich auf dem niedrigsten vorhandenen Aggregationsniveau (fünfstellig) in rund 1800 Produktkategorien unterteilen, für die jeweils eine Analyse in der obigen beispielhaften Form durchgeführt werden müßte. Ein solches Vorgehen ist jedoch in diesem Rahmen nicht denkbar. Die folgende länderspezifische Betrachtung faßt jedoch noch einmal zusammen, bei welchen Ländern und Produktgruppen über den bereits bestehenden intraregionalen Warenaustausch hinaus weitere Exportmöglichkeiten vorhanden sein könnten.

8.2.2 Länderspezifische Betrachtung

ISRAEL

Abgesehen von einigen Nahrungsmitteln, bei denen Israel möglicherweise Exportchancen vor allem nach Saudi-Arabien und Ägypten hat, sind es erwartungsgemäß vor allem industrielle Erzeugnisse der Produktgruppen 5 bis 8, bei denen sich für Israel Exportmöglichkeiten in die anderen Länder der Region eröffnen könnten. Der gesamte bisherige extraregionale Export Israels der aufgeführten Produktgruppen lag 1992 bei 7,3 Mrd. $.

Tab. 8.2:

Das Handelsumlenkungspotential Israels in grober Sicht

Produktgruppe		Extraregionaler Export 1992 in Mio. $	Mögliches intraregionales Ziel
001-014	Lebende Tiere, Fleisch	44,3	Libanon, Jordanien, Ägypten
022-025	Milch, Butter, Käse etc.	13,3	Saudi-A., Ägypten
054-058	Gemüse und Obst	560,6	Saudi-A., Ägypten
071-074	Kaffee, Schokolade	34,2	Saudi-A., Ägypten
292	Pflanzliche Rohstoffe	199,3	Saudi-A., Türkei
522-23	Anorg. Chemikalien	252,3	Ägypten, Saudi-A., Türkei u.a.
541-54	Medizin.Produkte etc.	162,4	alle Länder der Region
562	Düngemittel, verarb.	291,7	Türkei, Saudi-A., Syrien
582-85	Polymerisationsprodukte	217,9	Türkei, Ägypten, Syrien
591-98	Pestizide etc.	296,1	alle Länder
621-28	Gummiwaren	94,5	Saudi-A., Ägypten
634-42	Holzwaren, Papier	56,7	Syrien, Libanon, Jordanien, Ägypten
691-96	Metallwaren, Werkzeuge	201,7	alle Länder
696-99	Haushalts-, Metallwaren	115,0	alle Länder
711-14	Turbinen und Motoren	77,1	Syrien, Ägypten
716-18	Generatoren	25,2	alle Länder

Produktgruppe		Extraregionaler Export 1992 in Mio. $	Mögliches intraregionales Ziel
721-22	Landw.Masch.,Traktoren	31,6	alle Länder
726	Druckereimaschinen	304,0	alle Länder
727-28	Spezialmaschinen (Nahrungsmittel)	424,2	alle Länder
736-37	Metallverarb.-Maschinen	33,0	alle Länder exkl. Türkei
741	Heiz- und Kühlanlagen	85,2	alle Länder
742-43	Pumpen und Zentrifugen	46,7	alle Länder
744-49	Nichtelektr. Maschinen	323,9	alle Länder
751-59	Büromaschinen, Datenverarbeitung	435,1	alle Länder
761-64	Unterhaltungselektronik, Telekom	694,1	alle Länder
771-78	Elektr. Maschinen	743,0	alle Länder
791-93	Waggons, Flugzeuge, Schiffe	308,1	Saudi-A., Türkei, Jordanien
821	Möbel	44,5	alle Länder exkl. Ägypten, Türkei
842-48	Bekleidung	592,8	alle Länder exkl. Türkei, Syrien
851	Schuhe	22,4	Saudi-A.
871-74	Optische, medizinische, Meßinstrumente	267,5	alle Länder
881-84	Foto, Optik, Filme	72,2	alle Länder
893-95	Kunststoffart.,Spielwaren	263,9	alle Länder
898-99	Musikinstrumente, diverses	22,0	alle Länder
Insgesamt		7356,5	

Quelle: Comtrade-Datenbank der UNCTAD, Genf, und eigene Berechnungen (vgl. Tab. A 11)

SYRIEN

Wesentlich eingeschränkter stellen sich die intraregionalen Handelsmöglichkeiten Syriens dar. Vom Rohöl (extraregionaler Export 1990: 1,6 Mrd. $) abgesehen, sind es nur einige Nahrungsmittel, Baumwolle, Kosmetika, Textilien und Bekleidung (extraregionaler Export 1990: 1,5 Mrd. $), bei denen - allerdings gegen starke Konkurrenz aus anderen Ländern der Region - ein verstärkter intraregionaler Handel denkbar erscheint. Zielländer wären vor allem Saudi-Arabien und Israel sowie - von der engen Kooperation mit Libanon abgesehen - in geringerem Umfang auch die anderen Staaten.

Tab. 8.3:

Das Handelsumlenkungspotential Syriens in grober Sicht

	Produktgruppe	Extraregionale Exporte 1990 in Mio. $	Mögliches intraregionales Ziel
001-014	Lebende Tiere, Fleisch	46,0	Libanon, Jordanien, Ägypten
071-074	Schokolade	21,3	Saudi-Arabien
263	Baumwolle	146,9	Israel, Türkei
333-41	Rohöl	1666,6	Türkei, Israel, Jordanien
541-54	Kosmetika	533,6	Saudi-A., Israel
651-58	Textilgarn u. Gewebe	517,8	Saudi-A., Israel
842-48	Bekleidung	296,8	alle Länder
Insgesamt		3229,0	(ohne Erdöl: 1562,4)

Quelle: Comtrade-Datenbank der UNCTAD, Genf, und eigene Berechnungen (vgl. Tab. A 11)

LIBANON

Das dauerhafte Handelspotential des Libanon kann auf Grund der gegenwärtig noch nicht abgeschlossenen Wiederaufbauphase nicht abgeschätzt werden. Statistisch ergeben sich auf der Basis der Handelsdaten von 1989 nur Exportmöglichkeiten von Häuten und Fellen in die Türkei, doch ist dieses Ergebnis aus heutiger Sicht nicht mehr repräsentativ. Ein wesentlicher Teil des intraregionalen Warenaustausches wird aktuell vor allem mit dem Nachbarland Syrien abgewickelt.

Tab. 8.4:

Das Handelsumlenkungspotential des Libanon in grober Sicht

Produktgruppe	Extraregionale Exporte 1989 in Mio. $	Mögliches intraregionales Ziel
211 Häute und Felle	18,3	Türkei

Quelle: Comtrade-Datenbank der UNCTAD, Genf, und eigene Berechnungen (vgl. Tab. A 11)

JORDANIEN

Auch im Falle Jordaniens ist das statistisch erkennbare Handelspotential (lediglich Milch und Milchprodukte, Kosmetika und Düngemittel) außerordentlich gering. Zielländer wären vor allem die volkreichen Staaten der Region. Zu berücksichtigen ist allerdings, daß der mit den Besetzten Gebieten angestrebte Warenaustausch in diesem Rahmen nicht erfaßt ist. Das gleiche gilt natürlich auch für die übrigen Länder der Region bzw. ist in deren Handelspotential mit Israel enthalten. Für die von Israel besetzten Gebiete gilt außerdem ganz besonders, daß das vorgesehene (Wieder-)Aufbauprogramm der IBG völlig neue Produktions- und damit auch Handelsstrukturen schaffen wird.

Tab. 8.5:

Das Handelsumlenkungspotential Jordaniens in grober Sicht

Produktgruppe		Extraregionale Exporte 1992 in Mio. $	Mögliches intraregionales Ziel
022-25	Milch, Butter, Käse etc.	21,0	Saudi-Arabien, Ägypten
541-54	Kosmetika, medizin. Prod.	105,7	alle Länder
562	Düngemittel (verarbeitet)	101,0	Türkei, Saudi-A., Syrien u.a.
Insgesamt		227,7	

Quelle: Comtrade-Datenbank der UNCTAD, Genf, und eigene Berechnungen (vgl.Tab.A11)

ÄGYPTEN

Wichtigstes Produkt Ägyptens mit regionalem Exportpotential ist Erdöl. Im übrigen könnten über den bereits bestehenden intraregionalen Handel hinaus in nennenswertem Umfang nur noch Textilien (Garne und Gewebe), Aluminium sowie in begrenztem Umfang Baumwolle und Reis eine Rolle spielen. Als mögliche Zielländer kommen vor allem die Türkei, Saudi-Arabien, Israel und in geringerem Umfang auch Syrien und Jordanien in Betracht.

Tab. 8.6:

Das Handelsumlenkungspotential Ägyptens in grober Sicht

Produktgruppe		Extraregionale Exporte 1992 in Mio. $	Mögliches intraregionales Ziel
041-48	Getreide (Reis)	30,8	alle Länder
263	Baumwolle	50,2	Türkei, Israel
322-23	Kohle, Briketts	8,7	Türkei
333-41	Rohöl u. Derivate, Erdgas	1041,0	Türkei, Israel, Jordanien
611-13	Leder und Lederwaren	8,3	Israel
651-58	Textilgarne und -gewebe	345,1	Saudi-A., Israel, Syrien
682-89	NE-Metalle (Aluminium)	184,1	Türkei, Saudi-A., Israel
821	Möbel	19,6	alle Länder außer Israel und Türkei
Insgesamt		1687,8	ohne Erdöl: 646,8

Quelle: Comtrade-Datenbank der UNCTAD, Genf, und eigene Berechnungen (vgl. Tab. A 11)

SAUDI-ARABIEN

Das alles andere dominierende Exportprodukt Saudi-Arabiens, nämlich Erdöl und dessen Derivate, hat die besten Aussichten, in wesentlich größerem Umfang als gegenwärtig auch intraregional gehandelt zu werden - steht dabei allerdings in Konkurrenz zu Ägypten und Syrien, die geographisch eine günstigere Position zu den wichtigen Ölimporteuren der Region haben.

Die statistisch ermittelte Möglichkeit eines stärkeren intraregionalen Getreideexports (Weizen) ist nur unter Beibehaltung der hohen Produktionssubventionen Saudi-Arabiens denkbar. Unter wirtschaftlichen Gesichtspunkten müßte die Getreideerzeugung des Landes generell, auch im Hinblick auf den Eigenbedarf, eingestellt werden. Weitere Produkte, für die ein Exportpotential in andere Länder der Region bestehen könnte, sind Häute und Felle (Türkei), Schwefel (Israel, Ägypten, Türkei) sowie Sperrholz, Motoren und Gasturbinen.

Tab. 8.7:

Das Handelsumlenkungspotential Saudi-Arabiens in grober Sicht

Produktgruppe		Extraregionale Exporte 1989 Mio. $	Mögliches intraregionales Ziel
041-48	Getreide	115,6	alle Länder
211	Häute und Felle	17,8	Türkei
274	Schwefel	56,0	Israel, Ägypten, Türkei
281-82	Eisenerz, Schrott	17,0	Türkei, Ägypten
333-41	Erdöl, Erdgas	(26475,9)	Türkei, Israel, Jordanien
511-16	Kohlenwasserstoffe	1084,8	Israel, Türkei
582-85	Polymerisationsprodukte	701,5	Türkei, Ägypten, Syrien
611-13	Leder und Lederwaren	4,0	Israel
634-42	Holzwaren, Papier	36,9	Syrien, Libanon, Jordanien, Ägypten
711-14	Turbinen und Motoren	51,2	Syrien, Ägypten
Insgesamt		2084,8	(ohne Erdöl und Erdgas)

Quelle: Comtrade-Datenbank der UNCTAD, Genf, und eigene Berechnungen (vgl. Tab. A 11)

TÜRKEI

Die nach Israel breiteste potentielle intraregionale Exportpalette weist die Türkei auf. Das Schwergewicht liegt auf Nahrungsmitteln, pflanzlichen Rohstoffen, Textilien und Bekleidung sowie Eisen, Stahl und NE-Metallen. In geringerem Umfang bieten sich auch einige industrielle Fertigwaren (vor allem Fernseher und Elektromaschinen) für einen verstärkten intraregionalen Handel an.

Tab. 8.8:
Das Handelsumlenkungspotential der Türkei in grober Sicht

Produktgruppe		Extraregionale Exporte 1990 in Mio. $	Mögliches intraregionales Ziel
001-014	Lebende Tiere, Fleisch	54,3	Libanon, Jordanien, Ägypten
034-037	Fisch, frisch u. konserviert	67,1	Israel, Ägypten, Saudi-A.
054-58	Gemüse und Obst	1605,5	Saudi-A., Ägypten, Israel
061-62	Zucker, Honig, Süßwaren	22,7	Saudi-A.
071-74	Tee, Schokolade	46,2	Ägypten, Saudi-A.
075	Gewürze	30,2	Saudi-A.
121-22	Rohtabak, verarb. Tabak	422,1	Ägypten
246-51	Holz und Papierbrei	17,6	Ägypten, Israel, Saudi-A.
266-67	Synthetische Fasern	76,7	Ägypten, Israel
411-31	Tier.u.pflanzl.Öle u.Fette	131,8	Ägypten, Jordanien
611-13	Leder und Lederwaren	9,6	Israel
621-28	Gummiwaren	62,9	Saudi-A., Ägypten
634-42	Holzwaren, Papier	59,1	Syrien, Libanon, Jordanien, Ägypten
651-58	Textilgarne u. -gewebe	1136,8	Israel, Syrien, Saudi-A.
659	Bodenbeläge	185,3	Saudi-A.
661-63	Kalk, Zement, Ton	152,8	Saudi-A., Israel
664-66	Glas, Glaswaren, Keramik	177,3	Saudi-A., Israel
671-79	Eisen u.Stahl (roh und geformt)	1393,5	alle Länder
682-89	NE-Metalle (Kupfer, Aluminium)	192,0	alle Länder
711-14	Turbinen und Motoren	43,8	Syrien, Ägypten u. a.
736-37	Metallverarb. Maschinen	18,6	alle Länder exkl. Israel
761-64	Unterhaltungselektronik (Fernseher)	237,8	alle Länder
771-78	Elektromaschinen u. -teile	203,9	alle Länder
812	Installationsmaterial	39,5	alle Länder
821	Möbel	19,4	alle Länder exkl. Israel und Ägypten
842-48	Bekleidung	3305,7	alle Länder exkl. Israel und Syrien
851	Schuhe	28,0	Saudi-A.
898-99	Musikinstrumente, diverses	47,5	alle Länder
Insgesamt		9787,7	

Quelle: Comtrade-Datenbank der UNCTAD, Genf, und eigene Berechnungen (vgl.Tab.A11)

RESUMEE

Auf Grund eines komplexen Analyseverfahrens war es erstmals möglich, auf statistischer Grundlage potentielle komplementäre Austauschverhältnisse zu identifizieren. Im Rahmen dieser Studie konnte diese Analyse allerdings nur auf dreistelliger (noch sehr grober) SITC-Basis vorgenommen werden. Aus dieser Analyse ergibt sich folgendes Bild:

Ein klar zu definierendes regionales Handelspotential besteht bei Energieträgern (Erdöl und Erdgas; Saudi-Arabien, Ägypten, Syrien) und petrochemischen Erzeugnissen vor allem durch Saudi-Arabien. Auf dem Gebiet agrarischer und mineralischer Rohstoffe sowie bei Nahrungsmitteln sind die Möglichkeiten begrenzter, aber dennoch vorhanden, und betreffen alle Staaten der Region. Auf dem Sektor industrieller Fertigerzeugnisse ist es jedoch fast ausschließlich Israel - in deutlichem Abstand gefolgt von der Türkei -, das als Lieferant in die übrigen Länder in Frage kommt.

Vermutlich weit über diese überwiegend handelsumlenkenden Effekte hinaus geht jedoch die handelsschaffende Wirkung neuer Investitionen und Kooperationen durch das damit verbundene wirtschaftliche Wachstum der gesamten Region.

9. ZUSAMMENFASSUNG UND SCHLUSSFOLGERUNGEN

Der Nahe und Mittlere Osten ist trotz seines partiellen Ölreichtums und grundsätzlich vorhandenen Wachstumspotentials in seiner wirtschaftlichen Entwicklung anderen, vergleichbar ausgestatteten Wirtschaftsregionen der Welt gegenüber zurückgeblieben. Eine wesentliche Ursache liegt vor allem in der radikalen politischen und wirtschaftlichen Abgrenzung gegenüber Israel, aber auch in Mißtrauen und nicht selten Feindseligkeiten der arabischen Staaten untereinander, die in der gesamten Region mit unterschiedlichen Schwerpunkten zu einer Situation des latenten Kriegszustandes führten. Während sich Israel mit wesentlicher finanzieller Unterstützung des Westens zu einer regionalen Wirtschaftsmacht mit intensiven Beziehungen vor allem zu den USA und Westeuropa entwickelte, bemühten sich die arabischen Staaten im Rahmen mehrerer Abkommen um eine stärkere Kooperation untereinander. Effektiv waren diese Versuche jedoch nur von geringem Erfolg gekrönt. Ähnliche Produktionsstrukturen, Maßnahmen zum Schutz der einheimischen Industrie, wenig durchlässige Grenzen und eine schwerfällige Bürokratie bewirkten, daß der intraregionale Waren- und Dienstleistungsverkehr weit unter seinem möglichen Niveau blieb. Auch für die arabischen Staaten wurden vor allem Westeuropa und die übrige Welt (weniger jedoch die USA) zum wichtigsten Handelspartner. Der **intraregionale Handel** erreichte bei den Einfuhren lediglich 2 bis 6 %, bei den Ausfuhren 10 bis 15 % des gesamten Warenaustauschs.

Israel ist infolge des arabischen Handelsboykotts auch wirtschaftlich **in der Region fast völlig isoliert**. In erheblichem Maße gilt das auch für die von Israel besetzten palästinensischen Gebiete. Selbst mit Ägypten bewegt sich trotz des lange zurückliegenden Friedensschlusses der bilaterale Warenaustausch auf einem äußerst niedrigen Niveau. Dabei bietet sich Israel mit seiner differenzierten Produktionsstruktur insbesondere auf industriellem Gebiet als natürlicher Handelspartner gerade für die Nah- und Mittelostregion an. In ähnlicher Weise gilt dies für das touristische Potential der Region, das nur bei leichterer Überwindung der Grenzen und intraregionaler Zusammenarbeit voll erschlossen werden kann.

Während die **arabischen Staaten** der Region in ihrer **Produktions- und Handelsstruktur stark rohstofforientiert** blieben (Erdöl, agrarische und mineralische Rohstoffe/Produkte), durchliefen die seit 1967 von Israel besetzten arabischen Gebiete (Gaza, Westbank/Cisjordanien) einen starken strukturellen Wandel. Israel wurde nicht nur zum fast einzigen Handelspartner der Besetzten Gebiete, sondern beeinflußte über zahlreiche Bestimmungen und Verordnungen auch deren allgemeinen Wirtschaftsverlauf und Produktionsstruktur. **Zur Besonderheit der palästinensischen Wirtschaft wurde ihr Dienstleistungscharakter.** Einer hohen Abhängigkeit von externer Beschäftigung stehen ein ungewöhnlich niedriger Industrialisierungsgrad und große Unzulänglichkeiten in der Ausstattung mit physischer und dienstleistungsorientierter Infrastruktur gegenüber. Die Wirtschaft der Besetzten Gebiete ist in allen Bereichen (auch im Hinblick auf den Arbeitsmarkt) eng mit der israelischen verflochten und hat sich in mancher Beziehung zu einem Zulieferer für Israel entwickelt. Die traditionellen Exportmärkte der angrenzenden arabischen Länder sind seit der Besetzung weitgehend verlorengegangen. Lediglich mit Jordanien besteht noch ein eingeschränkter und zahlreichen Hindernissen unterworfener Warenverkehr, der sich jedoch im Zuge palästinensischer Autonomie und vertraglich geregelter Kooperation schon bald intensivieren dürfte.

Für die übrigen arabischen Staaten der Region (Ägypten, Libanon, Syrien, Jordanien, Saudi-Arabien) gilt, daß der derzeitige zwischenstaatliche Warenaustausch nicht nur gering ist, sondern sich - von bestimmten Rohstoffen und deren Verarbeitung abgesehen - auch noch schwergewichtig auf Produktgruppen bezieht (Agrarerzeugnisse, Textilien und Bekleidung), bei denen alle Länder der Region schon Kapazitäten auf- und ausgebaut haben. Diese **parallelen Produktions- und Handelsstrukturen** könnten auf Substitutiveffekte und Spezialisierung innerhalb der gleichen Warengruppe hindeuten; dieser Tatbestand wäre aber noch genauer zu analysieren. Anzunehmen ist außerdem, daß sich bei einer Öffnung der Grenzen der **Wettbewerb** vor allem bei Agrar- und Textilerzeugnissen **deutlich verschärft**. Dieser Wettbewerb wird im Agrarbereich vor allem zu Lasten derjenigen Produzenten (z. B. Israel, Saudi-Arabien) gehen, deren entsprechende Produktion bis jetzt vor externer Konkurrenz geschützt und über verschiedene Inputs (Wasser, Düngemittel, Steuererleichterungen) zusätzlich subventioniert wird. Es ist deshalb zweifelhaft, ob es überhaupt, auch bei sonstiger regionaler Liberalisierung, zu einem Freihandel mit Agrarerzeugnissen kommen wird.

Das regionale Handelspotential erweitert sich allerdings erheblich, wenn neben Israel auch die Türkei in die Betrachtung einbezogen wird. Selbst dann ist aber nur die potentielle **Handelsumlenkung** von bisherigen externen zu regionalen Bezugsquellen erfaßt. Die zahlreichen Möglichkeiten der **Handelsschaffung** über neue und gemeinsame Projekte, Spezialisierung und dem damit generell bewirkten Wirtschaftswachstum gehen weit über das Handelspotential auf der Basis des Status quo hinaus. Hinzu kommen positive langfristige Effekte, wenn sich durch Stückkostensenkung (economies of scale) infolge größerer Märkte die internationale Wettbewerbsfähigkeit verbessert.

Wesentlich verantwortlich für den geringen gegenwärtigen intraregionalen Warenaustausch ist eine **Vielzahl von tarifären und nichttarifären Handelshemmnissen**. Der Außenhandel der arabischen Staaten befindet sich zwar - von Syrien abgesehen - überwiegend in privater Hand, unterliegt aber teilweise noch erheblichen staatlichen Kontrollen. Grundsätzlich ist ein Vorrang bilateraler vor multilateralen Handelsvereinbarungen festzustellen. Barterhandel gehört zwar in keinem Land der Region zur offiziellen Handelspolitik, spielt aber dennoch im Rahmen sogenannter Protokolle eine nicht unbedeutende Rolle. Grundsätzlich ist die Handelspolitik um so liberaler, je weniger Fremdwährungsengpässe eine Belastung für die Handels- und Zahlungsbilanz darstellen. In jedem Land der Region unterliegen vor allem Agrarprodukte spezifischen Import- und teilweise auch Exportbeschränkungen.

Obwohl alle Länder der Region ihre **Einfuhrzölle** in den letzten Jahren gesenkt und ihre Zolltarife vereinfacht haben, ist für die meisten Länder nach wie vor ein relativ hoher Zollschutz von durchschnittlich 20 bis 40 %, teilweise noch darüber hinaus, charakteristisch. Zölle haben nicht nur eine Schutzfunktion der heimischen Industrie gegenüber, sondern werden von den Regierungen vielfach auch als unverzichtbare Einnahmequelle angesehen.

Nichttarifäre Handelshemmnisse betreffen vor allem die administrative Abwicklung des Handels, handelstechnische Vorschriften, Importbeschränkungen in Form von Lizenzen oder Quoten, die aus politischen und wirtschaftlichen Gründen stark eingeschränkte Durchlässigkeit der Grenzen sowie ganz besonders auch den physischen Transport auf der Straße. Diese Tatsache wiegt um so schwerer, als der intraregionale Warenhandel im Nahen und Mittleren Osten traditionell über die Straße abgewickelt wird.

Alle Staaten der Region praktizieren über direkte und indirekte Subventionen **Exportförderung**, mit dem Ziel, vor allem ihre nicht-traditionellen Ausfuhren zu steigern und zu diversifizieren. Die Art der Förderung ist von Land zu Land unterschiedlich und reicht von staatlich subventionierten Inputs (Energie, Wasser, Düngemittel) und steuerlichen Vergünstigungen bis hin zu direkter Bezuschussung des Exporteurs oder einer Bevorzugung der Exporteure bei der Allokation von Devisen.

Ein Hinderungsfaktor für eine rasche Ausweitung des intraregionalen Warenverkehrs ist auch die, von Israel abgesehen, **unzureichende finanzielle Infrastruktur**. Allgemein ist das Bankensystem in den betroffenen Ländern nicht entwickelt und differenziert genug, um den Erfordernissen einer effizienten Exportfinanzierung zu genügen. Die mit Exportfinanzierung befaßten Institute haben in den meisten Fällen nicht die erforderlichen Mittel, oder ihnen ist nur ein ungewisser und langwieriger Zugang zu solchen Mitteln bei ihrer jeweiligen Zentralbank möglich. Handelsfinanzierung ist für die Banken der Region allenfalls ein Beigeschäft innerhalb einer bereits etablierten Kundenbeziehung und kein spezielles Exportförderungsinstrument, das grundsätzlich allen Exporteuren offensteht. Hinzu kommt, daß in der Region - von ganz wenigen Ausnahmen abgesehen - Exportkreditsicherungsinstrumente nicht existieren. Grundvoraussetzung für eine verstärkte intraregionale Zusammenarbeit ist deshalb nicht nur der Aufbau eines auf die Bedürfnisse der Handelsfinanzierung ausgerichteten Bankensystems, sondern auch ein Ausbau der regionalen Kapitalmärkte und deren Kooperation.

Auf der Grundlage einer methodologisch neuartigen komplexen statistischen Analyse, die in Zusammenarbeit mit den Vereinten Nationen erstellt wurde, ergaben sich folgende, wenn auch zunächst noch grobe **Hinweise** (auf dreistelliger SITC-Basis) **auf die Möglichkeiten einer regionalen Handelsumlenkung**, die sich noch wesentlich stärker differenzieren lassen, je detaillierter nach Produkt-Untergruppen unterschieden wird. Abgesehen von einigen Nahrungsmitteln, bei denen **Israel** möglicherweise Exportchancen vor allem nach Saudi-Arabien und Ägypten hat, sind es vor allem industrielle Erzeugnisse der

SITC-Produktgruppen 5 bis 8, bei denen Exportmöglichkeiten in alle anderen Länder der Region vorhanden sind. Wesentlich eingeschränkter stellen sich die intraregionalen Handelsmöglichkeiten **Syriens** dar. Vom Rohöl abgesehen, sind es nur einige Nahrungsmittel, Baumwolle, Textilien, Kosmetika und Bekleidung, bei denen - allerdings gegen starke Konkurrenz aus den anderen Ländern der Region - ein verstärkter intraregionaler Handel denkbar erscheint. Auch im Falle **Jordaniens** ist das statistisch erkennbare Handelspotential (Milch und Milchprodukte, Kosmetika, Düngemittel) außerordentlich gering. Zielländer wären vor allem die volkreichen Staaten der Region. Einen besonderen Stellenwert nimmt allerdings der mögliche Handel Jordaniens mit den gegenwärtig noch **von Israel besetzten Gebieten** ein, der beträchtlich über das gegenwärtig sehr niedrige Niveau hinaus anwachsen könnte. Bei verschiedenen Agrar- und Industrieprodukten sind hier komplementäre Produktionsstrukturen vorhanden, mit entsprechendem Handelspotential. Generell gilt außerdem, daß das für die Besetzten Gebiete vorgesehene (Wieder-)Aufbauprogramm stärker als in jedem anderen Land der Region völlig neue Produktions- und damit auch Handelsstrukturen schaffen wird.

Wichtigstes Ausfuhrprodukt **Ägyptens** mit regionalen Exportmöglichkeiten ist Erdöl. Darüber hinaus könnten in nennenswertem Umfang vor allem noch Textilien (Garne und Gewebe), Aluminium sowie in geringerem Maße Baumwolle und Reis eine Rolle spielen. Als mögliche Märkte kommen vor allem die Türkei, Saudi-Arabien und Israel in Betracht. Auch bei **Saudi-Arabien** haben vor allem Erdöl und dessen Derivate die besten Aussichten, in größerem Umfang als gegenwärtig auch regional gehandelt zu werden. Weitere Produkte, für die ein Exportpotential in andere Länder der Region bestehen könnte, sind Häute und Felle (Türkei), Schwefel (Israel, Ägypten, Türkei) sowie in geringem Umfang einige Industrieprodukte. Die nach Israel breiteste potentielle intraregionale Exportpalette weist erwartungsgemäß die **Türkei** auf. Das Schwergewicht liegt hier auf Nahrungsmitteln, pflanzlichen Rohstoffen, Textilien und Bekleidung sowie Eisen, Stahl und NE-Metallen. In geringerem Maße bieten sich auch einige industrielle Fertigwaren (vor allem Fernseher und Elektromaschinen) für einen verstärkten intraregionalen Handel an. Das mögliche Handelspotential des **Libanon** kann auf Grund der gegenwärtig noch nicht abgeschlossenen Wiederaufbauphase des Landes nicht abgeschätzt werden. Einen wesentlichen Teil seines intraregionalen Warenaustausches wird Libanon aber auch in Zukunft (wie gegenwärtig schon) vor allem mit Syrien abwickeln.

Generell gilt, daß das Handelspotential erheblich über dem gegenwärtig realisierten Niveau liegt und schwergewichtig hinsichtlich Export und Import die Länder Israel, Saudi-Arabien, Ägypten und die Türkei betrifft. Eine über die statische Betrachtung hinausgehende Intensivierung des Intrahandels (Handelsschaffung) hängt, wie erwähnt, vor allem von der Realisierung gemeinsamer Entwicklungsprojekte auf industriellen und anderen Gebieten ab. Theoretische Analysen gehen unter Hinweis auf die Erfahrungen in der EG/EU von einem Handelspotential zwischen Israel und seinen Nachbarländern von mindestens 25 % des gesamten Handels dieser Länder aus.

Dieser kurze Überblick konnte bei weitem nicht auf alle Detailaspekte eingehen, die in dieser Studie angesprochen werden. Zu wichtigen Fragen, die offenbleiben mußten, gehören:

- **Welche tatsächlichen Handelspotentiale** ergeben sich auf unterster, produktspezifischer Basis unter Einbeziehung von Stückpreisen, Design- und Qualitätsunterschieden, Verbrauchergewohnheiten, etablierten Handelsbeziehungen, Lieferbedingungen etc.?

- **Welche Form intraregionaler Kooperation** (Freihandelszone, gemeinsamer Markt, bilaterale Abkommen etc.) bietet sich in der Anfangsphase und im weiteren Verlauf der Entwicklung an? In welchem regionalen Kontext läßt sich eine solche Kooperation zunächst am ehesten verwirklichen?

- Wie sehen die **Kooperationspotentiale in der Region** auf industriellem Gebiet und im Dienstleistungsbereich aus, welche Projekte werden bereits konkret ins Auge gefaßt oder sind im fortgeschrittenen Stadium der Diskussion? Welche regionalen und internationalen handelsschaffenden Effekte wären mit diesen Kooperationsvorstellungen verbunden?

- Wie sieht die **konkrete Wettbewerbssituation** bestimmter Produkte/Produktgruppen aus, für die ein zusätzliches regionales/internationales Exportpotential bestehen könnte?

- Welche Maßnahmen könnten/müßten ergriffen werden, um einen Abbau der hohen nichttarifären Handelshemmnisse zu bewirken? Bei der Frage der israelischen Integration in den regionalen Wirtschaftsraum ist von entscheidender Bedeutung, wie es gelingen kann, den hohen israelischen Außenschutz (sowohl tarifärer als auch nichttarifärer Natur) nachhhaltig zu senken.

- Für die Auf- und Ausbaubedürfnisse der Region wurde die Gründung einer regionalen Entwicklungsbank für den Nahen Osten (Middle Eastern Bank for Reconstruction and Development) vorgeschlagen. Zu untersuchen wäre, ob und wie eine solche Institution zu konzipieren wäre und ob die beiden einzigen in der Region bereits tätigen Institutionen (Arab Monetary Fund und Abu Dhabi Fund for Arab Economic and Social Development) durch einen Ausbau ihrer Funktionen ebenfalls dazu beitragen könnten.

- Wo hätte die **internationale Entwicklungszusammenarbeit** bevorzugt anzusetzen, um die intraregionale Kooperation im Nahen Osten auf dem Gebiet des Handels und Tourismus zu fördern? Wie kann insbesondere der institutionelle Ausbau (Handelskammern, Exportfinanzierung und -förderung allgemein, finanzielle Infrastruktur/Kooperation etc.) in der Region vorangetrieben und den Erfordernissen sich belebender wirtschaftlicher Aktivität angepaßt werden?

Kaum erwähnt zu werden braucht, daß selbstverständlich jegliche Nutzung des in dieser Studie umrissenen Potentials politisches Einvernehmen und einen signifikanten Abbau der vorhandenen Konflikte in der Region voraussetzt. Die in Kap. 2 umrissenen bisherigen Kooperationsansätze in der arabischen Welt haben gezeigt, daß es auch in Zukunft bei realistischer Betrachtung kaum möglich sein wird, von den politischen Rahmenbedingungen zu abstrahieren. Die Machtbeziehungen und die Strukturen der Machtgleichgewichte haben in der arabischen Welt immer einen überaus starken Einfluß auf wirtschaftliche Aspekte gehabt. Bleiben die weiterhin existenten alten Grundkonflikte unberücksichtigt, ist es nicht möglich, die Antriebskräfte des gesamten Prozesses zu verstehen.

ANHANG

Tab. A 1: Occupied Territory, Merchandise Trade by Main Markets and Comodity Groups, 1978 - 1987 (Mill. of US-$)

	1978	1979	1980	1981	1982	1983	1984	1985	1986	1987
TOTAL TRADE BALANCE	-189.45	-306.45	-333.92	-349.89	-338.30	-403.20	-386.80	-395.50	-511.70	-665.90
TOTAL EXPORTS	261.24	270.13	344.14	398.66	390.60	381.60	299.40	272.40	378.30	385.30
Total Agricultural Exports	100.84	96.62	107.94	102.27	104.50	93.50	76.50	78.30	75.20	73.90
Total Industrial Exports	160.40	173.51	236.20	296.39	286.10	288.10	222.90	194.10	303.10	311.40
TOTAL IMPORTS	450.69	576.57	678.06	748.55	728.90	728.80	686.20	667.90	889.90	1051.20
Total Agricultural Imports	65.94	79.99	96.45	96.33	86.60	102.00	109.00	102.10	130.20	159.80
Total Industrial Imports	384.75	496.58	581.62	652.22	642.30	682.80	577.20	565.00	759.80	891.40
TRADE BALANCE WITH JORDAN	90.08	83.61	100.70	95.19	116.10	81.60	90.20	76.70	89.70	68.80
Total Exports	95.09	88.60	106.15	102.64	125.00	88.40	98.40	85.40	100.60	78.20
Agricultural Exports	58.25	51.06	48.01	50.09	64.80	46.30	48.40	48.60	42.60	33.80
Industrial Exports	36.84	37.54	58.14	52.55	60.20	42.10	50.00	36.80	58.00	44.40
Total Imports	5.01	4.99	5.44	7.45	8.90	6.80	8.20	8.70	10.90	9.40
Agricultural Imports	0.32	0.39	0.51	0.18	0.40	0.30	0.10	0.30	0.20	0.00
Industrial Imports	4.70	4.60	4.94	7.27	8.50	6.50	8.10	8.40	10.70	9.40
TRADE BALANCE WITH ISRAEL	-242.19	-330.94	-367.52	-383.30	-398.90	-427.50	-424.20	-416.70	-523.20	-675.50
Total Exports	156.19	171.66	226.95	287.56	258.50	285.10	195.70	181.30	274.60	303.70
Agricultural Exports	33.97	36.67	50.51	45.22	33.60	40.20	23.90	25.00	30.40	38.00
Industrial Exports	122.22	134.98	176.44	242.34	224.90	244.90	171.80	156.30	244.20	265.70
Total Imports	398.37	502.59	594.48	670.86	648.40	712.60	619.90	598.00	797.80	961.20
Agricultural Imports	62.19	73.19	90.03	91.13	75.30	89.60	98.20	87.80	114.40	146.80
Industrial Imports	336.19	429.40	504.45	579.73	573.10	623.00	521.70	510.20	683.40	814.40
TRADE BALANCE WITH OTHER COUNTRIES	-37.34	-59.12	-67.10	-61.78	-64.50	-57.30	-52.80	-55.50	-78.20	-67.20
Total Exports	9.97	9.87	11.05	8.46	7.10	8.10	5.30	5.70	3.10	3.40
Agricultural Exports	8.63	8.88	9.43	6.96	6.10	7.00	4.20	4.70	2.20	2.10
Industrial Exports	1.34	0.98	1.62	1.50	1.00	1.10	1.10	1.00	0.90	1.30
Total Imports	47.31	68.99	78.14	70.24	71.60	65.40	58.10	61.20	81.30	80.60
Agricultural Imports	3.44	6.41	5.91	5.02	10.90	12.10	10.70	14.00	15.60	13.00
Industrial Imports	43.87	62.58	72.23	65.22	60.70	53.30	47.40	47.20	65.70	67.60

Quelle: UNCTAD, Selected statistical series on the balance of payments, foreign trade, population, labour force and employment of the occupied Palestinian Territory (West-Bank and Gaza Strip), 1968 - 1987, Geneva, 13 January 1993

Tab. A 2:

Occupied Territory, Merchandise Exports by Selected Commodities, 1979 - 1987 (Millions of US-$)

	1979	1980	1981	1982	1983	1984	1985	1986	1987
TOTAL EXPORTS	270.135	345.751	401.861	395.245	382.079	299.399	272.486	379.830	385.410
EXPORTS TO ISRAEL	171.659	226.951	287.560	258.500	285.100	195.700	181.300	274.600	303.700
TOTAL EXPORTS VIA ISRAEL	9.878	11.501	8.900	11.800	9.100	5.300	5.723	3.115	3.477
Citrus Fruits	8.747	9.818	7.225	10.682	6.935	4.483	4.721	2.243	2.142
Other Exports	1.131	1.683	1.675	1.118	1.165	0.817	1.002	0.872K	1.335
EXPORTS TO JORDAN	88.598	107.299	105.401	124.945	87.880	98.399	85.463	102.116	78.234
Agriculture Exports	51.066	48.513	51.434	68.213	43.911	36.277	48.811	42.498	33.781
Citrus Fruits	40.967	37.627	35.320	44.336	26.145	17.849	24.175	23.089	20.517
Other Fruits	6.179	7.569	10.264	14.214	13.082	12.584	15.798	13.380	9.856
Vegetables	3.703	3.231	5.345	9.276	4.101	5.244	8.334	4.905	2.585
Other Agricultural Exports	0.217	0.086	0.505	0.387	0.583	0.600	0.504	1.124	0.823
Industrial Exports	37.531	58.786	53.967	56.732	43.969	62.122	36.652	59.618	44.453
Olive Oil	8.434	28.548	24.047	20.311	13.574	26.949	0.687	22.306	8.636
Pickled Olives	0.000	2.620	2.028	2.300	2.471	1.492	0.028	2.387	0.223
Margarine & Dairy Products	16.300	15.239	14.239	19.016	13.929	17.670	18.404	17.288	18.077
Sweets and Chocolates	0.810	0.566	0.610	0.211					
Soaps	4.261	4.432	4.239	4.288	3.715	3.552	3.433	3.651	4.155
Plastic Products	0.491	0.324	0.240	0.291	0.774	0.439	0.322	0.519	0.332
Stones	2.616	3.482	3.266	1.859	4.494	5.662	11.874	11.669	10.922
Marble	0.000	1.369	3.212	6.425	3.559	4.967	0.161	0.149	0.128
Other Industrial Exports	4.618	2.772	2.696	2.242	1.453	1.391	1.743	1.649	1.980

Quelle: UNCTAD, Selected statistical series on the balance of payments, foreign trade, population, labour force and employment of the occupied Palestinian territory (West-Bank and Gaza Strip), 1968 - 1987, Geneva, 13 January 1993

Tab. A 3: Occupied Territory, Merchandise Imports by Source and Selected Commodities, 1979 - 1987 (Mill. of US-$)

	1979	1980	1981	1982	1983	1984	1985	1986	1987
TOTAL IMPORTS	589.310	676.675	743.670	728.914	784.798	686.199	667.864	889.761	1051.292
IMPORTS FROM ISRAEL	502.594	594.476	670.859	648.399	712.599	619.899	597.999	797.799	961.200
IMPORTS FROM JORDAN	5.006	5.499	7.306	8.915	6.799	8.200	8.640	10.918	9.442
Agricultural Imports	0.399	0.510	0.262	0.438	0.250	0.074	0.331	0.151	0.013
Pulses	0.222	0.214	0.006	0.001	0.000	0.000	0.000	0.000	0.000
Seeds	0.175	0.290	0.256	0.437	0.247	0.089	0.402	0.000	0.000
Other Agriculture Imports	0.002	0.000	0.000	0.000	-0.247				
Industrial Imports	4.607	4.989	7.044	8.477	6.549	8.126	8.309	10.767	9.429
Oils	3.202	3.923	5.460	7.413	4.792	6.999	6.620	8.533	7.400
Dairy Products	0.251	0.382	0.497	0.408	0.762	0.388	0.724	0.631	0.488
Paper & Cardboard	0.302	0.206	0.352	0.201	0.244	0.185	0.298	0.522	0.585
Textiles & Products	0.454	0.148	0.288	0.116	0.168	0.125	0.115	0.316	0.299
Iron, Steel, & Products	0.197	0.180	0.335	0.261	0.346	0.312	0.459	0.613	0.395
Plastics & Resins	0.024	0.012	0.028	0.037	0.080	0.096	0.057	0.079	0.082
Other Industrial Imports	0.176	0.138	0.084	0.041	0.157	0.021	0.036	0.073	0.180
IMPORTS VIA ISRAEL	81.711	76.700	65.505	71.600	65.400	58.100	61.225	81.044	80.650
Cereals	2.965	2.484	1.469	1.397	0.201	0.123	0.272		
Livestock	0.011	0.000	0.000	0.017	0.424				
Milk Powder	2.700	3.162	3.005	3.359	2.422	2.316	3.680	4.859	3.629
Coffee, Tea, & Spices	3.467	3.545	2.104	2.628	3.496	5.324	4.238	2.274	1.312
Sugar	0.125	5.148	1.501	0.747	0.304	0.483	0.402	0.592	1.670
Flour	3.740	2.982	3.041	5.217	2.075	1.497	2.017	4.139	3.525
Oils	11.588	12.923	8.816	8.517	5.382	6.044	10.059	7.078	4.721
Processed Meats	0.719	1.483	0.235	1.257	0.054	2.172	0.032	0.745	0.574
Soaps	0.664	0.352	0.757	0.533	0.784	0.615	0.601	0.807	1.074
Wood & Wooden Products	1.165	0.237	0.722	2.088	3.417	1.498	2.233	1.297	3.700
Paper & Cardboard	0.721	1.729	1.543	1.473	1.358	1.401	1.492	1.851	2.561
Textiles & Products	3.132	4.978	5.823	4.609	4.554	3.347	3.697	4.502	5.945
Iron, Steel, & Products	2.272	4.272	2.782	2.464	2.921	1.837	2.133	3.167	3.558
Plastics & Resins	1.406	1.457	1.727	1.776	2.232	2.105	1.434	2.999	3.988
Electrical Machinery	6.813	2.010	1.194	1.016	1.209	1.326	1.218	1.543	2.813
Machinery & Appliances	7.131	10.095	6.882	9.704	8.765	6.679	6.498	14.141	10.289
Other Industrial Imports	32.637	19.843	23.904	24.815	26.226	21.333	21.219	31.050	31.291

Quelle: UNCTAD, Selected statistical series on the balance of payments, foreign trade, population, labour force and employment of the occupied Palestinian territory (West-Bank and Gaza Strip), 1968 - 1987, Geneva, 13 January 1993

Tab. A 4: Chambers of Commerce in the West Bank

	Jerusalem	Gaza	Nablus	Ramallah	Hebron	Bethlehem	Jenin	Tulkarem	Qalqlaleh	Jericho
Year established	1936	1954	1953	1950	1954	1952	1953	1940	1972	1953
Board of Trustees	12	16	12	11	11	9	9	9	9	7
Registered members	3100	3200	2100	1600	2137	1500	2500	820	337	185
Staff members	5	14	10	7	8	3	4	6	3	2
Consultant members	-	-	4	8	-	-	1	3	2	-
Number of unregistered potential members	1200	400	-	1000	3000	1500	500	2500	240	340
Date of last election	1/6/65	2/11/90	21/5/92	3/3/92	18/6/91	1565	24/9/92	5/9/91	13/7/92	13/7/91

Quelle: International Trade Centre, Gerd Langer, Technical Cooperation with the Chambers of Commerce and Industry in the Occupied Palestinian Territory, Geneva, Sept. 1, 1993

Tab. A 5:

Phasing of Institutional and Policy Reforms

Area of reform	Short-term	Medium-term
Regulatory and legal framework	• Publish all regulations in Arabic • Review all commercial laws with a view to harmonize and modernize • Relax licensing requirements for foreign trade and for business • Simplify procedures for trade with Jordan	• Develop market-friendly commerical laws • Ease restrictions on movement of goods and people
Fiscal system	• Relax advance income tax requirements • Reform income tax reporting and compliance provisions • Reform tax assessment practices	• Develop a budgetary framework • Agree on mechanisms fo rfiscal transfers with Israel • Establish mechanism for management of external assistance • Design new taxation structure and develop tax administration capability • Establish cost-recovery mechanisms for public services
Public utilities	• Study issues concerning ownership and regulation of utilities • Initiate training programs for utilities	• Establish financially autonomous, commercially-oriented utilities
Financial sector	• Eliminate barriers to entry and expansion • Establish payment clearing system	• Create an enabling legal framework for financial system • Establish a single regulatory authority • Encourage establishment of an investment bank
Natural resources	• Relax regulations governing rehab of irrigation wells • Study alternative to address drinking water quality problems in Gaza • Relax constraints to grazing lands use • Develop environment action plan • Share data on natural resources	• Establish agency to coordinate and oversee water resource development • Reform regulatory framework for development of urban lands • Establish mechanisms for protection of antiquities and cultural property • Establish an environment management organization
Social services	• Articulate sectoral policy framework • Launch socioeconomic studies	• Adopt coherent policies for social sectors • Create health sector coordinating body • Start preparation for a census • Modernize educational curriculum
Local government and Public Administration	• Review laws and regulations affecting local government operations • Launch studies on trade, monetary, and fiscal issues • Initiate training programs	• Revise legal framework governing local governments • Provide greater financial autonomy to local governments • Prepare strategies for regularizing UNRWA establishment over the longer term • Establish a development policy institute

Quelle: World Bank, Developing the Occupied Territories. An Investment in Peace, Vol. 1: Overview, Washington, Sept. 1993, S. 21

Tab. A 6:

Potential Exportable Agricultural Production in West Bank and Gaza by Quantities, Values and Availability (three years average)[a]

CROP	WEST BANK	GAZA	TOTAL	EST.SUR.	SUR.QTY	EST.PR.	TOT.VALUE	AVAILABILE
Potatoes	18000	16000	34000	10%	3400	400	1360	NOV-FEB
Tomatoes	60000	27000	87000	50%	43500	500	21750	NOV-APR
Onions (Dry)	18000	1500	19500	10%	1950	500	975	DEC-MAY
Cucumber	25000	16000	41000	40%	16400	500	8200	OCT-FEB
Eggplants	20000	5000	25000	40%	10000	400	4000	NOV-APR
Veg-Marrows	11000	7000	18000	20%	3600	500	1800	NOV-APR
Cauliflower	5000	8000	13000	30%	3900	500	1950	NOV-APR
Cabbage	3000	6000	9000	10%	900	900	810	DEC-MAR
Other Veg.	15000	15000	30000	1%	300	500	150	
Water Melon	60000	500	60500	40%	24200	300	7260	MAY-AUG
Sugar Melon	12000	400	12400	5%	620	500	310	MAY-AUG
Oranges	30000	150000	180000	60%	108000	600	64800	NOV-MAR
Grape Fruit	3000	15000	18000	30%	5400	600	3240	DEC-FEB
Lemon	13000	15000	28000	40%	11200	500	5600	OCT-MAY
Clementine	30000	4000	34000	15%	5100	600	3060	DEC-FEB
Other Citrus	2000	4000	6000	1%	60	600	36	
Olive	80000	4000	84000	40%	33600	450	15120	NOV-MAR
Grape	35000	4000	39000	40%	15600	600	9360	AUG-NOV
Plum	12000	0	12000	20%	2400	600	1440	AUG-OCT
Fig	12000	300	12300	10%	1230	800	984	AUG-OCT
Banana	15000	0	15000	15%	2250	900	2025	DEC-FEB
Almond	5000	2000	7000	15%	1050	300	315	APR-JUN
Strawberry	0	1000	1000	40%	400	3000	1200	DEC-MAR
Palm	1000	2500	3500	1%	35	800	28	AUG-NOV
Guava	1000	5000	6000	15%	900	600	540	NOV-FEB
Other Fruits	15000	8000	23000	1%	230	500	115	NOV-FEB
TOTAL	501000	317200	818200	23%	296225		156428	

[a] Quantity in tons, price and value in 1000 Dollars

Quelle: Production Data, Judea, Samaria & Gaza Statistics, 1988 (three years average)

Tab. A 7:

Imports and Exports of Farm Products, Raw or Processed, and Agricultural Input Commodities, Egypt and Israel, 1981, in US-$ 1000, and possible Directions of Trade

SITC Code	Product	Egypt Imports	Egypt Exports	Israel Imports	Israel Exports	Possible trade flows
A	Farm Products, Raw or Processed					
11	Beverages	1,636	5,884	6,292	6,786	E⇨I, I⇨E
22	Oil seeds	20,319	5,974	170,474	15,024	E⇨I, I⇨E
262	Wool, animal hair	24,103	1,281	19,263	9,589	E⇨I, I⇨E
263.1	Raw cotton, excluding linters	–	457,091	30,890	121,833	E⇨I
421.3	Cottonseed oil	16,354	–	348	5,305	I⇨E
292.4	Vegetables used in pharmacy	2,754	6,231	6,038	–	E⇨I
292.5	Seeds for planting	5,276	1,184	5,182	7,153	I⇨E
011.4	Poultry, fresh, chilled or frozen	117,481	–	–	30,517	I⇨E
(013)	Meat, prepared, preserved	23,373	–	–	9,433	I⇨E
(023)	Butter	96,126	–	2,184	3,926	I⇨E
(025)	Eggs	12,372	–	2,994	3,080	I⇨E
042	Rice	–	42,608	18,805	–	E⇨I
054	Fresh & simply prepared veget.	56,936	46,975	11,378	43,201	E⇨I, I⇨E
057	Fresh and dried fruits and nuts	40,797	53,111	12,857	317,698	E⇨I, I⇨E
058.9	Fruit and vegetable juice	373	9,543	18,228	115,275	E⇨I
062	Sugar, candy, excl. chocolates	674	–	3,661	4,500	E⇨I, I⇨E
075.2	Spices, excluding pepper	987	5,643	1,233	263	E⇨I
081.3	Oil cake and other residues	29,936	1,998	–	13,406	I⇨E
061.2	Refined sugar	244,314	18,874	106,640	–	E⇨I
061.5	Molasses	–	7,587	4,222	–	E⇨I
B	Agricultural Inputs					
562.1	Chemical nitrogenous fertilizer	70,460	–	6,250	420	E⇨I
562.2	Chemical phosphatic fertilizer	25,415	184	–	40,349	I⇨E
561.9	Fertilizer, various	4,090	–	158	123,998	I⇨E
721.1	Cultivating machinery	4,662	–	1,739	8,272	I⇨E
712.9	Harvesting machinery	2,636	–	10,147	1,957	I⇨E
721.3	Dairy machinery	913	–	5,707	182	I⇨E
721.9	Agriculture machines, various	12,660	–	1,088	2,169	I⇨E
727	Food machinery, non-domestic	20,950	–	6,898	5,328	I⇨E

Quelle: Haim-Ben-Shahar, Gideon Fishelson, Seev Hirsch, Economic Cooperation and Middle East Peace, London 1989, S. 164

Tab. A 8: Approximate Data for Some Representative Agro-Industries

Industry	Invest-ment, $m.	Data for a Plant of Representative Size			Infrastructure Inputs		Remarks
		Material consumption, tons $ p.a.	Annual output, tons	Annual sales, $m.	Employ-ment	Water, m³/hr	Electric power, MW	
Fruit and vegetable canning	10.0	35,000	25,000	23.0	250-650	150	06	Possible fruits: apricots, plums, peaches, mangoes, citrus fruit, green vegetables
Vegetable pickling	2.5	25,000	20,000	9.0	120-220	50	0.2	Mainly cucumbers, eggplant, peppers, onions, olives
Vegetable dehydration	12.5	100,000	10,000	19.0	150	400	1.5	Mainly onions and garlic
Vegetable freezing	10.0	20,000	13,000	11.0	250-450	100	0.8	Cauliflower, carrots, onions, peas, maize
Fruit drying	5.0	15,000	3,500	6.5	420	200	0.25	Mechanical drying after sun-drying
Dairy	28.0	150,000		115.0	480	200	1.7	Pasteurized & sterilized milk and various milk products
Chicken farm and slaughterhouse	15.0	10.5-36 mill. chickens		48.0	450	70	5.8	Including mechanized coops, breeding coops, laying apparatus, slaughter-house, refrigeration facilities
Packing house	70.0	750,000	700,000	115.0	5,000	400	14.0	To serve a given agricultural region
Animal feed mixing plant	13.0		320,000		75	15	2.0	For chicken and cattle farms
Edible oil extraction plant	25.0	300,000	oil: 70,000 animal feed: 230,000	135.0	235	60	3.8	Raw materials: soybeans, sunflower and safflower seeds, groundnuts, cottonseed. Output: oil and oil cake animal feed.

Quelle: Haim Ben-Shahar, Gideon Fishelson, Seev Hirsch, Economic Cooperation and Middle East Peace, London 1989, S. 169

Tab. A 9:

Maßnahmen zur Kontrolle des Handels im Überblick

1. Quantitative und ähnliche Restriktionen

a) **Import quotas:** Restrictions on quantity and/or value of imports of specific commodities for a given time period; administered globally, selectively or bilaterally;

b) **Export limitations:** Same as in import quotas but with reference to exports;

c) **Licensing:** Some system of licensing is required to administer the foregoing restrictions. Licensing may also be discretionary and liberal, including use for statistical purposes;

d) **Voluntary export restraints:** Restrictions imposed by importing country but administered by exporting country; administered multilaterally and bilaterally; requires system of licensing; essentially similar to an orderly marketing arrangement;

e) **Exchange and other financial controls:** Restrictons on receipt and/or payments of foreign exchange designed to control international trade and/or capital movements; will generally require some system of licensing; may involve multiple exchange rates for different kinds of transactions;

f) **Prohibitions:** May be selective in respect of commodities and countries of origin/destination; includes embargoes; may carry legal sanctions;

g) **Domestic content and mixing requirements:** Requires that an industry use a certain proportion of domestically produced components and/or materials in producing final products;

h) **Discriminatory bilateral agreements:** Preferential trading arrangements that may be selective by commodity and country; includes preferential sourcing arrangements;

i) **Countertrade:** Arrangements involving barter, counterpurchases of goods, and payments in kind.

2. Nicht-tarifäre Gebühren und andere finanzielle Belastungen

a) **Variable levies:** Based on a target domestic price of imports, a levy is imposed so that price of imports reaches the target price whatever the cost of imports;

b) **Advance deposit requirements:** Some proportion of the value of imports must be deposited in advance of the payment, with no allowance for any interest accrued on the deposit;

c) **Anti-dumping duties:** Imposition of a special import duty when the price of imports is alleged to lie below some measure of foreign costs of production; minimum prices may be established to "trigger" anti-dumping investigations and actions;

d) **Countervailing duties:** Imposition of a special import duty to counteract an alleged foreign government subsidy to exports; normally required that domestic injury be shown;

e) **Border tax adjustments:** When indirect (e.g. sales or value added) taxes are levied on the destination principle, imports will be subject to such taxes but exports will be exempt; the effects on trade will be neutral except in cases in which the adjustments more than compensate for the taxes imposed or exempted, or when the size of the tax differs across commodities.

3. Staatliche Handelsbeteiligung und andere restriktive Praktiken

a) **Subsidies and other support:** Direct and indirect subsidies to exports and import-competing industries, including tax benefits and credit concessions;

b) **Government procurement policies:** Preferences given to domestic over foreign firms in bidding on public-procurement contracts, including explicit cost differentials and informal procedures favouring procurement from domestic firms;

c) **State trading, government monopolies and exclusive franchises:** Government actions may result in trade distortions, including government-sanctioned, discriminatory international transport agreements;

d) **Government industrial policy and regional development measures:** Government actions designed to aid particular firms, industry sectors and regions to adjust to changes in market conditions;

e) **Government financial research and development and other technology policy:** Government actions designed to correct market distortions and aid private firms; includes technological spillovers from government programmes, such as defence and public health;

f) **National systems of taxation and social insurance:** Personal and corporate income taxation, unemployment insurance, social security and related policies which may have an impact on trade;

g) **Macroeconomic policies:** Monetary/fiscal, balance of payments, and exchange-rate actions which have an impact on national output, foreign trade and capital movements;

h) **Competition policies:** Antitrust and related policies designed to foster or restrict competition and which may have an impact on foreign trade and investment;

i) **Foreign investment policies:** Screening and monitoring of inward and/or outward foreign direct investment, including performance requirements affecting production and trade;

j) **Foreign corruption policies:** Policies designed to prohibit or restrict bribes and related practices in connection with foreign trade and investment;

k) **Immigration policies:** General or selective policies designed to limit or encourage international movement of labour and which have an equal impact on foreign trade investment.

4. Zollverfahren und andere administrative Praktiken

a) **Customs valuation procedures:** Use of specially constructed measures of price rather than the invoice or transactions price for the purpose of levying tariffs;

b) **Customs classification procedures:** Use of national methods of customs classification rather than an internationally harmonized method for the purpose of levying tariffs;

c) **Customs clearance procedures:** Documentation, inspection and related practices which may impede trade.

5. Technische Handelsbarrieren

a) **Health and sanitary regulations and quality standards:** Actions designed for domestic objectives but which may discriminate against imports;

b) **Safety and industrial standards and regulations:** See above;

c) **Packaging and labelling regulations including trademarks:** See above;

d) **Advertising and media regulations:** See above.

Quelle: United Nations/ESCWA: Developments in the External Sector of the ESCWA Region: Performance of New Export Products in the 1980s. June 1992, S. 55 ff.

Tab. A 10:

Results of Project Screening

Project	Screening Criteria	Priority Ranking
1. Eastern Mediterranean Coastal Corridor	- Road improvements needed are limited. Much upgrading is required in Lebanon. - Complements coastal shipping. - Provides an inland service link between ports thus increasing their efficiency. - Regional character will be realized upon lifting border crossing barriers.	HIGH
2. East-West Corridors and Bridges	- Provides access for the hinterland to the coastal areas. - Reduces transport costs by crossing the Jordan at natural crossing points. - Forms part of an eventual highway from Amman to the Gaza. - Promotes tourist traffic	HIGH
3. Beirut-Syrian Border Expressway	- Studies are available. - Constitutes a link in the Pan Arab Road Network. - Facilitates Beirut Harbor regaining its role in transit trade. - High investment costs.	LOW
4. Aqaba-Iraq Corridor	- Important corridor. - Most required improvements are already underway or committed under on-going Bank projects. Any further improvements needed that come to light after updated traffic study should be considered for financing.	LOW
5. Regional Road at Aqaba	- Traffic studies needed to determine effect on traffic of an opening of borders.	LOW
6. L'Autoroute d'Unité Maghrebine (AUM)	- Uncertain potential for traffic growth. Present traffic too small. - Feasible sections do not immediately serve regional interests. - Large import content. - Investments would be massive.	LOW
7. Maghreb Roads Network "M"	- Needs modest investment. - Integrates with existing road sections. - Minor additional studies required. - Complements well-justified segments of the networks. - Integrates well with procedural reform requirements under consideration. - Substantial benefits in a relatively short time frame.	HIGH

Project	Screening Criteria	Priority Ranking
8. Railroad infrastructure connecting OT, Israel, Jordan and contiguous areas	- It is doubtful that traffic justifies the large expenditures that would be required. - Non-uniformity of gauges, missing links, and extensive track renewal requirements make extensive interconnecton difficult. - Financial subsidies and operational requirements could be burdensome.	LOW
9. Railroads of Morocco, Algeria and Tunisia (Maghreb)	- Studies still in progress. - Incompatibilities in operating equipment. - Railway managements would need to be involved in studies of the merits of coordination.	LOW
10. Railroad in the fertile crescent; a standard gauge railway from Damascus to Aqaba Port with a connector from Mafraq to Trebil to Al Hadithah in Iraq	- Will help increase level of standardization of the regional rail network. - Insufficient traffic. - Relieves roads in Jordan and Iraq from carrying heavy bulk low cost material. - Operating costs high, cost recovery weak. - A step towards the development of a regional rail network in the future.	LOW
11. Port at Gaza	- Seen as important to support Palestinian autonomy. - Currently available data do not support its cost-effectiveness for serving regional traffic, but some sort of port may be justified. - Further traffic data required.	LOW; traffic studies recommended prior to commencement of feasibility studies
12. Rehabilitation and upgrading of Beirut Harbor and other ports	- Essential for reconstruction program in Lebanon. - Significant regional role is not evident.	LOW
13. Rehabilitation and upgrading of Beirut International Airport	- Part of Lebanon Rehabilitation and Recovery Program. - Dispute over choice of appropriate role for a regional airline and a regional hub to be resolved before the project will become eligible.	LOW

Quelle: World Bank, A Note on Priority Regional Infrastructure Projects, Washington, October 1993, Annex 1

Tab. A 11: Handelsumlenkungspotential der Nah-Mittelost-Region (Mio. $)[c)]

Produktgruppe SITC/ Bezeichnung	Extraregionale Importe		Wichtigste[c)] Importeure	Wichtigste Produkte	Extraregionale Exporte		Wichtigste[c)] Exporteure	Wichtigste Produkte	Handelsumlenkungspotential	
	a	b			a	b			von (Land)	nach (Land, Produkt)
001-014 Leb.Tiere, Fleisch	409,9	611,5	alle Länder	Leb.Tiere; Gefrierfleisch	114,2	55,7	Syrien, Israel, Türkei	Leb.Tiere, Gefrierfleisch	Syrien, Türkei, Israel	Libanon, Jordanien, Ägypten (leb.Tiere, Fleisch)
022-025 Milch, Butter, Käse, Eier, Geflügel	268,0	427,8	Saudi-A., Ägypten, Jordanien, Libanon	Milch, Butter, Käse	38,6	17,9	Jordanien, Israel	Butter, Eier, Geflügel	Israel, Jordanien	Saudi-A., Ägypten (Butter, Käse, Eier, etc.)
034-037 Fisch, frisch und konserviert	182,2	72,6	Israel, Ägypten, Saudi-A.	Frischfisch, Fischkonserven	15,0	73,8	Türkei	Fisch; frisch, gefroren, Konserven	Türkei	Israel, Ägypten, Saudi-A. (Fisch, div.)
041-048 Getreide	1895,0	1256,7	alle Länder	Weizen, Gerste, Mais	101,2	171,1	Saudi-A., Ägypten	Weizen, Reis	Saudi-A., Ägypten	alle Länder (Weizen) alle Länder (Reis)
054-058 Gemüse und Obst	344,5	419,2	Saudi-A., Ägypten, Israel	div. Obst und Gemüse	808,2	1618,2	Türkei, Israel	div. Obst und Gemüse	Türkei, Israel	Saudi-A., Ägypten, Israel (Obst und Gemüse)
061-62 Zucker, Honig, Süßwaren	480,7	378,6	Türkei, Ägypten, Syrien, Israel	Zucker und Honig	30,8	24,3	Türkei, Ägypten	Süßwaren	Türkei	Saudi-A. (Süßwaren)
071-074 Kaffee, Kakao, Tee, Schokolade	353,7	144,4	Ägypten, Saudi-A., Israel	Tee und Kaffee	57,3	46,9	Israel, Türkei, Syrien	Kaffee, Schokolade, Tee	Türkei Israel Syrien	Ägypten, Saudi-A. (Tee) Saudi-A. (Kaffee, Schokolade) Saudi-A. (Schokolade)
075 Gewürze	17,1	42,1	Saudi-Arabien	Gewürze	13,5	31,7	Türkei	Gewürze	Türkei	Saudi-A. (Gewürze)
121-22 Tabak, un- und bearbeitet	264,6	583,7	Türkei, Saudi-A., Ägypten, Israel	verarbeiteter Tabak	27,1	442,1	Türkei	Rohtabak	Türkei	Ägypten (Rohtabak)
211 Häute und Felle	8,2	107,5	Türkei	Schaffelle	31,2	18,5	Libanon, Saudi-A.	Schaf- und Ziegenfelle	Libanon Saudi-A.	Türkei (Schaffelle) Türkei (Schaf-u.Ziegenfelle)
222-23 Ölsaaten	174,5	124,2	Israel, Saudi-A.	Sojabohnen, Sesam	58,7	6,8	Israel	Sonnenblumensaat	nicht nennenswert	-
232-33 Gummi, Natur u. synthet.	50,4	92,8	Türkei, Israel	Gummi, Natur u. synthetisch	0,4	5,1	Türkei, Saudi-A.	Synthet. Gummi	nicht nennenswert	-
246-51 Holz und Papierbrei	596,6	308,8	Ägypten, Israel, Türkei, Saudi-A.	Holz, roh und geformt	2,8	19,0	Türkei	Holz, geformt	Türkei	Ägypten, Israel, Saudi-A. (Holz)
263 Baumwolle	55,3	118,3	Türkei	Baumwolle	231,2	189,0	Türkei, Syrien, Ägypten, Israel	Baumwolle	Syrien, Ägypten	Israel, Türkei (begrenzt)

Produktgruppe SITC/Bezeichnung	Extraregionale Importe a	Extraregionale Importe b	Wichtigste Importeure	Wichtigste Produkte	Extraregionale Exporte a	Extraregionale Exporte b	Wichtigste Exporteure	Wichtigste Produkte	Handelslenkungspotential von (Land)	Handelslenkungspotential nach (Land, Produkt)
266-67 Synthet. Fasern	105,3	237,4	Türkei, Ägypten, Israel	div. synthet. Fasern	3,3	76,7	Türkei	Synthet. Fasern	Türkei	Ägypten, Israel (synthet. Fasern)
268 Wolle	34,5	97,5	Türkei (Israel, Ägypten)	Wolle	17,7	7,0	Israel, Türkei, Saudi-A.	Wolle	nicht nennenswert	-
271 Düngemittel, roh	0,9	11,6	Türkei	Düngemittel, roh	391,3	-	Jordanien, Israel, Syrien	Düngemittel, roh	nicht nennenswert	-
274 Schwefel	37,2	13,6	Israel, Ägypten, Türkei	Schwefel	0,5	56,0	Saudi-A.	Schwefel	Saudi-A.	Israel, Ägypten, Türkei (Schwefel)
281-82 Eisenerz und -schrott	94,4	699,0	Türkei, Saudi-A., Ägypten	Eisen- und Stahlschrott	5,7	22,6	Saudi-A.	Eisen- und Stahlschrott	Saudi-A.	Türkei, Ägypten (gering) (Eisen- und Stahlschrott)
292 Pflanzliche Rohstoffe	63,2	62,7	Saudi-A., Israel, Türkei, Ägypten	Pflanzl. Rohstoffe	229,0	50,0	Israel	Pflanzl. Rohstoffe	Israel	Saudi-A., Türkei (pflanzl. Rohstoffe)
322-23 Kohle, Briketts	83,7	325,7	Türkei, Ägypten	Kohle, Briketts	8,8	2,7	Ägypten	Briketts	Ägypten	Türkei (Briketts)
333-41 Erdöl inkl. Prod., Erdgas	2024,7	3632,6	Türkei, Israel, Jordanien	Rohöl	2786,0	26760,0	Saudi-A., Syrien, Ägypten	Rohöl	Saudi-A., Syrien, Ägypten	Türkei, Israel, Jordanien (Rohöl)
411-31 Tierische und pflanzliche Öle und Fette	420,8	342,9	Türkei, Ägypten	Pflanzl. Öle	4,6	133,8	Türkei	Pflanzl. Öle	Türkei	Ägypten, Jordanien (pflanzl. Öle)
511-16 Kohlenwasserstoffe, Alkohole u.a. organische Chemikalien	667,8	852,8	Türkei, Israel, Ägypten, Saudi-A.	Kohlenwasserstoffe, Alkohole, Nitrogen	474,1	1237,9	Saudi-Arabien, Israel	Kohlenwasserstoffe, Alkohole	Saudi-Arabien	Israel, Türkei (Kohlenwasserstoffe, Alkohole); andere Staaten in geringeren Mengen
522-23 Anorg. Chemikalien	221,8	462,2	Türkei, Israel Saudi-A., Ägypten	Anorg. Chemikalien	278,3	158,9	Israel, Türkei, Saudi-A.	Anorg. Chemikalien	Israel	Ägypten, Saudi-A., Türkei (Syrien, Jordanien in geringen Mengen)
531-33 Farben und Lacke	295,0	438,4	Türkei, Israel, Ägypten, Saudi-A.	div. Farben und Lacke	17,3	22,9	Türkei	Farben und Lacke	nicht nennenswert	-
541-54 Medizin. Produkte, Kosmetika, Seifen	789,6	953,6	Saudi-A., Israel, Türkei, Ägypten	Medizin. Produkte, Kosmetika	847,0	209,1	Syrien, Israel, Jordanien	Kosmetika, medizin. Produkte	Syrien Israel Jordanien	Saudi-A., Israel (Kosmetika) alle Länder (medizin.Prod.) alle Länder (Seifen, medizin.Prod.)
562 Düngemittel (verarbeitet)	77,3	326,7	Türkei, Saudi-A.	Düngemittel, verarb.	432,6	115,1	Israel, Jordanien, Türkei	Düngemittel, verarb.	Israel, Saudi-A., Jordanien	Türkei, Saudi-A., Syrien u.a.

Produktgruppe SITC/ Bezeichnung	Extraregionale Importe a	Extraregionale Importe b	Wichtigste[c] Importeure	Wichtigste Produkte	Extraregionale Exporte a	Extraregionale Exporte b	Wichtigste[c] Exporteure	Wichtigste Produkte	Handelslenkungspotential von (Land)	Handelslenkungspotential nach (Land, Produkt)
582-85 Polymerisationsprod., Zellulose, Kunststoffe	871,5	663,2	Israel, Türkei, Ägypten, Saudi-A.	Kondensations- und Polymerisationsprodukte	230,7	841,7	Saudi-A., Israel	Polymerisationsprodukte	Saudi-A., Israel	Türkei, Ägypten, Syrien (Polymerisationsprodukte)
591-98 Pestizide, Stärke, div. chem. Prod.	538,1	515,4	Türkei, Saudi-A., Israel, Ägypten	Pestizide; div. chem. Produkte	319,8	14,7	Israel	Pestizide; div. chem. Produkte	Israel Israel	alle Länder (Pestizide) alle Länder (div.chem.Prod.)
611-13 Leder und Lederwaren	50,1	121,5	Türkei, Israel	Leder	12,4	13,6	Türkei, Ägypten, Saudi-A.	Leder	Ägypten, Saudi-A., Türkei	Israel (Leder)
621-28 Gummiwaren	327,3	551,5	Saudi-A., Türkei, Ägypten, Israel	Gummireifen u. -schläuche	99,8	65,5	Israel, Türkei	Gummireifen u. -schläuche	Israel, Türkei	Saudi-A., Ägypten etc. (Gummireifen u. -schläuche)
634-42 Holzwaren, Papier	1050,3	700,3	alle Länder	Papier und Pappe	72,9	95,9	Israel, Saudi-A., Türkei	Papier und Pappe	Israel, Saudi-A., Türkei	Syrien, Libanon, Jordanien, Ägypten (Papier und Pappe)
651-58 Textilgarn und -gewebe	1141,9	1514,8	Saudi-A., Türkei, Israel	Textilgarn und -gewebe	1187,1	1139,8	Türkei, Syrien, Ägypten	div. Textilgarne und -gewebe	Syrien Türkei, Ägypten	Saudi-A., Israel (Gewebe) Israel, Syrien etc. (Garne)
659 Bodenbeläge	31,0	210,0	Saudi-A.	Bodenbeläge	61,3	189,3	Türkei	Bodenbeläge	Türkei	Saudi-A. (Bodenbeläge)
661-63 Kalk, Zement, Ton	312,4	404,2	Saudi-A., Türkei, Israel	Kalk, Zement, Ton	73,7	202,4	Türkei	Kalk und Zement	Türkei	Saudi-A., Israel (Kalk und Zement)
664-66 Glas, Glaswaren, Keramik	205,2	207,0	Saudi-A., Israel, Türkei	Glas und Glaswaren	17,3	181,1	Türkei	Glas u. Glaswaren	Türkei	Saudi-A., Israel u.a. (Glas und Glaswaren)
671-79 Roheisen; Eisen- und Stahlformen	1339,7	1939,3	alle Länder	Eisen- und Stahlplatten, -rohre etc.	124,3	1434,5	Türkei, Ägypten	Eisen- u.Stahlformen, -rohre	Türkei	alle Länder (Eisen- und Stahlformen, -rohre)
682-89 NE-Metalle	425,3	740,8	Türkei, Saudi-A., Israel, Ägypten	Kupfer, Aluminium	259,7	214,6	Ägypten, Türkei, Israel	Aluminium, Kupfer	Ägypten Türkei	Türkei, Saudi-A., Israel (Aluminium) div. Länder (Kupfer, Aluminium)
691-95 Metallbehälter, Draht, Nägel, Werkzeuge	376,4	432,4	Saudi-A., Ägypten, Israel, Türkei	Metallwaren, Werkzeuge, Nägel etc.	232,9	114,0	Israel	Werkzeuge	Israel	alle Länder (Werkzeuge)
696-99 Bestecke, Haushaltswaren, div. Metallwaren	414,5	495,9	Saudi-A., Israel	div. Metallwaren	142,7	86,7	Israel, Türkei	div. Metallwaren	Israel	alle Länder (div. Metallwaren)

213

Produktgruppe SITC/ Bezeichnung	Extraregionale Importe		Wichtigste c) Importeure	Wichtigste Produkte	Extraregionale Exporte		Wichtigste c) Exporteure	Wichtigste Produkte	Handelsumlenkungspotential	
	a	b			a	b			von (Land)	nach (Land, Produkt)
711-14 Dampfturbinen u. Motoren	340,8	699,8	Türkei, Saudi-A., Israel	Motoren	80,3	95,0	Israel, Saudi-A., Türkei	Motoren	Israel, Saudi-A., Türkei	Syrien, Ägypten (auch Saudi-A., Israel, Türkei) (Motoren)
716-18 Elektr. Generatoren	177,0	253,0	Saudi-A., Türkei, Ägypten, Israel	Generatoren	25,4	11,1	Israel	Generatoren	Israel	alle Länder (Generatoren)
721-22 Landw. Maschinen, Traktoren	113,3	115,0	Saudi-A., Israel, Türkei	Landw. Maschinen	31,8	1,8	Israel	Landw. Maschinen	Israel	alle Länder (landwirtschaftliche Maschinen)
723 Ingenieurausrüstungen	298,7	165,3	Türkei, Israel u.a.	Ingenieurausrüstungen	0,8	5,9	Saudi-A., Türkei	Ingenieurausrüstungen	nicht nennenswert	-
724 Textilmaschinen	356,7	899,5	Türkei, Ägypten, Israel	Textilmaschinen	12,1	9,4	Israel, Türkei	Textilmaschinen	nicht nennenswert	-
726 Druckereimaschinen	101,5	104,1	Türkei, Israel	Druckereimaschinen	304,6	0,8	Israel	Druckereimaschinen	Israel	alle Länder (Druckereimaschinen)
727-28 Nahrungsmittel- u.a. Maschinen	501,0	541,2	Türkei, Israel, Ägypten, Saudi-A.	Spezialmaschinen	429,1	19,0	Israel	Spezialmaschinen	Israel	alle Länder (Spezialmaschinen)
736-37 Metallverarbeitende Maschinen	164,6	227,5	Türkei, Israel	Metallverarb. Maschinen	33,9	20,2	Israel, Türkei	Werkzeugmaschinen	Israel, Türkei	übrige Länder (Werkzeugmaschinen)
741 Heiz- und Kühlanlagen	212,9	437,4	Saudi-A., Türkei, Israel	Heiz- und Kühlanlagen	92,0	14,2	Israel	Heiz- u.Kühlanlagen	Israel	übrige Länder (Heiz- und Kühlanlagen)
742-43 Pumpen und Zentrifugen	426,9	448,1	Saudi-A., Türkei, Israel, Ägypten	Pumpen und Zentrifugen	47,4	28,2	Israel	Pumpen und Zentrifugen	Israel	alle Länder (Pumpen und Zentrifugen)
744-49 Nichtelektr. Maschinen und Zubehör	872,1	1373,9	Saudi-A., Türkei, Israel, Ägypten	Nichtelektr. Masch. und -teile	327,9	44,0	Israel	Nichtelektr. Masch. und -teile	Israel	alle Länder (nichtelektr. Maschinen und -teile)
751-59 Büromaschinen, Datenverarbeitung	722,5	894,3	Saudi-A., Türkei, Saudi-A.	Datenverarbeitung etc.	435,6	29,3	Israel	autom. Datenverarbeitung	Israel	alle Länder (autom. Datenverarbeitung etc.)
761-64 Unterhaltungselektronik, Telekom-Ausrüstung	699,2	1102,4	Türkei, Saudi-A., Israel, Ägypten	Telekom-Ausrüstung	696,8	248,9	Israel, Türkei	Telekom-Ausrüstung, Fernseher	Türkei	alle Länder (Telekom-Ausr.) alle Länder (Fernseher)
771-78 Elektr. Maschinen und -teile	2888,4	1027,3	Türkei, Saudi-A., Israel, Ägypten	Elektr. Maschinen und -teile	769,0	212,9	Israel, Türkei	Elektr. Maschinen und -teile	Türkei	alle Länder (elektr. Masch. und -teile) alle Länder (elektr. Verteiler, Transistoren)

Produktgruppe SITC/ Bezeichnung	Extraregionale Importe		Wichtigste[c] Importeure	Wichtigste Produkte	Extraregionale Exporte		Wichtigste[c] Exporteure	Wichtigste Produkte	Handelsumlenkungspotential	
	a	b			a	b			von (Land)	nach (Land, Produkt)
781-86 Kraftfahrzeuge inkl. Motorräder	2347,8	3505,6	Saudi-A., Israel, Türkei	Kraftfahrzeuge	49,6	142,4	Türkei, Israel	Kraftfahrzeuge und Ersatzteile	nicht nennenswert	-
791-93 Waggons, Flugzeuge, Schiffe	514,6	1920,6	Saudi-A., Türkei, Israel	Flugzeuge	311,2	75,6	Israel	Flugzeuge	Israel	Saudi-A., Türkei, Jordanien (Flugzeuge)
812 Installationsausrüstung	59,6	154,8	Saudi-A., Türkei, Israel	Installationsausrüstung	11,1	42,2	Türkei	Installationsausrüstung	Türkei	alle Länder (Installationsausrüstung)
821 Möbel	128,1	312,9	Saudi-A., Israel	Möbel	71,2	20,8	Israel, Ägypten, Türkei	Möbel	Israel, Ägypten, Türkei	übrige Länder (Möbel)
842-48 Bekleidung	191,4	830,7	Saudi-A.	Herren- und Damenoberbekleidung	1070,2	3308,5	Türkei, Israel, Syrien	div. Bekleidung	Türkei, Israel, Syrien	übrige Länder (div. Bekleidung)
851 Schuhe	66,4	239,0	Saudi-A., Israel	Schuhe	40,8	28,6	Türkei, Israel	Schuhe	Türkei, Israel	Saudi-A. (Schuhe)
871-74 Optische, medizinische, Meßinstrumente	584,2	573,8	Türkei, Israel Saudi-A., Ägypten	Meß- und medizinische Instrumente	272,4	53,1	Israel	Meß- und medizinische Instrumente	Israel	alle Länder (Meß- und medizinische Instrumente)
881-84 Foto, Optik, Filme	207,5	269,6	Saudi-A., Türkei, Israel	Foto- und Filmausrüstung	73,3	2,2	Libanon	Fotoapparate, Kinofilme	Israel	alle Länder (Fotoausrüstung, optische Geräte)
885 Uhren	68,8	247,5	Saudi-A., Türkei	Uhren	4,2	2,1	Israel	Uhren	nicht nennenswert	-
892 Druckerzeugnisse	88,5	87,3	Saudi-A., Israel, Türkei	Druckerzeugnisse	69,0	9,4	Israel	Druckerzeugnisse	wahrscheinlich kein Handelspotential	
893-95 Kunststoffartikel, Spielwaren etc.	392,5	392,7	Israel, Saudi-A., Türkei	Kunststoffartikel, Spielwaren	305,4	34,4	Israel	Kunststoffartikel	Israel	alle Länder (Kunststoffartikel)
898-99 Musikinstrumente etc.	223,7	280,8	Israel, Saudi-A., Türkei	Musikinstrumente, sonst. Fertigwaren	29,1	49,3	Türkei, Israel	Musikinstrumente	Türkei, Israel	alle Länder (Musikinstrumente)

Quelle: Comtrade Datenbank der UNCTAD u. eigene Berechnungen. Die Daten für Saudi-Arabien wurden auf Basis der Importdaten seiner Handelspartner kalkuliert, da Saudi-Arabien seine Exporte nicht nach Bestimmungsort ausweist. Die Wertangaben beziehen sich auf das letzte jeweils verfügbare Jahr mit entsprechender Aufschlüsselung (Israel, Jordanien und Ägypten 1992; Syrien und Türkei 1990; Libanon und Saudi-Arabien 1989); die addierten Werte entstammen somit verschiedenen Jahren.

a = Israel, Syrien, Libanon, Jordanien, Ägypten; b = Saudi-Arabien und Türkei; c) Die Reihenfolge der Länder entspricht der Rangfolge ihrer Bedeutung.

215

Tab. A 12: Handelsumlenkungspotential der Nah-Mittelost-Region: Drei detaillierte Beispiele (Mio. $)[c]

Produktgruppe SITC/ Bezeichnung	Extraregionale Importe		Wichtigste[c] Importeure	Wichtigste Produkte	Extraregionale Exporte		Wichtigste[c] Exporteure	Wichtigste Produkte	Handelsumlenkungspotential	
	a	b			a	b			von (Land)	nach (Land, Produkt)
511 Kohlenwasserstoffe	90,7	166,5	Saudi-A., Türkei, Israel	Kohlenwasserstoffe	69,0	543,3	Saudi-A.	Kohlenwasserstoffe	Saudi-A.	alle Länder (Kohlenwasserstoffe)
Im Detail:										
51111 Ethylen	3,8	-	Israel	Ethylen	-	138,9	Saudi-A., Türkei	Ethylen	Saudi-A., Türkei	Israel (Ethylen)
51112 Propylen	0,2	0,7	Türkei, Israel	Propylen	-	9,9	Saudi-A., Türkei	Propylen	Saudi-A., Türkei	Israel (Propylen)
51113 Butadien	0,1	9,3	Türkei	Butadien	-	-	-	-	-	-
51119 Sonst.Kohlenwasserstoffe	6,8	1,7	Ägypten, Israel	Sonst. Kohlenwasserstoffe	0,6	15,4	Saudi-A., Türkei	Sonst. Kohlenwasserstoffe	Saudi-A.	Ägypten, Israel
51122 Benzol	0,1	-	Israel	Benzol	12,0	16,0	Türkei, Israel	Benzol	kein Handelspotential	
51123 Toluol	0,9	9,6	Türkei, Libanon	Toluol	2,6	-	Israel	Toluol	Israel	Türkei, Libanon (Toluol)
51124 Xylol	-	17,0	Türkei	Xylol	1,8	13,5	Türkei, Israel	Xylol	kein Handelspotential	
51125 Styrol	9,3	15,2	Türkei, Israel	Styrol	-	226,2	Saudi-A.	Styrol	Saudi-A.	Türkei, Israel
51131 Vinylchlorid	1,9	3,2	Türkei, Israel	Vinylchlorid	-	61,0	Saudi-A.	Vinylchlorid	Saudi-A.	Türkei, Israel
51139 Sonst. halogene Kohlenwasserstoffderivate	44,3	15,4	Israel, Türkei	Sonst. Kohlenwasserstoffderivate	47,1	55,6	Saudi-A., Israel	Sonst. Kohlenwasserstoffderivate	Saudi-A., Israel	Türkei, Ägypten
5114 Nichthalogene Kohlenwasserstoffderivate	13,0	10,3	Israel, Saudi-A., Türkei	Nichthalogene Kohlenwasserstoffderivate	3,2	4,1	Türkei, Israel	Nichthalogene Kohlenwasserstoffderivate	kein Handelspotential	
541 Medizinische und pharmazeutische Produkte	575,8	595,0	alle Länder	Med. u. pharmaz. Produkte	228,0	74,0	Israel, Türkei, Jordanien	Med. u. pharmaz. Produkte	Israel, Türkei, Jordanien	übrige Länder (med. u. pharmaz. Produkte)
Im Detail:										
5411 Provitamine und Vitamine	21,4	21,1	Türkei, Israel u.a.	Vitamine	7,3	-	Israel	Vitamine	Israel	alle Länder (Vitamine)
54131 Penicillin	13,6	29,0	Türkei, Israel, Ägypten	Penicillin	-	2,8	Türkei	Penicillin	kein Handelspotential	
54132 Streptomycin	1,5	0,3	Ägypten	Streptomyzin	-	-	-	-	kein Handelspotential	
54133 Tetracyclin	2,9	2,3	Türkei, Ägypten	Terracyclin	-	-	-	-	kein Handelspotential	

Produktgruppe SITC/ Bezeichnung	Extraregionale Importe		Wichtigste[c] Importeure	Wichtigste Produkte	Extraregionale Exporte		Wichtigste[c] Exporteure	Wichtigste Produkte	Handelsumlenkungs-potential	
	a	b			a	b			von (Land)	nach (Land, Produkt)
54139 Sonst.Antibiotika	60,9	64,8	Türkei, Ägypten	Sonst.Antibiotika	1,5	0,2	Israel	Sonst.Antibiotika	kein Handelspotential	
5414 Veg. Alkaloide	9,2	8,3	Türkei, Israel, Ägypten	Veg. Alkaloide	6,2	0,8	Israel	Veg. Alkaloide	Israel	Türkei, Ägypten (Alkaloide)
54152-59 Div. Hormone	8,5	22,7	Türkei, Israel, Ägypten	Div. Hormone	0,7	-	Israel	Hormone	kein Handelspotential	
54162 Glands Extrakte	4,4	3,8	Türkei, Israel, Jordanien	Glands Extrakte	1,0	0,1	Israel	Glands Extrakte	kein Handelspotential	
54164 Antiseren, Impfstoffe	44,8	16,9	Israel, Türkei etc.	Antiseren,Impfstoffe	5,6	-	Israel	Impfstoffe	Israel	übrige Länder (Impfstoffe)
54171 Antibiotika, Medikamente	21,5	20,2	Türkei, Israel, Libanon	Antibiotika, Medikamente	0,6	24,3	Türkei	Antibiotika, Medikamente	Türkei	übrige Länder (Antibiotika, Medikamente)
54172 Hormonpräparate	8,8	14,9	Türkei, Israel	Hormonpräparate	44,4	13,3	Israel, Türkei	Hormonpräparate	Israel, Türkei	übrige Länder (Hormonpräparate)
54179 Sonst. Medikamente	250,3	38,2	Israel, Jordanien etc.	Sonst. Medikamente	101,4	18,1	Israel, Jordanien	Sonst. Medikamente	Israel, Türkei	übrige Länder (Sonst. Medikamente)
54191 Bandagen	11,4	9,8	Saudi-A., Israel	Bandagen	4,7	1,9	Israel, Ägypten	Bandagen	Israel, Ägypten	übrige Länder (Bandagen; geringes Potential)
54199 Sonst.pharm.Prod.	23,1	23,7	Türkei, Saudi-A., Israel	Sonst.pharm.Prod.	2,0	11,8	Türkei	Sonst.pharm.Prod.	Türkei	übrige Länder (sonst.pharm.Prod.)
752 Autom. Datenverarbeitung	412,2	622,4	Türkei, Saudi-A., Israel u.a.	Datenverarbeitung	334,9	25,7	Israel	Datenverarbeitung	Israel	übrige Länder (Datenverarbeitung)
Im Detail:										
7521 Analog-Computer	19,7	272,5	Saudi-A.	Analog-Computer	0,4	0,2	Israel	Analog-Computer	kein Handelspotential	
7522 Digital-Computer	16,0	108,9	Türkei, Saudi-A., Israel	Digital-Computer	0,6	0,6	Saudi-A., Israel	Digital-Computer	kein Handelspotential	
7523 Digital-Prozessoren	28,2	65,2	Türkei, Israel	Digital-Prozessoren	5,4	5,2	Saudi-A., Israel	Digital-Prozessoren	kein Handelspotential	
7524 Digitale Speichereinheiten	15,5	42,1	Türkei, Israel	Dig. Speichereinh.	-	0,6	Saudi-A.	Dig. Speichereinh.	kein Handelspotential	
7525 ADP periphere Einheiten	31,3	92,8	Türkei, Israel	ADP periph. Einh.	4,1	18,1	Türkei, Israel	ADP periph. Einh.	Türkei	Israel (ADP periph. Einh.)

Produktgruppe SITC/ Bezeichnung	Extraregionale Importe		Wichtigste[c] Importeure	Wichtigste Produkte	Extraregionale Exporte		Wichtigste[c] Exporteure	Wichtigste Produkte	Handelsumlenkungspotential	
	a	b			a	b			von (Land)	nach (Land, Produkt)
7528 Datenverarbeitungsausrüstungen	263,2	41,0	Israel, Türkei	DV-Ausrüstungen	324,0	0,9	Israel	DV-Ausrüstungen	Israel	Türkei (DV-Ausrüstungen)

Quelle: Comtrade Datenbank der UNCTAD u. eigene Berechnungen. Die Daten für Saudi-Arabien wurden auf Basis der Importdaten seiner Handelspartner kalkuliert, da Saudi-Arabien seine Exporte nicht nach Bestimmungsort ausweist. Die Wertangaben beziehen sich auf das letzte jeweils verfügbare Jahr mit entsprechender Aufschlüsselung (Israel, Jordanien und Ägypten 1992; Syrien und Türkei 1990; Libanon und Saudi-Arabien 1989); die addierten Werte entstammen somit verschiedenen Jahren.

a = Israel, Syrien, Libanon, Jordanien, Ägypten; b = Saudi-Arabien und Türke, c) Die Reihenfolge der Länder entspricht der Rangfolge ihrer Bedeutung.

GESPRÄCHSPARTNER UND KONTAKTE ZU PERSONEN UND INSTITUTIONEN IM NAHEN UND MITTLEREN OSTEN

Israel

The Harry S. Truman Research Institute for the Advancement of Peace, The Hebron University of Jerusalem

Dr. Z. Uri Ullmann
Deputy Director, International Div., Ministry of Finance, Jerusalem

Gad Gilbar
Haifa University, Dept. of Mid-Eastern Studies

Armand Hammer Foundation for Research on Economic Cooperation in the Middle East, Tel Aviv University

Dr. Miriam Evan, Dr. Avi Ben-Bussat
Dept. of Research, Central Bank of Israel

Seev Hirsch
Jaffee Prof. of International Trade, Tel Aviv University

Zvi Amit
Executive Director, Federation of Israel Chambers of Commers, Tel Aviv

Mrs. Ella Aphek
Ministry of Foreign Affairs, Head of Egypt Division, Jerusalem

Dr. Ephraim Ahiram
The Leonard Davis Institute for International Relations, The Hebrew University of Jerusalem

Prof. Dr. Efraim Inbar
Director, BESA Center for Strategic Studies, Bar-Ilan University, Ramat Gan

Dr. Ephraim Kam
Jaffee Center for Strategic Studies, Tel Aviv University

Prof. Dr. Shimon Shamir
The Steinmetz Center for Peace Research, Tel Aviv University

Prof. Dr. Gabriel Sheffer
The Leonard Davis Institute for International Relations, The Hebrew University of Jerusalem

Prof. Dr. Alfred Tovias
The Institute for European Studies, Dept. for International Relations, The Hebrew University of Jerusalem

Governor Jacov Frenkel
Bank of Israel, Jerusalem

Dr. Ehud Kaufman
Ministry of Finance, Jerusalem

Prof. Ephraim Kleiman
The Hebrew University, Jerusalem

Prof. Nadav Halevi
The Hebrew University, Jerusalem

Dan Gillerman
Präsident der Vereinigung israelischer Handelskammern, Tel Aviv

Nathan Sharoni
Staatssekretär des Industrie- und Handelsministeriums, Jerusalem

Dr. Robi Nathanson
Leiter des Wirtschaftsforschungsinstituts der Histadrut, Tel Aviv

Dr. Gabi Heller
Präsident der israelisch-deutschen Handelskammer, Tel Aviv

Ägypten

Prof. Dr. Heba Handussa
Economic Research Forum for the Arab countries, Iran and Turkey, Cairo

Mr. Mourad El-Dessouki
Head of Military Affairs Unit, Center for Political and Strategic Studies, Al-Ahram Foundation, Cairo

Prof. Dr. Reda El-Edel
Director, Middle East Research Center, Ain-Shams University

Prof. Dr. Barahat El-Farra
Egyptian Institute for National Planning, PLO-Adviser, Cairo

Gen. (ret.) Ahmed Abdel Halim
Center for Strategic Studies, Cairo

Dr. Osama El Ghazaly Harb
Director, Center for Political and Strategic Studies, Al-Ahram Foundation, Cairo

Dr. Hussein Mahmoud El-Hennawy
Ain Shams University, Adviser to the Minister of Agriculture, Cairo

Prof. Dr. Ibrahim Muharram
Ain Shams University, Cairo

Prof. Dr. Said El-Naggar
University of Cairo

Mr. Abdel Moneim Said
Center for Political and Strategic Studies, Al-Ahram Foundation, Cairo

Jordanien

Dr. Jamad Anani
State Minister for Prime Ministry Affairs, Amman

Marward Aurad
Secretary General, Ministry of Industrie and Trade, Amman

Dr. Walid Sadi
Laywer, Diplomat

Libanon

Dr. Fuad Saad
Undersecretary of State, Ministry of Agriculture, Beirut

Türkei

Ass. Prof. Dr. Bahri Yilmaz
Dept. of Economics, Bilkent University, Ankara

Westbank/Gaza

Dr. Salah Abder-Shafi
Economic Development Group, Gaza

Dr. Nazmi Al-Ju'beh
Bir Zeit University, Member of PLO-Israel Liaison Committee

Dr. Ahmad Khalidi
PLO-Negotiation Team, Cairo

Dr. Nader Sa'id
Center for Palestine Research and Studies, Nablus

Dr. Yezid Sayigh
PLO-Negotiation Team, Cairo

Prof. Dr. Hisham Awartani
Al-Najar University, Nablus

Dr. Samir Abdallah Saleh
Dept. of Economics, Al-Najar University, Nablus

Dr. Sameer Hlialah
PLO, Jerusalem

Dr. Sari Nusaibah
PLO, Jerusalem

Dr. Samir Chasbonn
Palestinian Research Group, Bethlehem

PLO

Dr. Nizar Ammar
PLO-Headquarters, Tunis

USA

International Bank for Reconstruction and Development (IBRD), Washington, D. C.

International Monetary Fund (IMF), Washington, D. C.

Prof. Dr. P. Clausen
Foreign Policy Institute, Washington, D. C.

Center for Mid-Eastern Economic and Social Policy, Harvard University, Cambridge, Mass.

Internationale Organisationen

Arab Monetary Fund, Abu Dhabi

Arab Fund for Economic and Social Development, Abu Dhabi

Arab League, Cairo

Nabil Al Khatib
Chief, Dev. Planning Division, ESCWA, Amman

LITERATURVERZEICHNIS

Al-Qudsi, Sulayman; Assaad, Ragni; Shaban, Radwan: Labour Markets in the Arab Countries: A Survey (Conference Paper, Cairo, June 4-6, 1993)

Al-Qudsi, Sulayman: Microeconomic Analysis of Labour Markets in Jordan and Kuwait. Conference Paper, Cairo, June 4-6, 1993

Armand Hammer Fund for Economic Cooperation in the Middle East: Peace Projects (Editor: Joab B. Eilon)

Bahiri, Simcha u. Huleileh, Samir: Peace Pays. Palestinians, Israelis & the Regional Economy. Jerusalem 1993

Bank of Israel, Annual Report 1991

Ben-Shahar, Haim; Fishelson, Gideon; Hirsch, Seev: Economic Cooperation and Middle East Peace. London 1989

Center for Engineering and Planning: Masterplanning the State of Palestine. Suggested Guidelines for Comprehensive Development. Draft Presentation 1992 (ohne Ort und Jahr)

Clawson, Patrick & Rosen, Howard: The Economic Consequences of Peace for Israel, the Palestinians and Jordan. The Washington Institute Policy Papers No. 25, Washington 1991

Clawson, Patrick: Practical Prospects for Arab-Israeli Economic Cooperation. Paper prepared for the Institute on Global Conflict and Cooperation. Washington, May 1993

Commission of the European Communities: Report on the Educational System in the Occupied Territories. (Bruxelles, ohne Datum, ca. 1993)

Commission of the European Communities: Report on the Obstacles to Palestinian External Trade in the Occupied Territories (Bruxelles, ohne Datum, ca. 1992/93)

Commission of the European Communities: Report of the Credit Scheme Evaluation in the Occupied Territories of the West Bank and Gaza Strip. Bruxelles 1991

Cooperative Development Project, Jerusalem: Feasibility of Vegetable Exports from Gaza Strip to the EEC: Evaluation and Recommendations. March 1990

DeCTA: Market Development Assistance Project for Palestinian Exporters in the West Bank and Gaza Strip. March 1993

Denters, Eric u. Klijn, Jacqueline (Eds.): Economic Aspects of a Political Settlement in the Middle East. Seminar Proceedings. Nijmegen, April 1990

Dimassi, Hassine: L'évolution des Echanges Economiques inter-arabe: Constat et essais d'explication. Seminar Paper, Cairo, June 1993

Diwan, Ishac; Squire, Lyn: Economic and Social Development in the Middle East and North Africa (World Bank Discussion Paper Series, Middle East and North Africa, No. 3, October 1992)

Economist Intelligence Unit: Country Report 3/93 und Country Profile, Saudi-Arabia. London 1993

El-Jafari, Mahmoud: Non-Tariff Barriers: The Case of the West Bank and Gaza Strip Agricultural Exports. In: Journal of World Trade Law, 1991, S. 15-32

Fishelson, Gideon: Economic Cooperation in the Middle East. Boulder 1989

Fishelson, Gideon: The Israeli Household Sector Demand for Water. Tel Aviv, July 1993, The Armand Hammer Fund for Economic Cooperation in the Middle East

Fishelson, Gideon: Forming (1970-87) and Destroying (1988-90) a Common Labor Market. Tel Aviv, April 1992, The Armand Hammer Fund for Economic Cooperation in the Middle East

Fisher, Stanley; Rodrik, Dani and Tuma, Elias: The Economics of Middle East Peace. London 1993

Friedrich Ebert Stiftung/National Center for Middle East Studies; Middle East Regional Cooperation: Prospects and Problems. Conference Proceedings, Cairo, March 1993

GATT: Trade Policy Review, Arab Republic of Egypt, 1992; Vol. I and Vol. II; Geneva, February 1993

Glueckstern, Pinchas u. Fishelson, Gideon: Water Desalination and the Red Sea - Dead Sea Canal. Tel Aviv, April 1993, The Armand Hammer Fund for Economic Cooperation in the Middle East

Grissa, Abdessatar: Arab Economic Integration: Current Reality and Future Prospects. Seminar Paper, Cairo, June 1993

Halevi, Nadev u. Ahiram, Ephraim: Sustaining Middle East Peace Through Regional Cooperation: International Trade. Draft Paper, o.O., 1993

Handoussa, Heba: The Role of the State: The Case of Egypt. Seminar Paper, Cairo, June 1993

Hausman, Leonard J./ Karasik, Anna et al.: Securing Peace in the Middle East: Project on Economic Transition. Cambridge/Mass., June 1993

Housen-Couriel, Deborah: Aspects of the Law of International Water Resources. Tel Aviv, September 1992, The Armand Hammer Fund for Economic Cooperation in the Middle East

ILO/UNDP: Support to Arab Migration Policies:

- The Flow and Policies of Labour Migration in the Arab Republic of Egypt (Awad Mukhtar Hallouda, Cairo, May 1992)

- Absorption of the Return Labour Migrants: The Case of Arab Labour Sending Countries (Egypt, Jordan, Lebanon, Sudan and Yemen). Problems, Experiences and Recommendations (Adel Abdel-Latif, Cairo, May 1992)

- Labour Migration, its Organization and Legislative Framework in Sudan (Ali Abdel Qader Ali, Cairo, May 1992)

- Lebanon: Emigration Policies, Trends and Mechanisms (Kamal Hamdan, Cairo, May 1992)

- Policies and Labour Demand in GCC Countries (Jawad Anani, Cairo, May 1992)

- Yemeni Migration: Dimensions and Consequences (Ahmed Mohammad Skuja-Eldin and Abdullah Sa'id Bahaj, Cairo 1992)

- Labour Migration in Jordan. Policies, Flows, Organization (Saleh El-Khasawnek, Cairo 1992)

- Information on Labour Migration in Sending Countries of the Arab East (Nader Fergany, Cairo, May 1992)
- The Legal Framework for the Protection of Inter-Arab Migrant Labour (Ahmed El Barai, Cairo 1992)

- Seminar Report (Cairo 1992)

- Final Report (Cairo 1992)

IMF: Saudi-Arabia - Recent Economic Developments. Washington, April 16, 1993

IMF: Arab Republic of Egypt - Statistical Appendix. Washington, September 7, 1993

IMF: Syrian Arab Republic - Recent Ecomomic Developments. Washington, October 8, 1993

IMF: Turkey - Recent Economic Developments. Washington, February 10, 1993

IMF: Jordan - Recent Economic Developments. Washington, June 22, 1993

IMF: Israel - Recent Economic Developments. Washington, April 26, 1993

Interim Israeli-Palestinian Workshop in Bruxelles: Sustaining Middle East Peace Through Regional Cooperation. Bruxelles 11-13 October 1993. Papers presented:

- Sarsour, Mohammed: Simulation of the Peace Area. DATA Studies & Consultation, October 1993 (Draft)

- Tahboub, Nasser A.: Finance. DATA Studies & Consultation, October 1993 (Draft)

- Arnon, Arie u. Spivak, Avia: Alternative Monetary Regimes: The Case of the West Bank and Gaza Strip, Israel and Jordan. University of Negev, October 1993 (Draft)

- Matta, Mona: Trade. DATA Studies & Consultation, October 1993 (Draft)

- Matta, Ibrahim: Manufacturing. DATA Studies & Consultation. October 1993 (Draft)

- Bahiri, Simcha: Recent Developments in Israeli and Palestinian Industry. August 1993 (Draft)

- Freeman, Daniel: The Agricultural Sector in the West Bank and Gaza. September 1993 (Draft)

- Hazboun, George u. Mitwasi, Tariq: Labour Force (Position Paper). DATA Studies & Consultation, October 1993 (Draft)

- El-Jaffary, Mahmoud: Agriculture (Position Paper). DATA Studies & Consultation, October 1993 (Draft)

- Adda, Itshak: The Palestinian Labour Force. Survey of Existing Conditions and Prospects for the Future. (Position paper). Truman Institute, Hebrew University of Jerusalem, September 1993 (Draft)

International Road Transport Union: Basic Road Transport Information zu folgenden Ländern: Israel; Arab Republic of Yemen; Iran; Saudi-Arabia; Egypt; Oman Sultanate; Gulf Emirates; Lebanon; Kuwait; Iraq; Jordan; Syria. Genf 1976-78

International Road Transport Union: Der Straßengüterverkehr mit dem Nahen und Mittleren Osten. Genf 1990

Jaramillo, Camilo, ITC: Occupied Palestinian Territories: Assistance to the Palestinian Trade Promotion Organization (PTPO) and Programming Mission. Geneva, 20 July 1993

Kleiman, Ephraim: The Flow of Labour Services from the West Bank and Gaza to Israel. The Hebrew University of Jerusalem, Department of Economics, Working Paper No. 260, July 1992

Kleiman, Ephraim: Some Basic Problems of the Economic Relationships between Israel and the West Bank and Gaza. Working Paper No. 261, July 1992

Kleiman, Ephraim: Geography, Culture and Religion, and Middle East Trade Patterns. Working Paper No. 262, June 1992)

Lakhoua, Fayçal: Past and Present of Arab Economic Integration: Analysis and Evaluation of the Institutions, the Achievements and the Shortcomings. Conference Paper, Cairo, June 1993

Lange, Michael: Israel und das Gaza-Jericho-Abkommen. Der Weg von Camp David nach Jericho. In: KAS Auslandsinformationen, 11/1993, S. 26-44.

Langer, Gerd, ITC: Occupied Palestinian Territory: Technical Cooperation with the Chambers of Commerce and Industry in the Occupied Palestinian Territory. Geneva, 1 September 1993

Moncef Ben Slama, Mohamed: The State and the Interrelation between the Public Sector and Private Sector. Seminar Paper, Cairo, June 1993

Netherlands Governments' Mission: Export of Agricultural Produce from the West Bank and the Gaza Strip. Difficulties and Opportunities. June 1987

Pasch, Paul: Politik und Wirtschaft - die wirtschaftliche Entwicklung der West Bank unter israelischer Besetzung. Eine empirische Studie unter besonderer Berücksichtigung monetärer Aspekte (1967-1989). München 1990

Policy Research Incorporated: Development Opportunities in the Occupied Territories (West Bank and Gaza Strip): Industry. Clarksville, Maryland, October 1992

Policy Research Incorporated: Development Opportunities in the Occupied Territories (West Bank and Gaza Strip): Trade. Clarksville, Maryland, October 1992

Sadan, Ezra: Durable Employment for the Refugee-populated Region of Gaza. Unveröffentl. Manuskript, April 1993

Sayigh, Yusif: Programme for the Development of the Palestinian National Economy for the Years 1994-2000; Conference Paper, Unesco, Paris, 26-29 April, 1993

Shafik, Nemad Talaat: Integration by Migration? Conference Paper, Cairo, June 4-6, 1993

Statistisches Bundesamt: Ägypten 1993. Wiesbaden 1993

Statistisches Bundesamt: Länderbericht Saudi-Arabien 1993. Wiesbaden 1993

Statistisches Bundesamt: Länderbericht Jordanien 1992. Wiesbaden 1992

Statistisches Bundesamt: Länderbericht Syrien 1990. Wiesbaden 1990

Tal, Abraham u. Fishelson, Gideon: The Free Tourism Zone of the Red Sea Riviera. Tel Aviv, September 1992, The Armand Hammer Fund for Economic Cooperation in the Middle East

Togan: Turkey. Import Regime and Protectionism. Ankara, ca. 1990

UK Delegation: Middle East Peace Process. Regional Economic Development Working Group: Financial Markets and Investment. November 1993

UN/ESCWA: The Impact of the Gulf Crisis on the Economy of Lebanon. January 1991

UN/ESCWA: Trade in Services. Growth and Balance of Payments Implications for Countries of Western Asia. New York 1987

UN/ESCWA: Survey of Economic and Social Developments in the ESCWA Region, 1990-1991. August 1992

UN/ESCWA: Survey of Economic and Social Developments in the ESCWA Region, 1992. October 1993

UN/ESCWA: Developments in the External Sector of the ESCWA Region: Performance of New Export Products in the 1980s. June 1992

- Main Report
- Supplement I: Protection Profiles in Selected Developing Countries for SITC 3-digit-level
- Supplement II: Trade and Trade Control Measures in Developed Market-Economies Facing New Export Products from Countries of Western Asia
- Supplement III: Tariff Structures and Trade Control Measures in the ESCWA Countries

UN/ESCWA: Developments in the External Sector of the ESCWA Region in the 1980s. August 1989

UNCTAD/ITC: West Bank and Gaza Strip. Technical Assistance in Export Promotion and the Establishment of Marketing Facilities in the Occupied Palestinian Territory. June 4, 1990

UNCTAD: Developments in the Economy of the Occupied Palestinian territory. Geneva, 26 July 1993

UNCTAD: Assistance to the Palestinian People. Recent Economic Developments in the Occupied Palestinian territory. TD/B/1305, Geneva, 9 August 1991

UNCTAD: The Tourism Sector and Related Services in the Palestinian Territory under Israeli Occupation. UNCTAD/RDP/SEU/7, Geneva, 31 December 1991,

UNCTAD: Assistance to the Palestinian People. Report by the Secretary-General of UNCTAD. TD/B/39(1)/4, Geneva, 20 August 1992

UNCTAD: UNCTAD's Assistance to the Palestinian People. Developments in the Economy of the Occupied Palestinian Territory. TD/B/40(1)/8, Geneva, 26 July 1993

UNCTAD: Prospects for Sustained Development of the Palestinian Economy in the West Bank and Gaza Strip. Report of a Meeting of Experts, Convened by the UNCTAD Secretariat, 19-22 May 1992, at the Palais des Nations, Geneva (Restricted Distribution)

UNCTAD: Selected Statistical Tables on the Economy of the Occupied Palestinian Territory (West Bank and Gaza Strip). New York 1989

UNCTAD: Palestinian External Trade under Israeli Occupation. New York 1989

UNCTAD: Selected National Accounts Series of the Occupied Palestinian Territory (West Bank and Gaza Strip), 1968-1987. Genf, 25 November 1991

UNCTAD: The Palestinian Financial Sector under Israeli Occupation. New York 1989

UNCTAD: Selected Statistical Tables on the Balance of Payments, Foreign Trade, Population, Labour Force and Employment of the Occupied Palestinian Territory (West Bank and Gaza Strip), 1968-1987. Genf, 13 January 1993

UNCTAD, Data Management Service: Diverse Ausdrucke der Unctad Datenbank.

Unesco/United Nations Seminar on Assistance to the Palestinian People; Paris 26-29 April 1993: Programme for the Development of the Palestinian National Economy for the Years 1994-2000

World Bank/IBRD: A Note on Priority Regional Infrastucture Projects. Paper prepared at the request of the Multilateral Working Group on Regional Economic Development; Washington, October 1993

World Bank/IBRD: Economic Development and Cooperation in the Middle East and North Africa. Washington, October 1993

World Bank/IBRD: Lebanon. Stabilization and Reconstruction, Vol. I & II. Washington, March 1, 1993

World Bank/IBRD: Developing the Occupied Territories. An Investment in Peace. Washington, September 1993

- Vol.1: Overview
- Vol.2: The Economy
- Vol.3: Private Sector Development
- Vol.4: Agriculture
- Vol.5: Infrastructure

- Vol.6: Human Resources and Social Policy

World Bank/IBRD: Arab Republic of Egypt. Country Economic Memorandum. Economic Readjustment with Growth. Vol. I - III; Washington, February 2, 1990

World Bank/IRBD: Jordan. Public Expenditure Review. Washington, February 1991

World Bank/IRBD: Middle East and North Africa, No. 3, October 1992: Economic and Social Development in the Middle East and North Africa (Ishac Diwan u. Lyn Squire; Discussion Paper Series)

ifo Institut für Wirtschaftsforschung

Afrika-Studien

J. Lagemann
Traditional African Farming Systems in Eastern-Nigeria
1977, XVII, 269 S., DM 48,– ISBN 3-8039-0154-5 (Nr. 98)

R. Bartsch
Economic Problems of Pest Control
Examined for the Case of the Gezira/Sudan
1978, 124 S., DM 32,– ISBN 3-8039-0161-8 (Nr. 99)

E. W. Schamp
Industrialisierung in Äquatorialafrika
Zur raumwirksamen Steuerung des Industrialisierungsprozesses in den Küstenstaaten Kamerun, Gabun und Kongo
1978, 348 S., DM 72,– ISBN 3-8039-0162-6 (Nr. 100)

R. Marvin
Land or Wages
The Evaluation of Occupational and Residential Alternatives by the Rural Basoga
1978, VI, 189 S., DM 54,– ISBN 3-8039-0166-9 (Nr. 101)

W. Reichhold
Der Senegalstrom, Lebensader dreier Nationen
Die Nutzbarmachung des Senegalbeckens
1978, XIV, 383 S., DM 76,– ISBN 3-8039-0163-4 (Nr. 102)

B. Heine
Sprache, Gesellschaft und Kommunikation in Afrika
Auseinandersetzung mit den sprachlichen Kommunikationsproblemen Afrikas
1979, 216 S., DM 45,– ISBN 3-8039-0171-5 (Nr. 103)

S. Kiwanuka
Amin and the Tragedy of Uganda
Rückblick auf die Terrorherrschaft von Idi Amin. Der erste Bericht konzentriert sich auf Amin und Uganda; im zweiten Teil wird die Tragödie Ugandas vor dem Hintergrund des Versäumnisses der Weltöffentlichkeit gesehen, das Regime von Idi Amin zu ächten und zu isolieren.
1979, IX, 201 S., DM 48,– ISBN 3-8039-0177-4 (Nr. 104)

I. Aumüller
Dekolonisation und Nationwerdung in Sansibar
Eine umfassende Darstellung des dramatischen Wandels von einem arabischen Sultanat zu einem sozialistischen, afrikanischen Staat
1980, 154 S., DM 44,– ISBN 3-8039-0178-2 (Nr. 105)

P. T. Kennedy
Ghanaian Businessmen: From Artisan to Capitalist Entrepreneur in a Dependent Economy
1980, 176 S., DM 48,– ISBN 3-8039-0182-0 (Nr. 106)

R. Lauff
Phasen und Bezugsfelder der Außenpolitik Algeriens
1981, IV, 227 S., DM 48,– ISBN 3-8039-0198-7 (Nr. 107)

K. H. Ebert
Gewohnheitsrecht und ländliche Entwicklung in Afrika
1982, 208 S., DM 49,– ISBN 3-8039-0235-5 (Nr. 108)

P. Oesterdiekhoff/K. Wohlmuth (Eds)
The Development Perspectives of the Democratic Republic of Sudan
1983, XI, 339 S., DM 68,– ISBN 3-8039-0258-4 (Nr. 109)

S. Pausewang
Peasants, Land and Society
A Social History of Land Reform in Ethiopia
1983, IV, 237 S., DM 54,– ISBN 3-8039-0275-4 (Nr. 110)

A. Razafimahefa
Naturzerstörung in Entwicklungsländern
Ursachen, Folgen und Bekämpfungsmöglichkeiten von Wald- und Weidebränden am Beispiel von Madagaskar
1986, X, 196 S., DM 54,– ISBN 3-8039-0340-8 (Nr. 111)

G. B. Kapp
Agroforstliche Landnutzung in der Sahel-Sudanzone
Traditionelle Bewirtschaftung, Nutzungsprobleme, Lösungsansätze durch Projekte und Forschung
1987, 410 S., DM 68,– ISBN 3-8039-0347-5 (Nr. 112)

A. J. Halbach
Südafrika und seine Homelands
Strukturen und Probleme der getrennten Entwicklung
1988, 294 S., DM 48,– ISBN 3-8039-0359-9 (Nr. 113)

G. Kochendörfer-Lucius
Ländlicher Wegebau - Ein Beitrag zur Agrarentwicklung?
Eine empirische Untersuchung aus der Elfenbeinküste (Côte d'Ivoire)
1989, 237 S., DM 48,– ISBN 3-8039-0376-9 (Nr. 114)

J. Riedel/H. Schmitz
Grass-Root Industrialization in a Ghanaian Town
1989, 250 S., DM 48,– ISBN 3-8039-0375-0 (Nr. 115)

Heimschrott/V. Pilgrim/Schönherr
**Afrika südlich der Sahara:
Trotz Rohstoffreichtum in die Armut**
1990, 222 S., DM 54,– ISBN 3-8039-0382-3 (Nr. 116)

Udo Witulski
Macroeconomic Linkages among Southern African Countries
1990, 223 S., DM 54,– ISBN 3-8039-0385-8 (Nr. 117)

Riedel/Beck/Börgel/Förster/White-Kaba
Sozio-kulturelle Herausforderungen für die Entwicklungspolitik
Die Republik Niger
1990, 457 S., DM 78,– ISBN 3-8039-0381-5 (Nr. 118)

K.H. Oppenländer/S. Schönherr
Strukturprobleme und Reformen in Afrika
Wilhelm Marquardt zum 75. Geburtstag
1990, VII, 436 S., DM 48,– ISBN 3-8039-0383-1 (Nr. 119)

Christoph Staewen
Kulturelle und psychologische Bedingungen der Zusammenarbeit mit Afrikanern
Ansatzpunkte für eine komplementäre Partnerschaft
1991, IX, 257 S., DM 58,– ISBN 3-8039-0391-2 (Nr. 120)

Weltforum Verlag

Weltforum Verlagsgesellschaft mbH für Politik und Auslandskunde
Marienburger Str. 22 · D-5000 Köln 51 (Marienburg) – Telefon (0221) 3 76 95-0

ifo-Institut für Wirtschaftsforschung

ifo-Studien zur Entwicklungsforschung

W. Ochel
Die Investitionsgüterindustrie der asiatischen Schwellenländer
Aufbau, Exporterfolge und Rückwirkungen auf die Bundesrepublik Deutschland
1984, V, 118 S., DM 39,– ISBN 3-8039-0308-4 (Nr. 13)

J. v. Stockhausen
Theorie und Politik der Entwicklungshilfe
Eine Einführung in die deutsche bilaterale Entwicklungszusammenarbeit
1986, 324 S., DM 68,– ISBN 3-8039-0332-1 (Nr. 14)

C. Pollak/J. Riedel
Wirtschaftsrecht im Entwicklungsprozeß der Dritten Welt
1986, 258 S., DM 58,– ISBN 3-8039-0336-X (Nr. 15)

R. Osterkamp
Die Investitionsgüterindustrie: Ein Wachstumsmotor für die Dritte Welt?
1987, V, 199 S., DM 54,– ISBN 3-8039-0334-3 (Nr. 16)

H. Helmschrott
Technologietransfer und industrielle Forschung und Entwicklung in der Dritten Welt unter besonderer Berücksichtigung von Indien und Südkorea
1987, VIII, 228 S., DM 58,– ISBN 3-8039-0342-4 (Nr. 17)

A. Ferdowsi/P.J. Opitz (Hrsg.)
Macht und Ohnmacht der Vereinten Nationen
Zur Rolle der Weltorganisation in Drittwelt-Konflikten
1987, 243 S., DM 58,– ISBN 3-8039-0353-X (Nr. 18)
(vergriffen)

D. Gemählich
Kapitalexport und Kapitalflucht aus Entwicklungsländern
Empirische und theoretische Analysen vor dem Hintergrund der Verschuldungsproblematik
1989, 275 S., DM 48,– ISBN 3-8039-0370-X (Nr. 19)

R. Osterkamp/A. J. Halbach
Strukturanpassung in Entwicklungsländern und flankierende Maßnahmen der Industrieländer
Empirische und theoretische Analysen vor dem Hintergrund der Verschuldungsproblematik
1990, 246 S., 58,– ISBN 3-8039-0386-6 (Nr. 20)

M. Cremer
Privatrechtliche Verträge als Instrument zur Beilegung staatlicher Insolvenzkrisen
Neue Ansätze in der Entwicklung eines internationalen Staatsinsolvenzrechtes
1990, 210 S., 54,– ISBN 3-8039-0389-0 (Nr. 21)
Kohnert/Preuss/Sauer (Hrsg.)
Perspektiven zielorientierter Projektplanung in der Entwicklungszusammenarbeit
1992, 261 S., DM 58,– ISBN 3-8039-0402-1 (Nr. 22)

Helmschrott/Osterkamp/Schönherr
Stagnation in der Dritten Welt – Hat die Wirtschaftspolitik versagt?
1992, 286 S., DM 58,– ISBN 3-8039-0405-6 (Nr. 23)

D. Brand
Currency Substitution in Developing Countries
1993, 230 S., DM 58,– ISBN 3-8039-0410-2 (Nr. 24)

Queisser/Larrañaga/Panadeiros
Adjustment and social Development in Latin America during the 1980s
1993, 394 S., DM 78,– ISBN 3-8039-0414-5 (Nr. 25)

ifo-Studien-Sonderreihe "Information und Dokumentation"

A. Gälli
Neue Wachstumsmärkte in Fernost
Acht Länder auf der Schwelle zur Wirtschaftsmacht
1983, XIV, 407 S., DM 100,– ISBN 3-8039-0279-7 (Nr. 2)

H. Laumer (Hrsg.)
Wachstumsmarkt Südostasien
Chancen und Risiken unternehmerischer Kooperation
Referate und Diskussionsbeiträge der IFO-Tagung vom 19.– 21. Oktober 1983 in München
1984, XI, 805 S., DM 100,– ISBN 3-8039-0292-4 (Nr. 3)

H. Laumer
Die Direktinvestitionen der japanischen Wirtschaft in den Schwellenländern Ost- und Südostasiens
1983, VI, 82 S., DM 28,– ISBN 3-8039-0280-0 (Nr. 4)

A. Gälli/A. Alkazaz
Der arabische Bankensektor
Bd. 1: Entwicklung, organisatorischer Aufbau und Zielsetzung, regionale und internationale Bedeutung
Bd. 2: Einzelanalysen und Anhang
1986, Bd. 1: XV, 384 S., Bd. 2: 211 S., DM 120,–
ISBN 3-8039-0322-X (Nr. 5)

A. Gälli
Taiwan R.O.C.: A Chinese Challenge to the World Trade-Up to High-Tech
1987, 189 S., DM 35,– ISBN 3-8039-0350-5 (Nr. 6)

A. Gälli
Taiwan R.O.C.: Eine chinesische Herausforderung
Von der Handelsmacht zum Technologiezentrum
1988, 206 S., DM 35,– ISBN 3-8039-0358-0 (Nr. 6)

A. Gälli
Taiwan R.O.C.: Un défi chinois au monde
De la puissance commerciale au centre de technologie
1988, 200 S., DM 35,– ISBN 3-8039-0362-9 (Nr. 6)

D. Strack/S. Schönherr
Debt Survey of Developing Countries
An Improved Reporting System Approach
1989, 650 S., DM 120,– ISBN 3-8039-0368-8 (Nr. 7)

Weltforum Verlag

Weltforum Verlagsgesellschaft mbH für Politik und Auslandskunde
Marienburger Str. 22 · D-50968 Köln (Marienburg) – Telefon (0221) 3 76 95-0

ifo-Institut für Wirtschaftsforschung

Forschungsberichte

A. J. Halbach
Economic System and Socio-Economic Development of Developing Countries
A Statistical Analysis of World Bank Data
1983, V, 134 S., DM 32,– ISBN 3-8039-0274-6 (Nr. 63)
(vergriffen)

A. Gälli
Textil- und Bekleidungsindustrie in den arabischen Ländern
1984,114 S., DM 29,– ISBN 3-8039-0288-6 (Nr. 64)

C. Pollak/J. Riedel
German Firms' Strategies towards Industrial Co-operation with Developing Countries
1984, VIII, 170 S., DM 34,– ISBN 3-8039-0309-2 (Nr. 65)

Georg Prinz zur Lippe-Weissenfeld
Transkei: Strukturprobleme eines Agrarlandes an der Peripherie Südafrikas
1986, 126 S. + 11 Darstell., DM 28,–
ISBN 3-8039-0320-3 (Nr. 66)

E. S. Mounbaga
Finanzpolitik und Wirtschaftsentwicklung in der Dritten Welt
1986, 265 S., DM 34,– ISBN 3-8039-0341-6 (Nr. 67)

J. von Stockhausen
Credit Guarantee Schemes for Small Farmers
1988, 71 S., DM 20,– ISBN 3-8039-0365-3 (Nr. 68)

A. Halbach (Hrsg.)
Südafrika: Vom Schwellenland zur Drittwelt-Gesellschaft
1989, 120 S., DM 24,– ISBN 3-8039-0373-4 (Nr. 69)

K. Fritsche
Rückkaufgeschäfte in den Wirtschaftsbeziehungen zwischen der Sowjetunion und den Entwicklungsländern
1990, 130 S., DM 24,– ISBN 3-8039-0379-3 (Nr. 70)

H. Sautter
Ordnung, Moral und wirtschaftliche Entwicklung
Das Beispiel Taiwan
1990, 166 S., DM 28,– ISBN 3-8039-0384-X (Nr. 71)

P. Eschenbacher
Drogenproduktion und Drogenhandel
Beispiele aus Lateinamerika und Südostasien
1990, 190 S., DM 28,– ISBN 3-8039-0388-2 (Nr. 72)

J. Pfeiffer
Bahrain: Stand und Perspektiven als Offshore-Zentrum der GCC-Staaten
1991, 304 S., DM 32,– ISBN 3-8039-0394-7 (Nr. 73)

A. J. Halbach/H. Helmschrott
Die Industrialisierung der arabischen OPEC-Länder und des Iran
Ausbau und Planung der petrochemischen und energieintensiven Industrien zum Zeitpunkt des zweiten Golfkriegs
1991, XXI, 270 S., DM 32,– ISBN 3-8039-0395-5 (Nr. 74)

S. Schönherr/Axel J. Halbach
Der Golf nach dem Krieg: Wirtschaft, Politik, Rüstung
1991, 169 S., DM 34,– ISBN 3-8039-0397-1 (Nr. 75)

S. Schönherr
Erfolgreiche Entwicklungshilfe:
Das Aga Khan ländliche Unterstützungsprogramm in Pakistan
1992, 69 S., DM 20,– ISBN 3-8039-0401-3 (Nr. 76)

B. Schäfer
Die Provinz Hainan
Ein Beispiel für den raumstrukturellen Wandel in der VR China seit Beginn der 80er Jahre
1992, 136 S., DM 25,– ISBN 3-8039-0404-8 (Nr. 77)

S. Mair
Politische Rahmenbedingungen für das ländliche Kleingewerbe
1992, 318 S.,DM 35,– ISBN 3-8039-0406-4 (Nr. 78)

Monika Queisser
Vom Umlage- zum Kapitaldeckungsverfahren: Die chilenische Rentenreform als Modell für Entwicklungoländer?
1993, 298 S., DM 35,– ISBN 3-8039-0415-3 (Nr. 79)

Ester Schuhbauer
Wechselkursmanagement, Zahlungsbilanzüberschüsse und Kapitalbildung
1993, 350 S., DM 39,– ISBN 3-8039-0417-X (Nr. 80)

Diana Brand
Die Wettbewerbsposition Deutschlands in Lateinamerika
Perspektiven des Außenhandels unter dem Einfluß der regionalen Integration
1993, 250 S., DM 35,– ISBN 3-8039-0418-8 (Nr. 81)

Weltforum Verlag

Weltforum Verlagsgesellschaft mbH für Politik und Auslandskunde
Marienburger Str. 22 · D-5000 Köln 51 (Marienburg) – Telefon (0221) 3 76 95-0